移民の魁傑・星名謙一郎の生涯

ハワイ・テキサス・ブラジル

飯田耕二郎【著】

不二出版

はじめに——星名秦のことなど

一九八一（昭和五六）年一月一五日、東京の国立競技場でラグビー日本選手権が行われた。新日鉄釜石と同志社大学との対戦である。「ラグビーワールドカップ２０１５」で日本代表が南アフリカ共和国を破って以来、このところ日本ではラグビー人気が続いているが、当時も日本選手権になると国立競技場は満員となり、日本ラグビー界のいわば絶頂期であった。この年、同志社は一七年ぶりに大学ナンバーワンとなり、釜石はそれまで日本選手権二連覇を果たしていた。この時の同志社は部長が岡仁詩、釜石は小藪修が監督だった。筆者も当時、同志社で教員をしていたので大いに興奮してこの試合をテレビで観戦していた。日本選手権にふさわしい激戦を展開し、結局一〇対三で釜石が勝った。釜石が七連覇を達成した全盛期のＶ３の年である。実はこの二人のラグビーの師匠が星名秦で、この本の主人公である星名謙一郎の長男というわけである。星名秦はこの時からおよそ三年前の一九七七（昭和五二）年に七三歳で亡くなっていたが、小藪監督は星名秦の回想記で、「この試合をみていただくことが出来なかったことは、返す返すも残念だった」と記している。また星名の京都大学時代の教え子で、釜石ラグビーの育ての親である市口順亮も「先生がおられたらどんなに御喜びになったことだろう。試合相手の同志社の岡部長、そして釜石の小藪監督も同じ気持ちであったろう。（中略）先生と同志社の関係は知る人ぞ知るであるが、先生と釜石の関係をご存知の方は少ないであろう。釜石がここまできた基礎は先生に作って頂いたといっても過言ではない。」と述べている。

星名秦は、一九〇四（明治三七）年五月二〇日、米国テキサス州ヒューストンで父謙一郎、母ヒサの長男として出生した。秦の始皇帝にあやかって命名されたというが、テキサス生まれの日本人第一号だったので、通称「テキサン」と呼ばれた。[注1] 一九〇七年、両親とともに日本に帰国、一時母の故郷である卯之町（現在の西予市宇和町）と松山に住んだが、母ヒサの仕事の関係で、一九一三（大正二）年に京都の同志社女子部のキャンパス内にある宿舎に移った。彼は京都師範付属小学校に編入学し、さらに一九一六（大正五）年、府立一中（現在の洛北高校）に進学、そして第三高等学校から、一九二四（大正一三）年に京都帝国大学に入学した。大学では工学部機械科に籍を置いたが、三高時代からラグビーと陸上競技を始め、大学四年の夏に上海で開催された極東オリンピック大会にて五種競技で優勝、さらに冬にラグビー部が全国優勝を果たした。彼が優れた運動能力の持主であることを物語っている。

なお彼が大学三年の一九二六（大正一五）年一二月に、父の謙一郎はブラジルで亡くなっている。一九二八（昭和三）年、彼は京都帝国大学を卒業と同時に南満洲鉄道株式会社、通称満鉄に入社。やはり父親と同じように海外で暮らすことを目指していたのかもしれない。以後二〇年間、欧米各国への二年間の研究留学を除き、満洲で暮らすことになる。この間、一九三一（昭和六）年に結婚し、一九三三年に長男の倫が、一九三六年に長女の明子が生まれている。満鉄では大連機関区技術主任、奉天鉄道局運輸課、大連機関区長、チチハル鉄道局運輸部長、本社運輸局運転課長、同運輸局次長などの要職を歴任した。チチハル時代にはノモンハン事件が勃発したが、当時は軍事輸送の直接責任者であった。終戦後はソ連軍占領下、満鉄は解体され、新京に「長春鉄路局」が置かれ、武器や兵員の軍事輸送および日本の旧財産（工場設備、物資など）を運ぶためのいわゆる「ダワイ輸送」（ダワイはロシア語で「寄越せ」の意）が行われ、彼は列車運行のプロとしてソ連軍に留用された。そしてソ連軍大佐の命令下、軍事輸送とダワイ輸送、そして在留邦人の内地引揚げ輸送に奔走した。二年近く経ってようやく留用が解かれ、奉天にいる家族と合流し、一九四七（昭和二二）年一一月、佐世保港に上陸、母ヒサの待つ同志社のデントン・ハウスに戻った。帰国直後から約半年間、彼は吐血を伴う胃潰瘍などの健康障害で寝込んだが、京大工学部時代の恩師の推薦で、新設の同志社大学工学部教授の職を得た。それから間もなく、同志社大学ラグビー部のコーチを引き受けることになる。しかし大学の校務のため頻繁にグラウンドに出られなくなったので、岡仁詩を専任のコーチに迎えた。その後、星名は母校の京都大学のコーチを引き受ける。この時のラグビー部員の一人が市口順亮で、彼は卒業後、新日鉄釜石に入社し、現役引退後も釜石チームを育て上げ、黄金時代を築いた。小藪修が同志社大学に入学した一九六六（昭和四一）年、星名は学長であったが、その重責を離れたのち、家の近くの岩倉のグラウンドに毎日のように顔を出し、技術指導を行ったという。小藪は卒業後、市口監督のいる新日鉄釜石に入社したが、釜石でプレーしていた時、同志社大学が夏合宿で釜石に来て、星名も同行し釜石のラグビー部も指導した。

このように、星名秦は戦後日本のラグビーの発展と深くかかわっており、技術指導に関する文章を書いたりして誰よりも熱心にラグビーを研究したが、名声を求めなかったため彼を知る人は少ない。

❖注

1　星名秦の長男である星名倫によると、「テキサン」は英語の「テキサスっ子」の意味で、「テキさん」という日本語ではないという。

❖参考文献

【書籍】

星名直子編『星名秦の生涯』(一九八一年)。

後藤正治『ラグビー・ロマン——岡仁詩とリベラル水脈』(岩波新書、二〇〇六年)。

目次

はじめに——星名秦のことなど　i

第一章◆先祖と幼少の頃……1
1　星名家の先祖　3
2　幼少の頃　7
3　東京遊学　9

第二章◆ハワイ時代前期——キリスト教伝道師の頃……15
はじめに　19
1　草創期におけるハワイ日本人へのキリスト教伝道　20
2　耕地労働者から伝道助手へ（一八九一年の活動）　22

3　岡部牧師留守中の監督（一八九二年の活動）　29
4　一八九三年以降の様子　40

第三章◆ハワイ時代中期——新聞発行・税関吏員・コーヒー農場主の頃……49
はじめに　51
1　新聞発行のこと　51
2　税関吏員と裁判のこと　58
3　コーヒー農場主　78

第四章◆ハワイ時代後期——ワイアルア耕地監督・新婚の頃……………………91
はじめに　93
1　ハワイへの再渡航　94
2　ワイアルア耕地の監督　96
3　末光ヒサとの結婚　100
4　亜米利加(アメリカ)丸事件および布哇日本人会など　106
5　長女の死とテキサス行き　115

第五章◆テキサス時代と一時帰国……127
はじめに　129
1　テキサスの米作　130
2　松山での生活　134

第六章◆ブラジル時代前期……139
はじめに　141
1　移民初期の頃　141
2　新聞『週刊南米』の発行（一九一六年）　143
3　『週刊南米』の内容　151
4　小笠原一族の到来　180

第七章◆ブラジル時代後期……191
はじめに　197
1　二つの殖民地経営（一九一九～二三年）　199

2　同仁会の設立、田付大使の訪問、革命戦争（一九二四年）　214
3　お玉さんの死（一九二五年）　230
4　ブラジルの日本人野球　237

第八章◆星名の最期とその後……251
はじめに　253
1　三浦鑿（さく）との対立　253
2　「八五低資」問題　261
3　星名の死　269
4　星名の死後　272

おわりに　289
資料　297
あとがき　319
初出一覧　325
索引　329

第一章
先祖と幼少の頃

1　星名家の先祖

星名謙一郎は一八六六（慶応二）年一〇月一〇日、父星名善八幸旦、母コウの長男として、伊予吉田（現在の愛媛県宇和島市吉田町）に生まれた。彼の兄弟には、姉と妹、弟がいた（五頁、家系図参照）。彼と同じ頃に吉田で生まれ、後に有名になった人物としては、山下汽船を創設し、海運王となった山下亀三郎と、森村組の支配人で我が国の海外貿易の先駆者として有名であった村井保固（やすかた）がいる。また芝染太郎は一八七〇（明治三）年生まれで、東京英和学校を卒業後ハワイに渡り、カウアイ島コロアにメソジスト派の伝道師として赴任、ホノルルに出て『布哇新報』を引き継ぐ。星名とよく似た経歴であるが、これまでのところ二人の直接的な関係は見出せない。芝はその後一九一六年に帰国し、一九二五年に『ジャパン・タイムズ』の社長となっており[注1]、三人とも海外とつながりのある人物である。軍人では奥山義章がいる。彼は一八五〇（嘉永三）年生まれ、明治一〇年の西南戦争では城山攻撃で活躍、日露戦争には第四軍兵站監として出征、戦後少将に昇進した。また、彼の弟である奥山藤三郎は駒場農学校を出て、一八八一年から八四年にかけて津田仙の発行した『農業雑誌』にいくつかの論文を掲載するなどして、郷里の農業発展に尽くした。後にハワイに渡航し、ハワイ島ヒロの町田書店から一九〇三（明治三六）年に発行された月刊『楽園』誌の編輯人などとして健筆を揮った。また「鹿鳴山人」と号し、都々逸、俳諧、川柳をよくし、『太平樂』なる書物を著した。しかし、一九〇四年頃に帰国した後は、郷里で園芸などして隠遁したため、彼を知る人はほとんどいない[注2]。さらに、『坂の上の雲』の主人公である秋山真之は一八六八（慶応四）年、正岡子規は一八六七（慶応三）年にいずれも松山で生まれた。同世代で割と近くにいた人達である。

星名の先祖については、彼の長男である星名秦の没後、一九八一年に発刊された『星名秦の生涯』の「星名秦のあゆみを辿って」という章でうかがうことができる。これによると、星名家の先祖は、仙台伊達藩の藩士だった。伊達政宗の長子秀宗が独立して、伊予宇和島に封ぜられたとき、随従する家臣に星名善右衛門という人がおり、この善右衛門が、星名家の家祖ということになる。さらにこの人は、秀宗の五男宗純が伊予吉田の地に分家したとき、これに従い、これより代々、伊達家の家臣として伊予吉田に住み、謙一郎が一四代目とのことである。[注3]

この記述を手がかりに、星名の先祖や出生について調べるべく、一九八三年八月、筆者は愛媛県を訪れた。宇和島市立伊達博物館の文献には、一六五五（明暦元）年八月、宗純が吉田三万石分地せられる際の付御人のなかに「星名善右衛門」の名が見られ、星名家は元々宇和島藩士であったことが確かめられた。また吉田分地の際、分人された人々のその後の状況を書いた一六八六（貞享三）年の史料の中に「御台所方　四人分　五石　星名甚九郎」なる人物が出ており、先の善右衛門の子と考えられる。吉田町立図書館蔵の「吉田絵図」（分地当時の最古の地図）には、この星名甚九郎の屋敷名が見られる。現在の吉田病院の北西角、古い長屋門の残っている辺りと思われる。藩主の墓所臨済宗大乗寺に星名家先祖の墓も並んでいるが、過去帳によるとこの甚九郎の名が最も古く、一六八八（元禄元）年に没している。時代は下り、何代かを経て、謙一郎に至る星名家の家系図は次のようになると考えられる。

なお、「奥山甚太夫覚書之内　万治元戌年（一六五八年）御分人記」にもこの星名甚九郎のことが書かれている。彼は別条なく相勤め、その後、孫七という養子をとったが、甚九郎は江戸で病死し、孫七は名跡善八と申して相勤めたが、一六九四（元禄七）年、江戸で喧嘩をして扶持米を召上げられた、[注4]とある。

また、星名家の親族でもある清水真一による論考「吉田藩　喜木津・広早騒動と星名家」によれば、一七五〇（寛延三）年に起こった吉田藩領の喜木津・広早浦の農民一揆の際、重要な役割を果たした御代官で星名善八というのが喜木津浦にいたという。喜木津・広早浦は現在の八幡浜市保内町にあり、吉田藩領の宇和海沿いにある主な浦には、浦方と称する代官が派遣されていた。彼らは身分の低い武士階級で、その一人が星名善八であった。この人物は善右衛門から数えて八代目の当主と推定されている。[注5]

星名家家系図（大乗寺の過去帳などを元に筆者作成）

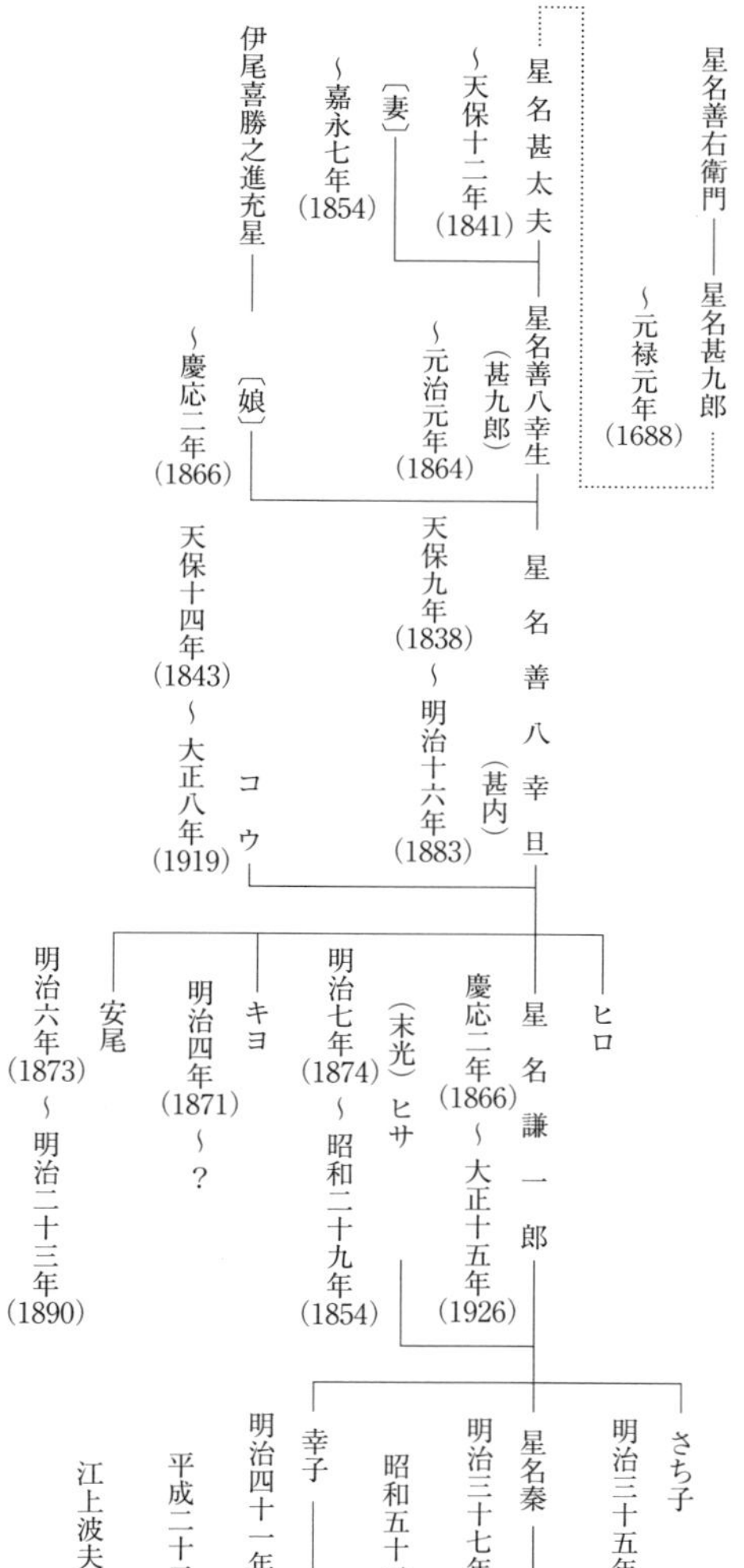

もう一つ、一七九三（寛政五）年に起こった吉田藩最大の農民一揆である「武左衛門一揆」は有名で、松浦泰『南予の百姓一揆』（愛媛民報社、一九六五年）にも取り上げられている。この時、一揆の頭取連中を捕縛しに行く際に代官の星名善右衛門がいて、現在の宇和島市三間町古藤田から土居垣内辺りに出向いている。この善右衛門は年代的にみて家系図中の甚太夫の一代前の人物と考えられる。[注6] いずれにしてもこの時代の星名家は、下級武士階級で代官の職にあって農民を取り締まる側に付いていたのであろう。

さらに前掲の「奥山甚太夫覚書之内」の「吉田御分知後諸事書抜」には、一八三三（天保四）年、吉田城下の御陣屋前御堀における川浚（さらい）の作配方の一人として星名甚九郎、一八五三（嘉永六）年および一八六〇（万延元）年には同じく川浚の見届け、そして一八五七（安政四）年は作配方の一人に星名善八の名が見える。この時の甚九郎は謙一郎の祖父、善八は父と考えられる。[注7]

謙一郎の父、善八幸旦については、維新後の「庚午

星名謙一郎の実家跡（1983 年 8 月 18 日、筆者撮影）

（明治三年）十二月改序名簿」に「名古屋県十二等出仕給禄十石官禄八石二斗」とあり、名古屋に出て宮仕えをしていたようだ。また幕末の一八六一（文久元）年における「吉田市街図」には、星名甚内の屋敷がみられる。謙一郎はおそらくこの屋敷で生まれ、育ったのであろう。いまはもちろん人手に渡っているが、吉田町西小路、現在の宇和島自動車営業所の国道をへだてた向かい側の辺り、城下町の風情がよく残されている街並みの一角にあり、当時のものでないと思われるが、格式のある大きい屋敷が建っている。

2　幼少の頃

星名の肝の太さを示すエピソードが残っている。一四歳の時、隣町の卯之町の人達など大勢で東京へ見物に行ったとき、彼ひとり途中でいなくなって先輩たちが心配して探したところ、一人で一流の旅館に泊まって堂々

内国勧業博覧会視察団一行
（前列右端が星名謙一郎、明治 14 年 6 月・東京にて撮影、愛媛県歴史文化博物館所蔵）

と構えていたという。愛媛県歴史文化博物館に所蔵されている「内国勧業博覧会視察団一行（明治一四年六月、東京にて撮影）」の貴重な集合写真はこの時のものと思われる。

一八八一（明治一四）年に東京の上野公園で開催された第二回内国勧業博覧会は、三月一日から六月三〇日まで開催され、第一回に比して会場面積が一・五倍、パビリオンの建坪が二・五倍も拡大し、入場者は倍近い八二万三〇九四人だった。[注8]この写真は六月撮影とあるので、開催期間の最後の方に参加したのだろう。星名はこの時満一四歳で、写真では大人に交じってやはり幼い顔と姿をしている。なお前列左端の末光三郎は、星名の妻となる末光ヒサの父で、その右隣の大塚高太郎はハワイでの結婚式に親戚代表で列席した人物である。中列の真ん中にいる清水長十郎が団長であり、彼は一八二五（文政八）年に宇和町卯之町の庄屋の一族に生まれ、このとき五七歳であった。養蚕と製茶の振興に尽力し、率先して博覧会や共進会に参加した。後列右端の清水静十郎は一八四七（弘化四）年生まれで、やはり卯之町庄屋の清水家に養子に迎えられ、このとき三五歳で県会議員をつとめていた。後に衆議院議員となり、卯之町銀行の頭取をつとめた。[注9]その他いずれもこの地方の元庄屋や藩士の子弟の面々が東京まで視察に行った一三人のグループの中に、星名が加わっていたのは特筆すべきであろう。なおこの時、来日中のハワイ国王カラカウアもこの博覧会を見物している。[注10]このとき星名はハワイ王国を意識したのかもしれない。

3　東京遊学

星名は一八八三（明治一六）年に開校したばかりの東京英和学校（現在の青山学院）に入学した。当時の東京英和学校の総理（校長）はR・S・マクレーであった。彼は、米国メソジスト監督教会の宣教師として中国福州における伝道の後、一八七三年、日本に赴任し、東京英和学校の前身、美会神学校を設立し、一八八七年に帰国した。星名は東京で麻布区狸穴（まみあな）町一番地に住んだ。現在の港区麻布狸穴町である。末光三郎がここに居を構えていたという。その頃、四国のこの地方の士族や庄屋クラスの子弟が東京や京都に遊学することは、とくに珍しい事ではなかったらしい。たとえば、後に星名の妻となる末光ヒサの兄（末光三郎の長男）である末光類太郎らが同志社英学校に入学したエピソードが残されているので次に紹介したい。

明治になって数名の宇和青年が大志を抱いて、東都遊学を決意し、郷関を後にしたのは明治廿一年の春のことであった。その一団の団長格が、年長の故で私（末光信三、ヒサの末弟――筆者注）の長兄類太郎で、行を共にするもの、古谷久綱、清水伴三郎（清水静十郎の養子――筆者注）、清水徳太郎、末光平十郎であった。この一団は、やがて京都に着いて、伊予商人の定宿として居た東洞院の湯浅旅館に宿った。宿の主人吉兵衛は、この青年たちを迎え色々話をしてる間に、彼等の東都遊学の志を知り、彼らに勧めて、京都にもよい学校はある、殊に新島先生の経営して居られる同志社と云う一風変わった学校がある。一度その新島先生に会ってみてはど

末光家家系図

（安岡勉（一九七一年）製作の「清水家・末光家家系図」より）

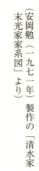

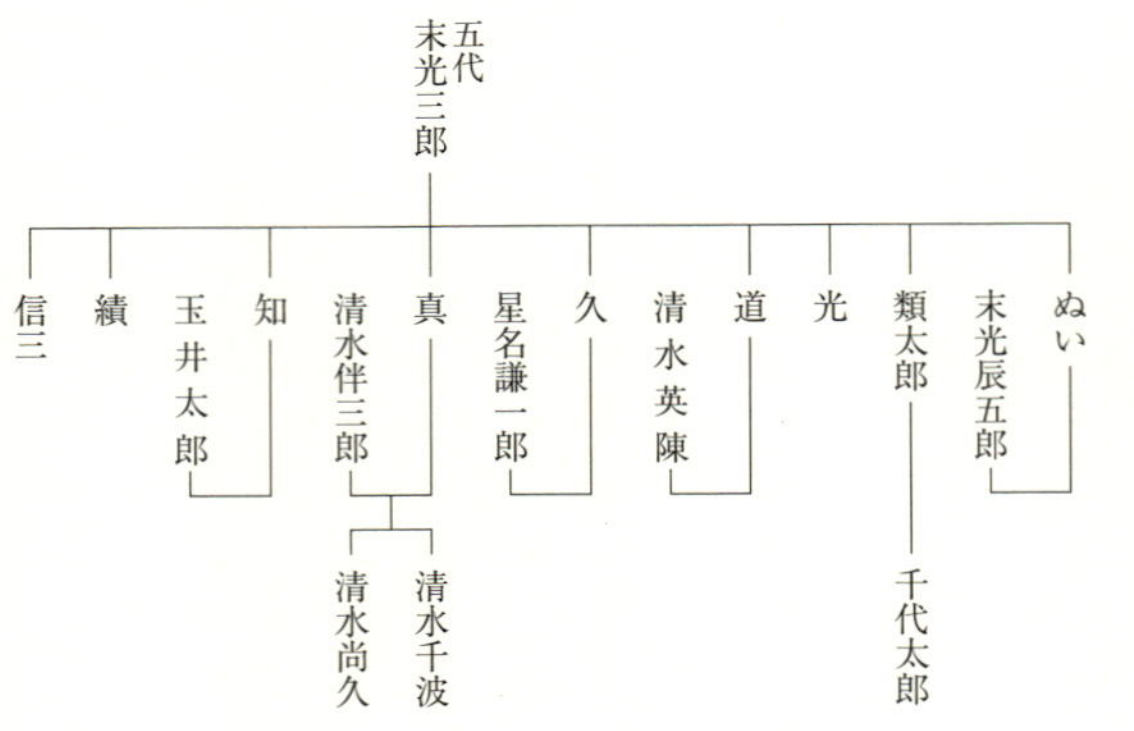

うかと。青年たちも、それではと一夜、新島先生を寺町丸太町上の御宅に訪ねた。

先生は例のランプを片手に玄関に立ち、田舎出の粗野そのものと云った青年たちを、心から歓迎して下さった。早速例の応接間で、一時間ばかり米国の生活、その人情、風俗、更らに先生がお受けになった米人の親切などに就いて、或は今後の日本青年の使命責任と云ったことまで、縷々話して下さった。青年たちの心は抑えきれない緊張と羽ばたきとを感じた。

やがて先生の許を辞せんとするや、先生又々ランプを手にして、丁寧に玄関まで送って下さった。先生のこの温い御態度が、どうして純な青年たちの心を捕えずに居ろうか、帰りの途中彼等は異口同音、東京行きをやめて同志社入学と云うことに一決した。而して、そのことを宿の吉兵衛翁に話した時、翁もよろこびと満足で一杯であったとのことである（以下略）。[注11]

このことが宇和町と同志社とが深い関係を結ぶきっかけとなり、以後幾多の青年子女が同志社に来て学ぶに至った。筆者はこれを熊本バンドにならって「宇和バンド」と呼ぶことにしている。同志社英学校の「生徒族籍一覧」（明治二二年一月調査）によれば、宇和町卯之町出身者はこの五名以外に清水謹三郎の名が見られる。このうち古谷久綱は伊藤博文の秘書官また衆議院議員として、末光平十郎は大連に渡り米国領事館通訳そして大連倶楽部の主事として活躍した。[注12] さらに末光類太郎は、新島襄亡きあと、上京して東京専門学校（後の早稲田大学）に入学した。住まいはやはり麻布区狸穴町一番地である。このとき類太郎の長男の千代太郎が生まれたが、名前の由来はここから千代田城（現在の皇居）が見えたからであるという。千代太郎は後に伊予銀行の頭取となった。

さて星名は、ここから東京英和学校のある赤坂区青山南町七丁目（現在渋谷区渋谷四丁目）まで通学したのであろう。そして一八八七（明治二〇）年に予備学部卒業生として、当時の「東京英和学校一覧」に彼の名前が出ている。[注13] また、当時の『基督教新聞』の記事によれば、同年七月一日の東京英和学校予科卒業式において彼は「自由の精神」と題する英語演説を行なっており、マクレーによる卒業証の授与式で終わっている。[注14] さらに、同年から翌一八八八（明治二一）年にかけて学院（東京英和学校）内において大リヴァイバルが勃興したが、彼はその中心的な人物であったらしく、当時の状況を記した日誌のなかで、明治二〇年一一月一一日から一三日にかけて彼の名前が登場する。[注15] とにかく彼は熱心なキリスト教徒であったようだ。卒業後の所在地は上海となっている。彼がいつ、何のために上海に行ったのか、具体的なことは一切不明である。

❖注

1　奥村多喜衛『布哇伝道三十年略史』（一九一七年）、五頁。大日本雄弁会編『苦学力行・新人物立志伝』（大日本雄弁会、一九二二年）。『吉田町誌——昭和・平成三〇年の歩み』（吉田町、二〇〇五年）二二八頁。

2　藤井秀五郎『新布哇』（大平館、一九〇〇年）、六三～六四頁。『楽園』第一巻第一号（一九〇三年一月一五日）～第一巻第一一号（一九〇三年一一月一五日）。淺井伯源編『伊豫の山水と人物と事業　上巻』（愛媛出版協会、一

九三〇年)、一二四頁。前掲注1『吉田町誌――昭和・平成三〇年の歩み』、一二五頁によると、この兄弟の父親の奥山甚太夫は吉田藩の御作事方として吉田藩の三代の藩主に仕え、勤務の傍ら公私にわたる記録などを書き残している。また、『ヒロタイムス』(一九八三年六月一五日号)の記事などで大久保清は『太平樂』著者の「鹿鳴山人」を峰岸繁太郎としているが、奥山藤三郎が正しいと考えられる。

3 星名直子編『星名秦の生涯』(一九八一年)、二四一頁。

4 吉田郷土史料研究会『伊予吉田郷土史料集 第三輯』(吉田町教育委員会、一九八一年)、一〇頁。

5 清水真一「吉田藩 喜木津・広早騒動と星名家」(西南四国歴史文化論叢『よど』第一一号、二〇一〇年)。

6 前掲注5、「吉田藩 喜木津・広早騒動と星名家」および清家金治郎『屏風秘録にみる伊予吉田藩百姓一揆』(一九九四年)。

7 前掲注4、『伊予吉田郷土史料集 第三輯』五九~六二頁。

8 國雄行『博覧会の時代――明治政府の博覧会政策』(岩田書院、二〇〇五年)。

9 門田正志他編『宇和の人物伝』(宇和町教育委員会宇和郷土文化保存会、一九九三年)。六四~七一頁および五二~五七頁。

10 國雄行『博覧会と明治の日本』(吉川弘文館、二〇一〇年)。

11 末光信三「新島先生と伊豫青年」(『新島研究』第一九号、一九五九年七月)、一六~一七頁。

12 前掲注11、「新島先生と伊豫青年」一八頁。

13 青山学院大学図書資料センター所蔵史料。

14 『基督教新聞』第二〇六号(明治二〇年七月六日)。

15 青山学院五十年史編纂委員会編『青山学院五十年史』(青山学院、一九三二年)二五〇~二五一頁。

◈参考文献

【書籍】

藤井秀五郎『新布哇』（大平館、一九〇〇年）。

奥村多喜衛『布哇伝道三十年略史』（一九一七年）。

大日本雄弁会編『苦学力行・新人物立志伝』（大日本雄弁会、一九二二年）。

淺井伯源編『伊豫の山水と人物と事業　上巻』（愛媛出版協会、一九三〇年）。

青山学院五十年史編纂委員会編『青山学院五十年史』（青山学院、一九三二年）。

松浦泰『南予の百姓一揆』（愛媛民報社、一九六五年）。

星名直子編『星名秦の生涯』（一九八一年）。

吉田郷土史料研究会『伊予吉田郷土史料集　第三輯』（吉田町教育委員会、一九八一年）。

門田正志他編『宇和の人物伝』（宇和町教育委員会宇和郷土文化保存会、一九九三年）。

清家金治郎『屏風秘録にみる伊予吉田藩百姓一揆』（一九九四年）。

『吉田町誌――昭和・平成三〇年の歩み』（吉田町、二〇〇五年）。

國雄行『博覧会の時代――明治政府の博覧会政策』（岩田書院、二〇〇五年）。

國雄行『博覧会と明治の日本』（吉川弘文館、二〇一〇年）。


【新聞・雑誌】

『基督教新聞』第二〇六号（一八八七年七月六日）。

末光信三「新島先生と伊豫青年」（『新島研究』第一九号、一九五九年七月）。

『楽園』第一巻第一号（一九〇三年一月一五日）～第一巻第一一号（一九〇三年一一月一五日）。

『ヒロタイムス』（一九八三年六月一五日号）。

西南四国歴史文化論叢『よど』(第一一号、二〇一〇年)。

[その他]

青山学院大学図書資料センター所蔵史料。

第二章

ハワイ時代前期――キリスト教伝道師の頃

布哇島（ハワイ）

① ヒロ市
② ワイアケア
③ パパイコウ
④ ホノカア
⑤ ククイハエレ
⑥ オーラア
⑦ オノメア
⑧ ワイナク
⑨ アマウル
⑩ ホノム
⑪ ハカラウ
⑫ ペペケオ
⑬ コハラ

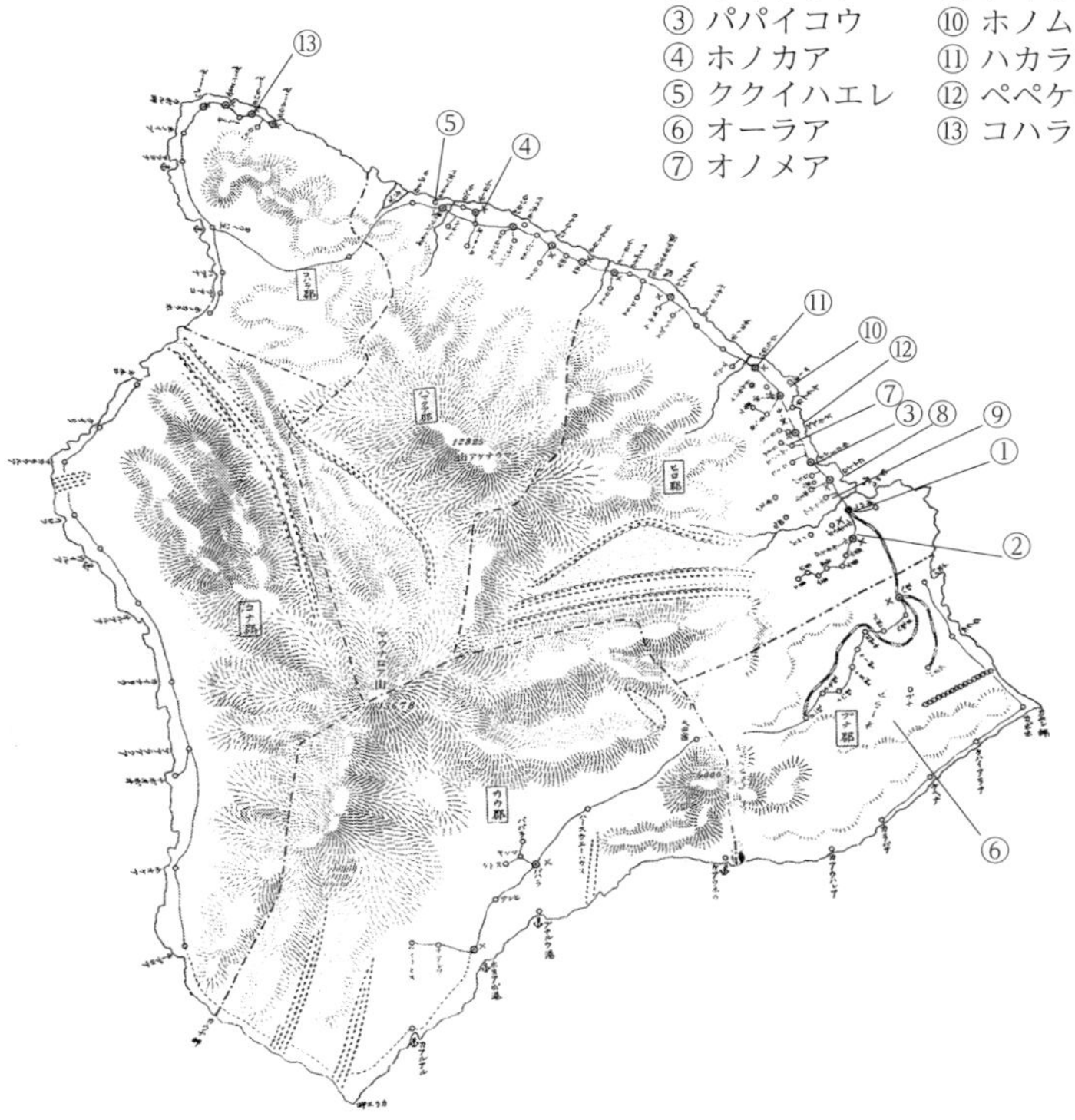

武居熱血『新撰布哇地図』（浅田栄太郎発行、1906 年）を元に、原寛氏作成、
番号記入は筆者。

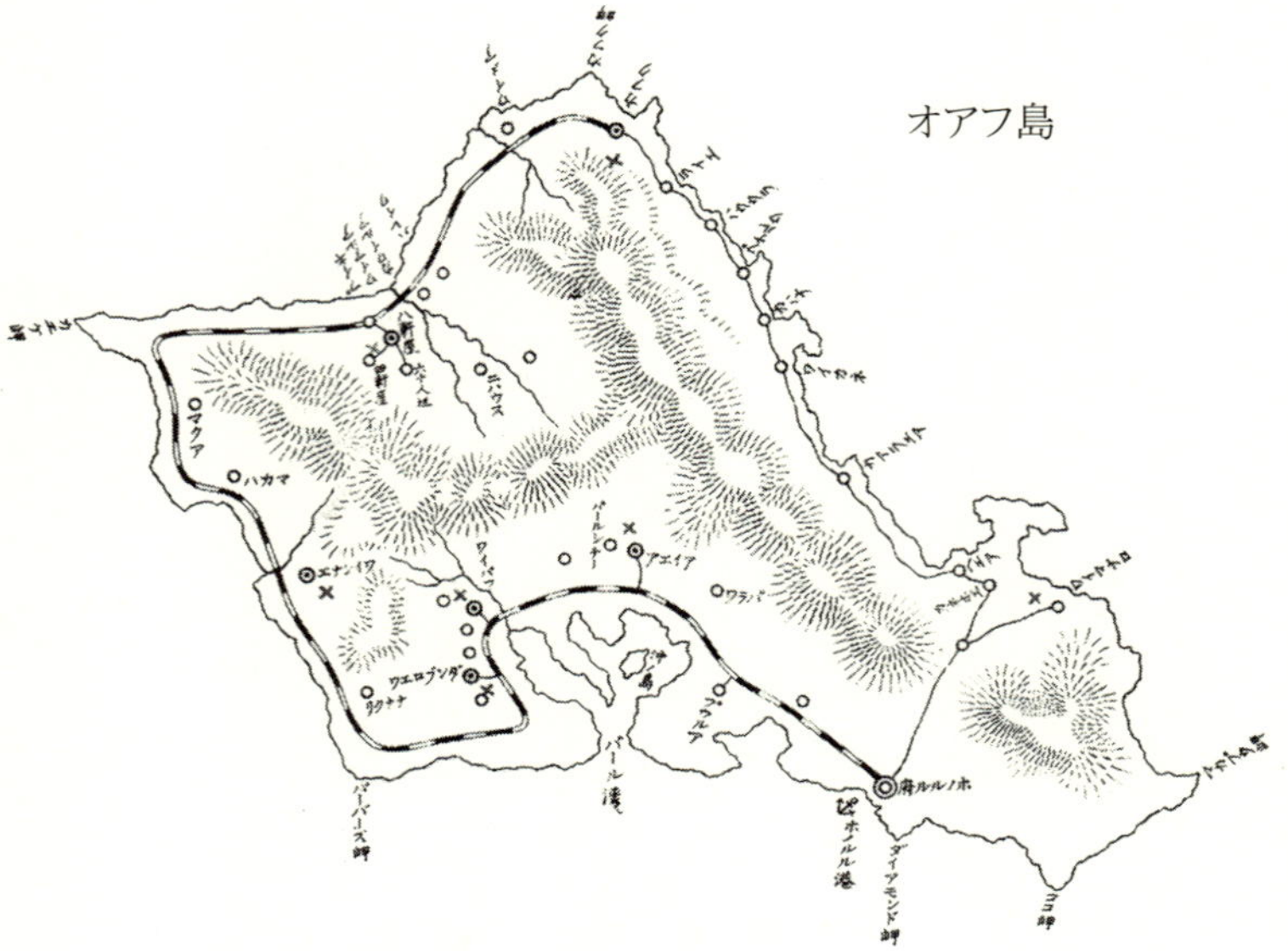

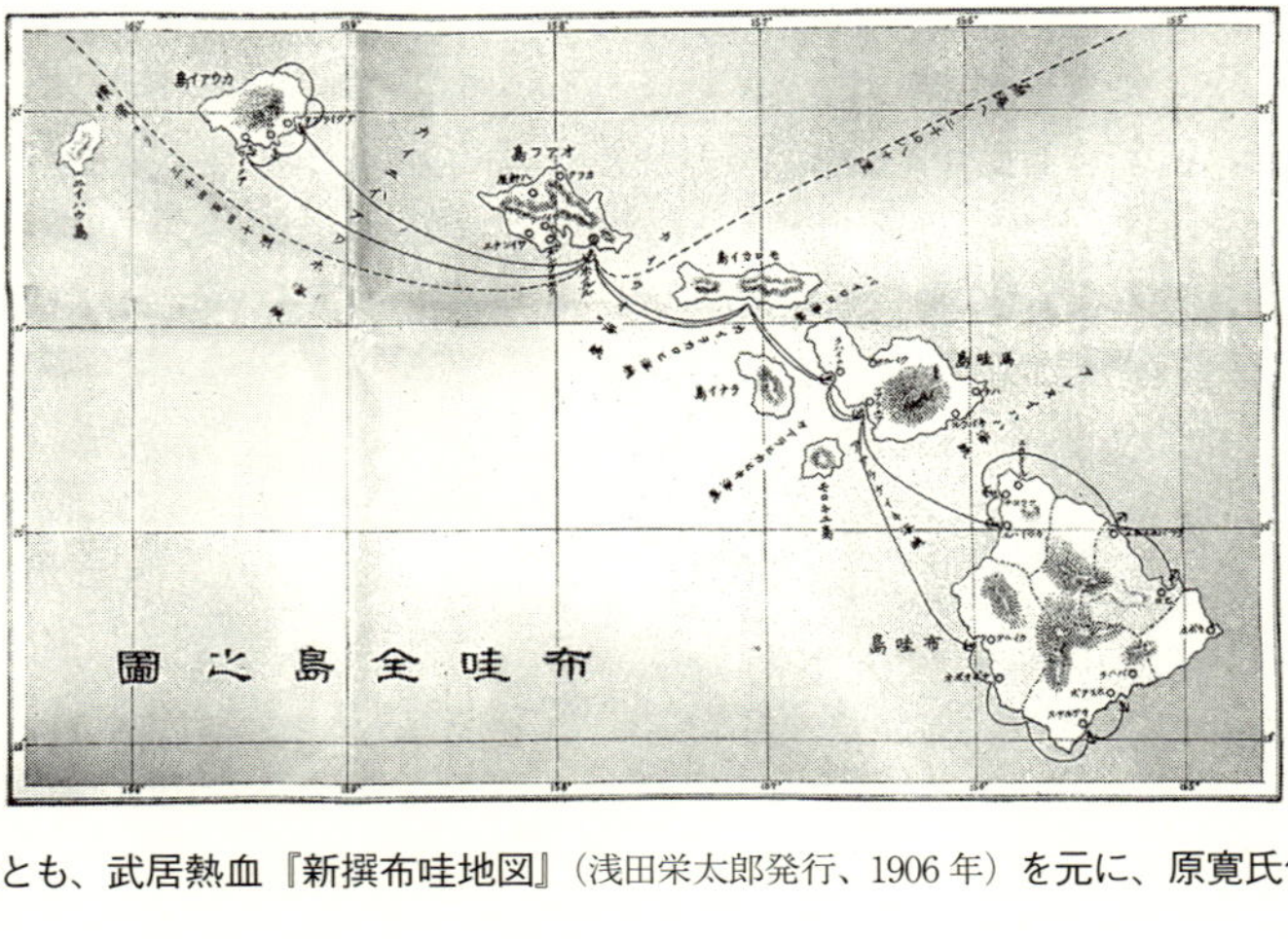

2枚とも、武居熱血『新撰布哇地図』（浅田栄太郎発行、1906年）を元に、原寛氏作成

はじめに

星名は上海から一度日本に戻ってからハワイに渡ったのか、あるいは上海から直接ハワイに渡った可能性も十分にある。彼のハワイに行くための旅券の記録が見当たらない。彼はハワイに到着後さまざまな職業に就いたが、これについて次のような資料があるので、まずこれを紹介しよう。

明治二十四年の頃、第十三回船にて出稼の為め渡来し、最初ワイアケアにありしが、君が穎敏にして勤勉なるや、容易く万事に通ずると共に語学にも熟し、一転して伝道師となり、再転してパ、イコウ製糖所の通弁兼測量師となり、三転して税関吏員となり、四転して新聞記者となりホノル、報知新聞を発刊し、五転して珈琲事業に着手し大に経営する所ありしが、六転してオアフ島なるワイアルア耕地の監督となれり。夫れ移住者衆しと雖も転変君の如く多きものは稀なり。是を以て能く布哇の事情に通ずるもの又、君の如きは実に雨夜の星斗よりも少なからむ。[注1]（句読点および傍線は筆者）

彼が官約移民の第一三回船でハワイに渡航したかどうかを外務省の記録で調べたが、これまでのところ明らかではない。しかし一八九一（明治二四）年までに何らかの形でハワイ島までやってきたことは事実である。そして様々な職業に就くわけであるが、本章では初期のキリスト教伝道師時代の活躍ぶりについて、ハワイのMission House Museum Library に残されている彼と岡部牧師の手紙、そして Hawaiian Evangelical Association（以下ＨＥＡ）の Annual Report（年報）などの史料を利用して明らかにしたい。

1 草創期におけるハワイ日本人へのキリスト教伝道

筆者はすでに「〈ハワイ〉初期のキリスト教伝道」と題する小論でこのことについてまとめたことがあるので、[注2]ここではその概略を述べておこう。

一八八五（明治一八）年、第一回官約移民のホノルル到着とともにキリスト教伝道が始められた。それはホノルルを中心にハワイアン・ボード（布哇伝道会社）の宣教師を主体として、第一回官約移民とともにやってきた青木牧師が橋渡しの役を担い、安藤太郎総領事ら日本のリーダーたちの協力によってなされたが、その活動の成果を十分にあげることはできなかった。

次に美山貫一がキリスト教伝道のため、一八八七年と一八八八年の二回、サンフランシスコからハワイに渡航した。彼は当時、サンフランシスコの福音会に属していたが、ハワイ官約移民虐待の報が伝えられたため、サンフランシスコ福音会の日本人信徒たちはハワイ伝道の必要を感じ、その代表として美山を選んだ。第一回目の訪問はわずか八〇日間という短い期間であったが、安藤総領事、中山譲治移住民局長らの協力のもと、日本人共済会を設立し、ホノルルのみに留まらずハワイ島、マウイ島の耕地を慰問し伝道を行なった。第二回目のハワイ滞在は約一年半に及び、前回やり残した仕事を安藤夫妻の庇護のもとで完成させた。すなわち矯風事業に関しては日本人禁酒会の設立であり、伝道事業に関しては日本人メソジスト教会の設立である。また美山は二回の訪問を通じて、各島の耕地の巡回を積極的に行い、耕地労働者に禁酒を教え、キリスト教を教えたことも重要であり、彼が去った後に展開される耕地の定住伝道のきっかけをつくった。一八八九年にはホノルル教会のほか、四大島に少なくとも一人の伝道者が定住することになった。

岡部次郎は、一八八九年春にサンフランシスコよりハワイに渡航した。その頃、ハワイ日本人に対するキリスト教伝道の主流は先に述べたように、ホノルル府（一八頁地図参照）を中心とした美山のメソジスト教会によって行なわれていたため、組合派の岡部はホノルルを避け、日本人が多くしかも未開拓の伝道地であるハワイ島に渡り、ハワイアン・ボードの援助を受けながらヒロ市（一七頁地図参照）を中心に伝道を開始した。彼は幾多の困難迫害に遭遇しながら近傍の各耕地に伝道地を開き、日本人にキリスト教と英語を教えた。一八九〇年七月、岡部はホノルルのセントラル・ユニオン教会で按手礼を受け、その年の末までに七二名の受洗者を出した。翌一八九一年一月一八日、日本人教会は独立し、ヒロ教会が設立され、岡部の牧師就任式も行われた。しかし、ハワイ島はハワイ諸島最大の島であり、日本人が最も多く、そこを一人で伝道することは困難であった。伝道者不足がその頃からの悩みであり、彼は日本の『基督教新聞』に伝道者募集の手紙を送ったが、すぐさまこれに呼応してハワイに渡った者はいなかった。そのため岡部は同労する人を現地で得ることになった。それが星名謙一郎であり、当時ヒロ近郊のワイアケア・プランテーション（現在ヒロ市の南東地区・一七頁地図参照）の労働者であった彼を伝道助手としたのである。さらに同年六月、伝道船モーニング・スター号でミクロネシアのクサイ島よりハワイに来航したポナペ・ミッションの峰岸繁太郎も加わり、ハワイ島北部のホノカア地方（一七頁地図参照）まで伝道地を広げていった。

2　耕地労働者から伝道助手へ（一八九一年の活動）

星名は岡部次郎の伝道助手になる前は、砂糖耕地の労働者としてハワイ島のヒロの近くで働いていたのであるが、その頃の彼について紹介した数少ない人物紹介の文章がみられる。

渡布（ハワイ渡航——筆者注）後の君は逞しき体躯を、耕黍（砂糖黍耕地——筆者注）の労働に汗して些も倦怠の色なかりき、旺盛なる精力は其事業と労働とを問はず、往くとして発せざることなく、尋常無教育の耕夫と何の異なる所なかりき、雖然君元より尋常の耕夫にあらず、当時は官約移民の時代にて、布哇耕主の横暴なる、較もすれば我同胞の権利を無視し、労働者を侮りて非理の所業少なからず、豪胆にして気概に富める君安んぞ之を黙止するの理あらむや、果然君の熱血は其度を加へて、熾んに耕主の非を鳴らし、同胞の権利擁護の為めに気を吐き初めぬ、卓越にして鋭利なる、論鋒と、豪胆にして一たび之を口にしては必ず其成功を実地に見むとする精悍なる気力とは、大に耕主の寒心を惹き、普通の労働者として油断せし一群中より、斯の素養ある論議を聞きて、耕主は始めて日本人労働者の侮るべからざるを知りぬ、而して一夜耕主は君を其邸宅の客室に招じて盛饗し、深く前非を謝して向後方針の改良を誓ひ、辞を卑ふして遂に君に請ふに耕地を出でむ事を以てす、時に君既に若干の資力あり、久しく留まりて労働に朽ちん事もとより其本意にあらず、且つ耕主の請願もあれば、直ちに同地を辞し去りぬ、是れ布哇に於ける君が活動の最初にして、奇傑の名漸く同胞に伝はれり。[注3]

彼は最初、砂糖黍プランテーションにおける一介の労働者としてその身を投じていたが、次第に頭角を現し、耕主の横暴を暴き日本人の権利を主張して同胞を援助した。そのため耕主から煙たがられ耕地を出て行くことになったのである。

ところで、星名が伝道師になった経緯であるが、ハワイにおける日本人最初のキリスト教組合派の牧師であった岡部次郎がハワイアン・ボードの秘書エマーソン[注4]に送った手紙によると、一八九一年一月五日と二五日のものでは、彼の当時の助手であったオウチが亡くなり、ナガタニが日本に行ってしまったことを伝えた後、同年六月二二日、岡部からエマーソンへの手紙で次のことを報告している。

私は喜んであなたに伝えたい。私はワイアケア・プランテーションでK・星名という若い人を獲得するのに成功しました。ヒロの日本人キリスト教徒はみな彼が大変好きになりました。彼は、私たちの教会で日曜日に朝の学校を始めました。私は勇気と希望を持って働いています。私たちは教会堂で次の火曜日から歌のクラスを始めようとしてお

星名が伝道師をしていた頃のヒロ教会の会堂（現在、愛知県の明治村に移築保存されている。）（1984年3月21日、筆者撮影）

り、また他のプランテーションでは夜学校を作ろうとしています。私は彼の助けによってより大きな仕事が成し遂げられるよう希望します。私は昨夜パパイコウ、そして今夜ヒロのりっぱな集会で説教しました。[注5]（以下略）

ここで初めて、星名の名前がハワイアン・ボードの記録に登場する。ちなみに翌一八九二年のハワイアン・ボードの年報（*Annual Report of the HEA*）にも次のような記録がみられる。

一八九一年六月、ワイアケア耕地の契約労働者だったK・星名は、岡部氏によって教育を受けたクリスチャンであることを見出され、彼の契約の免除金を払ってこの仕事に就いた。岡部が日本に行っていない間、星名がヒロの牧師の管区を監督したのである。面白いことに、そこでは新しい人たちが集会にやって来て、一五人が改宗したと報告されている。[注6]

ここですでに翌九二年、岡部が日本に行っている間、彼がヒロの管区を監督する立場にあったことも述べられている。なお同じ年報で、星名の手当ての割合で六三・一〇ドルをワイアケア・プランテーションに支払っていることが記載されている。

続いて、一八九一年七月一一日の岡部からエマーソンへの手紙は次のようである。

同僚の星名は今夜パパイコウへ説教に行き、私はワイアケアからちょうど帰ったところです。私は彼が大変好きです。私は良い料理人を持ったので、もう困難な仕事をする必要はありません。私たちの夜学校と歌のク

ラスと祈りの集会は、大変うまくいっています。[注7]（以下略）

同じ七月二三日の岡部からエマーソンへの長い手紙の一部に、星名に自分のベッドと寝具を与え、新しく自分のものを買ったこと、そして星名のために馬を買ったことを報告している。彼らは馬に乗って各伝道地に向かったのである。

八月一一日の岡部からエマーソンへの手紙では、これより少し前に、新しく岡部の第二の助手となった峰岸繁太郎についての報告とともに、星名について次のように述べている。

第一番目の助手である同僚の星名は、神聖なキリスト教徒であり、教養のある適任の教師であることが証明されました。だから私は、ヒロに次いで大切なハマクワに明日、彼を連れて行こうとしています。[注8]

同じく、八月二二日の岡部からエマーソンへの手紙は、星名について詳しい。

私はハマクワから数日前に戻ってきました。その際、私は星名をホノカアでずっと働いてもらうために残してきました。私たちは、その地区は宗教的雰囲気が希薄で、道徳的な感情が弱いのが分かりました。換言すれば、私たちはその暗い地区に光をあてるため、「正義の太陽」を正に必要としています。私たちが働くのにすべてがそのように都合の悪い状況と知って失望したかどうかを星名に尋ねました。しかし彼は私にノーと答え、その活動場所が最悪の状況であるが故に、自分の努力によってしか良くならないだろうと答えました。私は彼の返答を聞き大変喜びました。彼はそこでの働きについて、あなたに報告があると思います。彼はたった一人で誰の助けもない状況なので、彼に同情し彼のために祈ってください。[注9]

九月九日、ここで初めて星名の手紙が登場する。O・P・エマーソンへのホノカアからの手紙である。ホノカアはハワイ島の北部の地域である（一七頁地図参照）。

あなたや私の友人である岡部牧師は、あなたのことを私に告げ、またあなたに時折手紙を書きました。私がこの国で働くことを許してくれた、あなたや他のハワイアン・ボードの方々に大変感謝しています。しかし私個人について言えば、なぜ、何が私にこのような最主要の仕事をもたらしたのか、というのが避けられない疑問になるでしょう。あなたが岡部牧師から聞かれたように、私はこの国に労働者としてやってきて、多くの日々を労働に費やしました。（中略）私はここで、全ての日本人同胞が、あらゆる不正の横行するみじめで堕落した状態にあることを見出しました。そして私が、先生から多くの機会に伝道師となるために告げられた言葉を思い出した時、私は心を打たれ、救世主キリストのために自分自身が働こうと決心しました。これは私の使命であり私の思いです。私は経験も力もない。だからあなたが私を直接、間接に助けてほしいと願っています。私のために神に祈ってほしい。（中略）ここでの私の仕事のことは書きません、ハイド博士がすでにあなたに述べたので。[注10]

一一月一五日の岡部からエマーソンへの手紙には、この年の星名についてのまとめが述べられている。

私はここ三ヶ月間の仕事について言いたいことがたくさんあります。とりわけ言いたいのは、私の助手のK・星名とS・峰岸両氏、そして彼らの仕事についてです。

星名氏は東京の青山学院を卒業し、契約労働者としてこの国にやって来ました。彼が日本でしばしば聞いた、苦しみに喘ぐ同胞者を助けようとの思いを抱いたのです。彼はプランテーションで一労働者として職務を遂行している間、彼が数年前に見出し信じる彼の創造者への祈りをもって、「この世で自分の使命は何であるか」を本当に真剣に熟慮しました。彼はついに、キリストの福音を通して世界を救う全能者の尽力ほどすばらしく尊い天職はない、と賢明に結論づけました。ハワイアン・ボードが彼を雇うやいなや、ハワイでの特別な仕事のために日本の外に神が彼を呼んだのだということを十分納得

（裏書）明治廿四年十二月初旬撮影　写之煤孫氏 布哇国布哇島 ヒロ町裏通り橋際にて
岡部次郎 信濃（左）、富川勇蔵 陸前（中）、峰岸繁太郎 常陸（右）（故笹原つね氏所蔵）
富川は大槻幸之助の甥にあたる。

しながら、彼は意気込んで仕事に行きました。

私が彼と一緒に三ヶ月ほど前にハマクアへ、仕事を始めるために行った時、私たちががっかりするようなことばかりだったので、私は彼に活動場所が都合のよくない状況だと知って失望していないかどうかを尋ねました。しかし彼は失望していませんでした。私とは反対に、彼は希望に満ちていました。この三ヶ月間、彼は首尾よく仕事をしたので、「正義の太陽」が暗黒のハワイにいる日本人の上に、すでに輝き始めました。遠くない将来、私たちはヒロで行ったのと同じように、そこでキリスト教の団体を組織することを期待します。H（星名）氏は体を横たえる決まった場所もなく、わずかな時間も働いてきました。しかし最近、古い家を借りるのに成功し、それを完全に修理し、ホノカアで不自由なく暮らしています。[注11]

またこの頃、岡部が日本に送った書簡が『基督教新聞』に掲載された。その中でも、同労者の星名と峰岸を紹介しているが、ここで星名について触れている箇所は以下のようである。

収穫は多きも工人は少く、常に吾等の雇主に工人を収穫場に送り玉はんことを祈り居候処、彼の愛は大に彼の摂理は奇しくして乍ち（たちま）二名の工人を送り玉ひて一人は東京青山英和学校卒業生星名謙一郎氏にして、他は茨城県人峰岸繁太郎氏にて両氏の素志経歴は驚くべく感ずべく中々拙筆もては写し得難き程に候、星名氏は大に期する処あり米州に吟じ、清国に嘯（うそぶ）き遂に当島に来られ深く自ら晦（くら）まし出稼人と眠食労働を共にし大に悟る所あり、今や小生を助けて当島ハマクワ郡に在りて熱心伝道いたし居られ[注12]（以下略）

この年は、星名にとっては激動の年であっただろう。プランテーションにおける一労働者から一転して、岡部牧師の片腕として寸暇を惜しみ、ヒロを中心とした各地の耕地を巡回して懸命に日本人のために働いたのである。

3　岡部牧師留守中の監督（一八九二年の活動）

この年の一月、ハワイ島北部のククイハエレ耕地（一七頁地図参照）において同胞殺傷事件が起こり、彼がこの事件に関わったことを示す記事がある。おそらく、彼がホノカアで暮らしていた時に起こった事件であろう。彼以外にも、当時の有力者とみなされる人物が名を連ねている。

布哇島ハマクア郡ククキハエレ耕地に於て就働中の同胞東伊平が白人ルナ（労働監督――筆者注）にピストルで脚を負傷せしめられたので巡回裁判所に告訴した結果被告人白人ルナは六ケ月の禁錮に付されると共に罰金を科せられた。其所で彼れは上告し上等裁判所で判事及立会人に金銭を賂ひし為め被告に無罪の判決を上等裁判所は下したのである。此所に於て原告は大いに閑却したが東伊平を助け其の黒白を明かにせんと在留同胞者鈴木國蔵、山本晋、佐藤祐之、小野目文一郎、星名謙一郎、其他十数名の者が相謀り演説会を開き、伊平救助費と上訴運動費を弘く同胞より集めんと義捐金募集運動を起し大審院に上告せんとしたのである。所が此の挙に恐れた被告は遂に移住民局及総領事館に仲裁方を依頼し来たので遂に伊平の扶助費三百五十弗を出さしめて日本に伊平を帰国せしめたものであると伝へられてゐる。[注13]

まず鈴木國蔵は元年者のうちの成功者として有名で、この頃ヒロで食料品及雑貨の商店を経営していた。[注14] 山本晋は鹿児島出身で一八九〇年に移民局嘱託の医官兼監督官としてハワイに渡り、以後ヒロ市で開業した医者であり、[注15] 後ほど山本夫人の回想記にも登場する。佐藤祐之は熊本県出身で、一八九二年にサンフランシスコを経てハワイに渡航し小倉商会に入ったが、一年後に水野波門らの出した日本語新聞『第二十世紀』に参加、のち古谷駒平の紹介でピーコック商会に勤務し、一八九四年にハワイ島ヒロに渡るとあり、[注16] この事件は小倉商会時代のことであろうか。小野目文一郎は宮城県出身、東京で政治、経済、英語を研鑽して東洋英和学校の教授となったが、一八八六年に移民監督官としてハワイに来航。一旦帰国して一八九二年に再び来布し、ハワイ最初の日本語新聞『日本週報』を発刊した。しかしこの頃、脚気病に罹り転地療養のためハワイ島オーラアにきてコーヒー栽培を始めることになる。[注17] 彼については次章以降たびたび登場する。

ところでメソジスト教会は、それまでハワイ島を除く、オアフ、カウアイ、マウイの各島で伝道地を置き、大きな成果をあげていたが、一八九一年になると突然伝道を撤退し、ハワイアン・ボードへの譲渡を宣言した。これがきっかけで、岡部牧師が伝道者募集のため、日本にしばらく帰った。岡部はこの年の一月に帰国、各地をまわって演説し、ハワイへの伝道師渡航を勧めた。彼の募集の訴えは功を奏し、とくに同じ組合派に属する同志社の出身者が多く集まり、ハワイ伝道に参加することになった。岡部が大阪の島之内教会の牧師であった奥亀太郎とともに、六月二〇日にホノルルへ戻るまで、[注18] 留守を任されたのが星名である。星名はたびたびエマーソンに手紙を書いて、伝道の様子を詳細に報告している。

二月一七日、星名よりO・P・エマーソンへの手紙は以下の通り。

私はハイド博士の病気についての悲しい知らせを受け取りました。私は何が起こったのかは知りませんが、たいした病気でなくすぐに良くなるものと信じています。私たちは昨夜の祈りの集会で、彼のことを祈りました。もし時間があれば、彼がどうなったか私に知らせて下さい。

私たちの夕方の学校は大急ぎの状態です。私達は最近やってきた日本人の新しい会員を得ました。私はその中から教育を受けた人を見つけました。彼はキリスト教信者ではありませんが、教会に来ることを約束しました。彼は新来者の中では力を持っています。彼が教会に来るなら、多くの人が彼に従うでしょう。

私はベーカー氏[注19]が仏教の教義を聞くため、その通訳として仏教寺院を二度訪ねました。彼は真剣にその教義についていま研究しているところだと思います。しかし、いまここにいる僧侶は彼を満足させることができないでしょう。

もしあなたが面白いニュースをお持ちでしたらどうぞ私に手紙をください。それで私は世界の風潮がどうであるかに興味が出てきます。[注20]

三月二八日、星名よりエマーソン牧師への手紙。

私はヒロにあるこの教会について報告しますが、この三ヶ月間ここでは大したことは起こりませんでした。岡部氏が日本に行ってから、私達は教会について、そのメンバーが欠けないようにという、いくらかの心配がありました。しかし神の最大限の救いによって、私達はすべてたゆまずに天国の門に向かいつつあります。さらに神は、最近この国にやってきた新しい同胞を私達に与えてくれました。もちろん彼等はすべて仏教信者であり、キリスト教について聞いたことのない人達です。彼等は毎日曜日、説教を聞きにやって来て、非常に楽しんでいるようにみえます。そして教会のメンバーの礼儀正しさやキリスト教の教義そのものに驚いています。彼等はみな日曜学校に出席し、喜んで外国人教師から学んでいます。キリスト教が何かを知らない新しい日本人が出席することによって、私達を勇気づけているように、私には思えます。日曜日には四〇人以上の出席者があり、そのほとんどが学校に出席しています。

毎火曜日の夜七時から、私達は教会で祈りに集まります。参会者は二〇人以上で、ファーニョー夫人、リビングストン夫人、マーチン氏やその他の女性が、祈りの前の一時間、私達に歌を教えてくれます。私達は以前より歌うのが上手になり進歩しました。

五週間ほど前に、私はヒロから約五マイルのオノメアプランテーションで夜学校を開きました。そのプランテーションは二〇〇人の日本人を含んでいます。最初の夜、五〇~六〇人の日本人が私のところに聞きにきました。その次から聴衆は四〇人を超えて、今は良い状態です。彼らは集会の場所として自分たちで納屋を建てると私に言いました。これが一番望ましい場所です。パパイコウの夜学校もうまくいっていますが、現在は以前のように多くなく、平均でおよそ一五人です。

ワイアケア、ワイナク、アマウル（一七頁地図参照）など他の夜学校は前の二つのように順調ではなく、すべて週一度でいつも六、七人です。小林氏は最近やってきた若い日本人で、私の家に泊まり、夜学校の仕事を手伝ってくれています。それらの場所で洗礼を受けたい人が一五人ほどいます。私がそのことについてベーカー氏に尋ねたところ、彼は四月一〇日にセレモニーをやると言いました。

要するに、私達は心の中や教会において、いつもの歩みを続けています。そして同時に何の障害もなく教会の内や外で平穏を保っています。神の祝福が私達に永遠に在りますように、アーメン。

追伸、岡部氏は一月二九日に到着したと私に手紙を送りました。彼は風邪をひいたと書いてあります。私たちヒロのキリスト教徒は、私達のために働いてくれるよい牧師を連れて戻るのを待っています。峰岸氏については何も聞いていません。彼は私の手紙に返事がありません。しかし彼がよく働いていることを信じています。[注21]

五月一二日、星名よりエマーソン牧師への手紙。


今月三日付けのあなたからの手紙を確かに受け取りました。私は私の教区の集会について報告したい。私は昨四月末のことについて書くことにします。

ワイアケア、ワイナク、パパイコウ、オノメア[注22]（一七頁地図参照）など、全てのプランテーションで私が担当している夜学校では、英語を教える前の一時間と後の一時間は、いつも説教をしています。

だから集会の出席者と同様の夜学校の生徒がいるのです。ノートの空白を満たすためですが、残念ながら、あなたを満足させることはできません。わずか二、三の空白を満たすだけですが、それは私がよく承知しています。岡部牧師が教会のために記録を残して保持していた本を見つけることができません。どうぞ私を信じてください。[注23]

五月一七日、星名よりエマーソン牧師への手紙。

私は岡部牧師が七月までに戻らないと聞きました。彼はあなたに手紙を送ったのですか。もしあなたが彼について知っているのでしたら、いま彼が日本でどういう状況か、どうぞ私に短信を送ってください。私は彼から手紙を受け取っていません、彼について何も知らないのです。峰岸氏と私自身の今月分の給料として岡部牧師が私に委ねたハワイアン・ボードの為替手形に署名してよろしいでしょうか。あなたの指令をお待ちしています。[注24]

六月一二日、星名よりエマーソン牧師への手紙。

私は喜んでこの短信を書いています。本月五日の日曜日に、ベーカー牧師から洗礼を受け私達の教会を印象づける二八人の新しい信者仲間を得ました。彼等は皆、ベーカー牧師、ライマン氏、そして私達の委員会による充分なる審査の後、誓いを立てました。私達はその日、最も神聖な方法でお互い親しい交わりを持ちました。それは異邦人の感情を魅了するものだと私を確信させました。その日は約八〇名が出席し部屋が狭く感じられました。この大きな仕事にどのように感謝していいかわかりません。しかしあなたに願います。おお！私達を助け、導いてください、そして一体何をすればいいのか教えてください。アーメン。[注25]

八月四日、岡部よりエマーソン氏へ。

岡部がハワイに戻ってきた後、最初の手紙は次のような短いものである。

私は奥氏をホノム（一七頁地図参照）に送ることに決めました。そこで彼はハカラウとぺぺケオ（一七頁地図参照）でも説教することができます。彼は今日私達のもとを離れるでしょう。星名は私と一緒にヒロの辺りに滞在し私を助けてくれるでしょう。[注26]

同じく一〇月二六日の岡部の手紙は、人事に関してやや深刻な内容である。

私は今月ハマクワに行こうとしているので、要点のみを伝えておきたい。私は地方委員会と相談し、次のように決めました。（1）奥氏をホノルルに送ること。（2）そして峰岸氏を奥氏の後継者としてホノムに呼ぶがハマクワには説教者がいなくなる。（3）星名氏の辞職を受け入れる。彼は火山道路にあるオーラアに農民として居住しようとしています。将来は自給伝道者となることを望んでいます。ハワイアン・ボードが星名の辞職を受け入れるかどうか。（4）星名氏が私から離れた場合、私は協力者として月二〇ドルの給料で下村氏を雇うことをボードにお願いしたい。下村氏はいま私と一緒に住んでいます。彼はアメリカに数年間住んでいました。そして三年半前にこの島にやって来て、ホノムの商店を続けてきました。しかしながら、不運にも数年前に熱病に罹ったが、それから回復しています。彼はすべての世俗の事業はあきらめ、精神的なものに献身しようとしているのです。

ウェットモア博士はこれらのことについてすべてあなたに書くと思います。[注27]

星名は一時、ヒロからキラウエア火山へ行く途中にあるオーラア（一七頁地図参照）に日本人伝道者として住んでいたようである。当時の住所録 *Directory and Handbook of the Hawaiian Kingdom* の一八九二―九三年には、「HOSHINA Kenichiro, Japanese preacher, Volcano, Hilo」となっている。星名が突然いなくなったため、岡部が困惑している様子が次の手紙でも読み取れる。

一一月七日の同じく岡部よりエマーソン氏への手紙。

実のところ現在、ヒロで私の代わりをしてくれる人が誰もいません。奥氏はホノルルで牧師をするのがよりよいので。このような訳で彼をあなたのところに送り、一方で私はヒロに留まっています。この決定により、私はハマクワに行き、峰岸氏をホノムに呼びました。そこで彼が私のねらいに近いことをしてくれると信じています。

奥氏はあなたから聞くと同時にあなたのところへ行くことを期待しています。奥氏は大変経験があり、有能な牧師です。だからホノルルであなたを失望させる

1893 年 3 月 12 日、ハワイ島ホノム、林三郎の家屋新築の落成式
中央左が林三郎、中央右が峰岸繁太郎（故笹原つね氏所蔵）

ことはないでしょう。[注28]

一二月七日の手紙では岡部はエマーソンへ、奥や熱病のため働けない下村について述べたあと、星名について次のように書いている。

星名氏はしばらくの間、私のところにやって来て、私を助け、また私を困らせました。星名氏が主として働いたオノメア、カラナ、パパイコウの人々は彼を思い、彼が戻ってくることを望んでいます。彼等は、私が無理にでも星名氏を以前の仕事に戻そうと試みないならば、嘆願書をもった人をホノルルに送ろうと言っています。彼が以前のように働くことを同意するならば、彼を雇うことをボードに願いたい。彼は戻ることを断るようであるが、私はそのような人々を満足させるために試みなければなりません。パパイコウで商店を経営している大槻氏は、私たち教会の執事で会計係であるが、そうした人たちの一人です。

最近、アメリカからやって来てあなたの住んでいる町にいる林博士のことを知らせていただけませんか。彼は私の古い友人です。できたら彼に会いたいのです。彼は、私の友人でもある若者が、この国に来て伝道者になりたいといっていると手紙で書いてきました。もし私達がもっと多くの伝道者が必要なときは、私に知らせてください。[注29]

林博士というのは、後にハワイ島コナ地区（一七頁地図参照）に住み、日本語新聞の『コナ反響』を発行した林三郎医師のことであろう。彼はこの頃からホノム（一七頁地図参照）に住んでいた。[注30]

「大槻氏」とは、第一回官約移民の大槻幸之助(こうのすけ)で、雇い主の契約違反を告発するなど指導的な立場にあり、美山貫一がサンフランシスコからヒロにやってきた際にキリスト教に帰依し、さらに総領事安藤太郎の紹介で岡部次郎と知り合った。当時パパイコウで雑貨店を営むなど、この地方の有力者である。一八九三年にはコーヒー栽培も手がけている。[注31] 彼をはじめとして、星名が復帰することを皆が望んでいる様子がうかがえる。そしてこの年の締めくくりとして、一二月二九日に岡部は次のような手紙をエマーソンに送っている。

クリスマスそして新年おめでとうございます。そしてあなたのすべての兄弟たちにも。この種の手紙をいただいたことに大変感謝します。私たちと一緒に働いてくれる二人の若い人が来たと聞いてうれしかった。

高森氏はよく知っています。彼は聖徒的な人です。あなたが彼をカウアイ島に送るのは非常に親切で用心深いことです。というのは彼が繊細だからです。しかしながら江上氏は個人的には知りません。私の友人達が彼を精神的な人だと私に推薦してくれました。二人とも私達を失望させることはないと信じています。彼等はキリスト教の学校で訓練され、神学の正規課程を取得していないけれども、休暇中に多かれ少なかれ説教の経験をもっています。私達はハワイでそれほど神学を必要とはしません。私達はどうでしょう。この前の手紙であなたに提案したので、あなたに尋ねたいが、星名氏は前の事務所に再び戻り、そして同意したのでしょうか。彼はオノメア砂糖会社で日本人のすべての世話をしています。そこには五箇所の説教所があります。すなわちカワイヌイ、オノメア、カラナ、パウカとパパイコウで、パパイコウに寝所とする本部を置いています。私は星名が一八九三年一月からの給料を受け取るようにします。多くの試みの後、私は次のような結論に達しました。あらゆる方面に私達の手を広げる前に、私達は力を結集し各島で要塞を建設しなければなりません。ハワイ島ではすでにヒロで要塞を建設したと私は思います。事実私たちは、すでにハマクワからワイアケアまでと少し先のオーラアまでのヒロの全地区を、キリスト教化しています。そこでは私達の仕事にとって今が最も望みがあります。私達は来年早々にも暗黒の力と大きな戦いをするでしょう。私はあなたが他の島の仕事をみて、各島の要塞を建設する人達に指図することを願います。[注32]

星名はこの時点で、パパイコウにあるオノメア砂糖会社に戻ってきたようである。一八九三年のハワイアン・ボードの年報（*Annual Report of the HEA*）にはこの年の出来事として次のように記録されている。

昨年、岡部氏は四ヶ月以上の間、母国日本を訪れて彼の活躍舞台を留守にした。彼はT・K・奥氏を伴って帰ってきた。奥氏は一時ハワイ島のホノムに駐在したが、今はこの市（ホノルル）の牧師である。

岡部氏はハワイ島における業務の中心としてヒロに本部を持ち、星名氏と峰岸氏はパパイコウとホノムという外の部署に配置している。

一八九二年一二月、砂本氏はこの市から撤退し、奥氏がその任に当たっている。高森とG・江上兄弟が日本から到着したのは同じ一二月であった。同月、彼らのうちの一人はマウイ島に、そしてもう一人はカウアイ島の部署についた。江上氏は広田氏が最近まで管理し撤退したパイアで業務を担っている。パイアでの外国人教会はT・L・ギュリック牧師で、彼がこの仕事を支援している。高森兄弟はカウアイ島の中心リフエで働いている。マウイ島もカウアイ島もまだ日本人教会は形をなしていない。[注33]

高森貞太郎と江上源三については、岡部次郎が『基督教新聞』に送った「布哇通信」にも紹介されている。以下のようである。

同志社出身の江上源三、高森貞吉郎（ママ）の両氏は布哇国伝道局（ハワイアン・ボード——筆者注）の聘に応じて日本より来り、江上氏はマウイ島に拠りパイヤを本城となし、ハマコポコ、グローブランチ等の諸耕地を働き居れり、赴任以来日猶浅きも既に十数名の受洗者を見るに至れり、高森氏はカワイ島に在り、リフイ（リフエ——筆者注）を以て中心となし熱心鋭意福音を伝へ居るなり、両氏とも年猶若し、皆初陣の事なれば何となく案じられしが、先々月小生伝道地巡回の際、共に談論して両氏共勇気勃々（ぼつぼつ）幸福と満足の裏（うち）に働かるゝを知り大に安心いたしたり（以下略）。[注34]

江上は熊本県八代郡、高森は熊本県阿蘇郡出身で、共に熊本県から同志社普通学校というコースを歩んできている。[注35] このうち高森が有名な劇画家である梶原一騎の祖父だというのは驚きである。[注36]

4　一八九三年以降の様子

一八九四年のハワイアン・ボードの年報（*Annual Report of the HEA*）には、岡部次郎牧師による報告書が掲載されており、そこでは昨年度日本人伝道の歴史は成長と成功において未曾有であったと最初に述べた後、各地の伝道の様子を詳細に報じているが、峰岸と星名について次のように述べている。

S・曽我部氏は、日本から新しく伝道者の一人として到着し、S・峰岸氏の後を継いだ。峰岸氏は、ごく最近になって職務をやめて、アメリカで研究を再び続けようとしている。彼の三年間にわたる誠実な奉職に対し感謝します。K・星名はパパイコウでプランテーションの監督者（測量者）として滞在し、ハワイアン・ボードのもとでの巡回説教者であった時と同様に、誠実に私達の布教のために働いている。[注37]

やはり星名は、オーラアからパパイコウに戻り定住伝道者となったが、それ以外にプランテーションの監督の仕事も兼ねていたようである。しかし、奥村多喜衛牧師による『布哇伝道三十年略史』（一九一七年）のパパイコウ基督教会の項目に「岡部次郎氏ヒロより此地に伝道の手を延せしが。その初めて定住伝道者の送られしは千八百九十三年にして。最初の伝道者は星名謙一郎なりし。千八百九十四年五月佐々倉代七郎氏夫妻来任。[注38]」とあり、彼は伝道者としては一年ほどでやめたことになっている。

なお、同年六月九日の岡部よりエマーソンへの手紙は次のようである。

三人の伝道者が、日本とカリフォルニアから同時に呼ばれてきました。一人はコハラ（一七頁地図参照）に行こうとしています。そこではオストロム牧師と毛利博士によってある期間、業務が行われてきました。そこでは支援の金が伝道者から消え去るかもしれません。

他の二人は、峰岸氏と星名氏の代理です。前者は、彼の研究を仕上げるためにアメリカに行こうと望んでお

り、後者は、パパイコウ・プランテーションで自給の仕事をやろうとしています。[注39]

新しくやってきた三人の伝道者のうち、ハワイ島北部にあるコハラに行ったのは神田重英[注40]で、峰岸と星名の代理は、それぞれ曽我部四郎[注41]と佐々倉代七郎であろう。いずれも同志社出身者である。星名の自給の仕事とは何か。それは、彼のハワイでの職歴を紹介した文章中にある「パ、イコウ製糖所の通弁兼測量師」、さらに「税関吏員」に違いない。

最後に、峰岸の代理としてホノムにやってきて、その地で生涯を伝道と教育のために捧げた曽我部四郎牧師の回顧録を紹介しよう。

そういう時代だったから伝道師だといったところで今日のように、サンデーの説教だ、ウェンズデーのプレイヤー・ミーテングだ、家庭訪問だといったようなのと違って、領事館の掛合、正金銀行の送金、横浜ジャパンの代筆から、引っきりなしに起った夫婦喧嘩の仲裁、耕主への交渉一切の事の相談相手でもあり、村長のようでもあり、我の如きは、今日では何一つ自分でせず、オートモビルのドライブすら出来ない男になってしまったが、其の当時では天長節のような時には、詩吟や剣舞劇までも教えたもんである。

岡部次郎氏の如きは、東洋豪傑肌の牧師であったから、従って、ミスター・キンネーの如き人とも、大いに共鳴し、一日談興に入り『それじゃあ、君達にやらせて見るから一つ、やって見よ』……『いかにもやりましょう』と、いうことで、いよいよ星名謙一郎君をヘッド・ルナとして、之から打ち始めようという段取にまで運んだ時ホノルルから計画不承知の書が来たので、それっきりになった、という話も残っている。[注42]

ミスター・キンネーというのは、非常な日本人贔屓で有名であり、ハワイ島ホノム耕地支配人として、その耕地には、日本人のストライキやトラブルなど、一切無かったほど日本人の信頼を得た人である。注43 またルナとは労働監督のことで、星名は実際にヘッド・ルナに近い仕事をパパイコウのプランテーションでやっていたかもしれない。これ以後、キリスト教伝道者として彼の名前は登場しない。

❖注

1　藤井秀五郎『新布哇』（大平館、一九〇〇年）「附録在布日本人出身録」五三頁。
2　拙稿「〈ハワイ〉初期のキリスト教伝道」（同志社大学人文科学研究所編『北米日本人キリスト教運動史』ＰＭＣ出版、一九九一年）、二七〜六七頁。
3　上方生「在米成功日本人の評論」（『渡米雑誌』第一〇年第一一号、一九〇六年一一月一日所収）。
4　O. P. Emerson は *MISSIONARY ALBUM* (Hawaiian Mission Children's Society, 1969) によると、一八四五年マウイ島生まれ、ハワイのプナホウ・スクールとマサチューセッツのウイリアム・カレッジを卒業し、一八八九年ホノルルに戻り、一九〇三年までＨＥＡの秘書をつとめた。
5　Hawaiian Mission Children's Society Library 所蔵史料。筆者訳。
6　*Annual Report of the HEA* 一八九二年六月、二六頁。
7　注５に同じ。
8　注５に同じ。なお、ハマクワはヒロの北部の地区名。一七頁地図参照。
9　注５に同じ。
10　注５に同じ。C.M.Hyde は、前掲注４、*MISSIONARY ALBUM* によると、一八三二年ニューヨーク生まれ、マサチューセッツのウイリアム・カレッジを卒業し、一八七七年ホノルル到着、HEAの秘書をつとめ、中国人、日本人、ポルトガル人教会を支援した。
11 注5に同じ。
12 「在布哇岡部氏書簡（続）」（『基督教新聞』第四三五号、一八九一年一一月二七日）。
13 木原隆吉編著『布哇日本人史』（文成社、一九三五年）、四五四～四五五頁。
14 『通商彙纂』第三四号（一八九六年二月一日）、二六頁。
15 注1、『新布哇』、一頁。
16 注1、『新布哇』、二八～二九頁、および島田軍吉編『布哇成功者実伝』（布哇日々新聞社、一九〇八年）布哇島の部、三〇～三二頁。
17 注1、『新布哇』、五三～五四頁。
18 注5に同じ。
19 ベーカー氏はヒロの外国人教会の牧師である。*Directory and Handbook of the Hawaiian Kingdom* 一八九二―九三年による。
20 注5に同じ。
21 注5に同じ。
22 ワイアケアはヒロの南二マイル、パパイコウはヒロの北五マイル、オノメアはヒロの北八マイルである。*Annual Report of the HEA* 一八九三年六月、四五頁による。なお、一マイルは約一・六キロメーター。
23 注5に同じ。
24 注5に同じ。
25 注5に同じ。
26 注5に同じ。

27 注5に同じ。C. H. Wetmoreは、前掲注4、*MISSIONARY ALBUM*によると、ヒロ駐在の宣教医。
28 注5に同じ。
29 注5に同じ。
30 林三郎については、中野次郎『ジャカランダの径』（一九九一年）が詳しい。なお同書七七頁には、林三郎は「白星」という星名の馬を借りて、ホノム近辺の村々の患者を回診した、とある。この記述は林三郎の日記によるものと思われる。
31 本庄京三郎「大槻幸之助君起業談」（『殖民協会報告』第一七号、一八九四年九月二〇日）。なお、大槻幸之助と彼の妻である大槻はるについては、松隈俊子『不滅の遺産』（冬芽社、一九八七年）が詳しい。
32 注5に同じ。
33 *Annual Report of the HEA* 一八九三年六月、四二頁。
34 「布哇通信」（『基督教新聞』第五三三号、一八九三年一〇月一三日）。
35 詳しくは拙稿「同志社出身の初期ハワイ伝道者の足跡」（『キリスト教社会問題研究』第三四号、一九八六年）。
36 斎藤貴男『梶原一騎伝――夕やけを見ていた男』（新潮社、一九九五年、または文春文庫、二〇〇五年）。なお、『同志社校友会便覧』によると、高森貞太郎は帰国後の一九一八～二三年には愛知県立第三中学校（現在の愛知県立津島高等学校）教諭、一九二四～三二年には私立尾張商業学校教諭となっている。
37 *Annual Report of the HEA* 一八九四年六月、三二頁。
38 奥村多喜衛『布哇伝道三十年略史』（一九一七年）、六八頁。
39 注5に同じ。
40 神田重英については、拙稿「ハワイの日本人に尽力した基督者」（同志社大学人文科学研究所編『北米日本人キリスト教運動史』ＰＭＣ出版、一九九一年）。および拙稿「香蘭女塾と神田重英」（沖田行司編『ハワイ日系社会の文化とその変容――一九二〇年代のマウイ島の事例』ナカニシヤ出版、一九九八年）を参照のこと。

41 曽我部四郎については、中野次郎『ホノム義塾――曽我部四郎伝』（中野好郎、一九八五年）が詳しい。

42 ヒロタイムス編『移民百年記念ハワイ島日本人移民史』（ヒロタイムス、一九七一年）、二〇一頁。なお、この回想録は「一九四〇年一〇月二六日付、ハワイ毎日特集号ホノム版より転載」とある。

43 相賀安太郎『五十年間のハワイ回顧』（同刊行会、一九五三年）、四四頁。また前掲注37、*Annual Report of the HEA* 一八九四年六月、三一頁には、ホノム教会が図書館を始めるにあたって、プランテーションの支配人Mr. Kinney キネー氏が物惜しみせず援助してくれた、とある。

❖参考文献

【新聞・雑誌・年報】

『基督教新聞』第四三五号（一八九一年一一月二七日）、第五三三号（一八九三年一〇月一三日）。

Directory and Handbook of the Hawaiian Kingdom 一八九二―九三年。

Annual Report of the Hawaiian Evangelical Association 一八九二―九四年。

『殖民協会報告』第一七号（一八九四年九月二〇日）。

『通商彙纂』第三四号（一八九六年二月一日）。

『渡米雑誌』第一〇年第一〇号（一九〇六年一月）。

『同志社校友会便覧』。

【書籍】

藤井秀五郎『新布哇』（大平館、一九〇〇年）。

島田軍吉編『布哇成功者実伝』（布哇日々新聞社、一九〇八年）。

奥村多喜衛『布哇伝道三十年略史』（一九一七年）。

木原隆吉編著『布哇日本人史』（文成社、一九三五年）。

相賀安太郎『五十年間のハワイ回顧』（同刊行会、一九五三年）。

MISSIONARY ALBUM (Hawaiian Mission Children's Society, 1969)。

ヒロタイムス編『移民百年記念ハワイ島日本人移民史』（ヒロタイムス、一九七一年）。

中野次郎『ホノム義塾――曽我部四郎伝』（中野好郎、一九八五年）。

松隈俊子『不滅の遺産』（冬芽社、一九八七年）。

中野次郎『ジャカランダの径』（一九九一年）。

斎藤貴男『梶原一騎伝――夕やけを見ていた男』（文春文庫、二〇〇五年）。

［拙稿］

「同志社出身の初期ハワイ伝道者の足跡」、『キリスト教社会問題研究』第三四号（一九八六年）。

「〈ハワイ〉初期のキリスト教伝道」（同志社大学人文科学研究所編『北米日本人キリスト教運動史』ＰＭＣ出版、一九九一年）。

「ハワイの日本人に尽力した基督者」（同志社大学人文科学研究所編『北米日本人キリスト教運動史』ＰＭＣ出版、一九九一年）。

「香蘭女塾と神田重英」（沖田行司編『ハワイ日系社会の文化とその変容――一九二〇年代のマウイ島の事例』、ナカニシヤ出版、一九九八年）。

［その他］

Hawaiian Mission Children's Society Library 所蔵史料。

第三章

ハワイ時代中期

――新聞発行・税関吏員・コーヒー農場主の頃

はじめに

本章では、星名謙一郎が最初に伝道師として活躍したハワイ時代前期に続く時期について記述する。この頃は伝道師から一転して新聞発行と税関吏員、そしてコーヒー農場主など主に事業家として活躍するが、それらが時期的に重なっており、どれがあとさきかはっきりしない。ここでは、彼について残された記録から、当時の彼の活動の様子と、彼をとりまく人物や当時の日本人社会の状況について、できる限り明らかにしよう。

1　新聞発行のこと

星名謙一郎は、一八九四年頃ハワイ島のパパイコウでプランテーションの監督者として滞在していたが、その後、ホノルルに出て税関の職員と日本語新聞の発行に携わっていたようである。ハワイでは、一八九三年にハワイ王国が滅亡し、翌年に共和国政府が成立した。世の中は混乱していた。

当時、星名はすでに税関の職員をしながら、アライなる人物と『ほのるる報知』と題する日本語新聞を発行していたようであるが、一八九四年末にこの新聞記事に関わる事件が起こった。一二月二七日の英字新聞 *The Hawaiian Star* と *The Daily Bulletin* は、ともに「日本人名誉棄損訴訟」と題して次のような内容の記事を報じた。すなわち星名とアライは今朝、名誉棄損の罪で監禁の状態に置かれたが、日本人商人の木村氏によって保釈金一〇〇ドルが払われ、間もなく釈放された。星名とアライは『ほのるる報知』として知られる日本語新聞の編集人である。この新聞がモリ・タツゾウのことを怠惰なごろつきと言ったという理由から、モリが両編集者を告発した。問題の記事はハワイでのモリの暮らしぶりを批判したもので、モリは人名録の注文取りで回っていた、[注1]というものである。翌二八日の英字新聞 *Pacific Commercial Advertiser*（以下PCAと略す）にも同様の記事が掲載されている。

さらに翌年の一八九五年二月一四日のPCA紙に、星名とアライが同じモリとの間で別の事件を起こした記事がみられる。「Japanese Cutting Scrape（日本人刃傷事件）」と題するもので次のような内容である。

モリと名乗る日本人が昨夜、星名とアライという同国人の手による襲撃の犠牲者となった。星名とアライは日本語新聞の発行者であるが、モリは彼等に負債があったようで、彼等はククイ通りの前者（モリ）の家に全額を徴収するために行った。連中の間で激しいやりとりを交わしているうちに、不満そうな目撃者の話によると、星名とアライはモリを攻撃し彼を窓のところまで投げ飛ばし、顔と手をひどく傷つけてしまった。

星名は税関に雇われている。彼はキムラによる五〇〇ドルの保釈金で昨夜釈放された。他の被告はまだ監禁されている。[注2]（筆者訳）

しかし翌二月一五日の *The Daily Bulletin* の記事によれば次のようになっている。「星名が言うには、彼がモリの家に行ったのではなく、モリが彼の家にやって来て喧嘩を吹っかけたという。このことは裁判所において十分、論議されるだろう。このトラブルで未解決の日本語新聞名誉棄損訴訟が混乱に陥ってしまった」[注3]（筆者訳）。

この事件の続きの記事は見出せないが、一二月の名誉棄損訴訟については五月三日に一応の決着をみた。*The Hawaiian Star* と *The Daily Bulletin* は、それぞれ次のように報じている。

「名誉棄損事件――二人の新聞人に対し一〇〇ドル罰金の評決」

『報知』のそれぞれ編集者と発行者である星名とアライに対して、昨年一二月から始まった少々有名な名誉棄損訴訟は、今日午前中のほとんど地方裁判所の注意を奪った。W・L・エディングスは検察当局のため、ポール・ニューマンは弁護のため出廷した。双方の激しい闘いと長い論争の結論として、被告は共に有罪と認定され各々一〇〇ドルの罰金と裁判費用を払うことを宣告された。控訴は巡回裁判所で同様に扱われるだろう。[注4]（筆者訳）

「日本語新聞人は各一〇〇ドルの罰金を払わねばならない」

日本語の刊行物である『ほのるる報知』に対する長期係争中の名誉棄損訴訟は、ついに本日午前に地方裁判所で幕を閉じた。原告はモリであった。日本語新聞の二つの記事はモリのことを「ごろつきでのらくら者」と呼んだ。そしてまた「不道徳な目的で女を手に入れた」と彼を非難した。

社主の星名と編集者のアライは、記事を公表した責任はあるが、それを行うだけの根拠があったのだと証言した。その男は浮浪者で有罪の判決を受け一カ月監獄で過ごした。星名とアライの両被告は第二級の名誉棄損の有罪判決を下され、各々一〇〇ドルの罰金を払うことを宣告された。被告のために出廷したP・ニューマン

は控訴を行った。[注5]（筆者訳）

翌五月四日の *The Independent* 紙も同様の記事を掲載しているが、その後この事件に関する記事は不明である。ところでモリ・タツゾウというのはいったい何者かというと、おそらく当時『あなさがし』という週刊の雑誌を発行していた通称「髭森（ヒゲ）」と呼ばれる男であろう。この雑誌については例えば日本語新聞『やまと』第一四号（一八九五年一一月三〇日）に「阿なさが誌　一週一部定価一ヶ月金参拾五銭毎土曜日発兌　キング町鉄道停車場前　阿なさが誌社」という広告がみられ、少し後には「穴さがし」とも表記されている。また当時のハワイの住所録 *Directory and Hand-Book* の一八九六―九七年には「Ana Sagashi (Japanese) issued every Saturday, T. Mori, editor」とみえる。さらに、第一回官約移民の一九三番にその名を留め、一八九五年五月に行われた日清戦争祝捷会のホノルル祝捷大会の際に参謀長となった森辰蔵に相違ない。日清戦争で日本が勝利となるや、ホノルルやヒロで祝賀行事が開催されたが、ホノルルでは擬陸軍と擬海軍の一大行進が行われた。擬海軍のほうは日の出倶楽部が担当し、司令長官が佐藤五郎、参謀総長は瀬川甚太郎であった。[注6]

佐藤五郎は後に郡司五郎と称し、日の出倶楽部の総理で機関紙『日の出新聞』を発行した。次のアヘン事件の記事中にも登場する。また瀬川はハワイ最初の日本語活版紙である『布哇新報』を改題した日刊『火山』の印刷人であったが、これを退社して髭森とともに一八九六年七月にゲーリック号で日本に帰国している。[注7]これ以後、『やまと』を改題した『やまと新聞』では「あなさがし」の広告が見られないので、この頃廃刊になったのではないかと思われる。

また星名のために保釈金を用意したキムラは木村齊治（次）のことであろう。木村は、当時のハワイの住所録

Directory and Hand-Book の一八九六—九七年に「KIMURA S Wholesale Japanese Provisions,Kekuanaoa nr Allen, r Fort nr School」とあり、日本食料の卸売りを営んでいた。彼は『新布哇』などによると、長崎県島原の生まれで第一回官約移民の第一号としてハワイに来航。移民監督官としてしばらくヒロにいたが、後ホノルルに出て木村商店を経営し、日本酒・雑貨の輸入元として知られた。当時の日本人社会の有力者で、彼の立派な記念碑が今もホノルル市モイリリの日本人墓地に建っている。[注8]

ところで当時『布哇新聞』という日本語新聞もあった。この新聞については岡部次郎牧師の後を継いでホノルル教会の牧師となった奥村多喜衛の回想があるので、次に紹介しよう。

> 明治二十七年（一八九四）余が布哇に来た時。岡部牧師は『布哇新聞』と云ふものを発行して居た。此の新聞は瀬谷氏とかドクトル内田氏などの経営したもので。布哇に於ける最初の邦字新聞であった。翌年（一八九五）岡部氏当地を去るに臨み。余に教会と共に新聞を引受けさせようとて。此の新聞は教会の付属物であると云った。余は牧師が世俗の新聞をやるのはよくない。第一伝道に用ゆべき

木村齊次の碑（モイリリ墓地、原寛氏撮影）

時間の大部分を之に費やさねばならぬ。次には無益に敵を作る。色々と不利益が多いとて断然之を斥けた。そこで已むを得ず星名氏と新井氏に譲ったのである。その新聞は後段々に代り変ってやまと新聞となり。今日の日布時事となった。[注9]（括弧内および傍線は筆者）

ハワイにおける最初の日本語新聞は、小野目文一郎の発行した『日本週報』である。『布哇新聞』はその次に発行したと思われるもので、岡部の後を継いで星名と新井が発行したようである。岡部牧師は一八九五年七月にアメリカ大陸および世界周遊の旅に出発した。新井は先の事件に関わった人物と同じであると思われるが、詳しいことは不明である。さて、『ほのるる報知』や『布哇新聞』について、星名自身が『やまと新聞』一千号の発刊に際して書いた回顧録があるので、これを以下に紹介する。

回顧　　星名謙一郎

近日当やまと新聞が其発行第一千号に達するの吉日を祝せんが為め、予が以前同紙に関係したるの縁故を以て何か一言しては如何哉と社主の言に応じて過去の事を回想して見よふ。

抑（そもそ）も当やまと新聞が当地に生れ出でたるは今より七年以前の事で其前身はほのるゝ報知、布

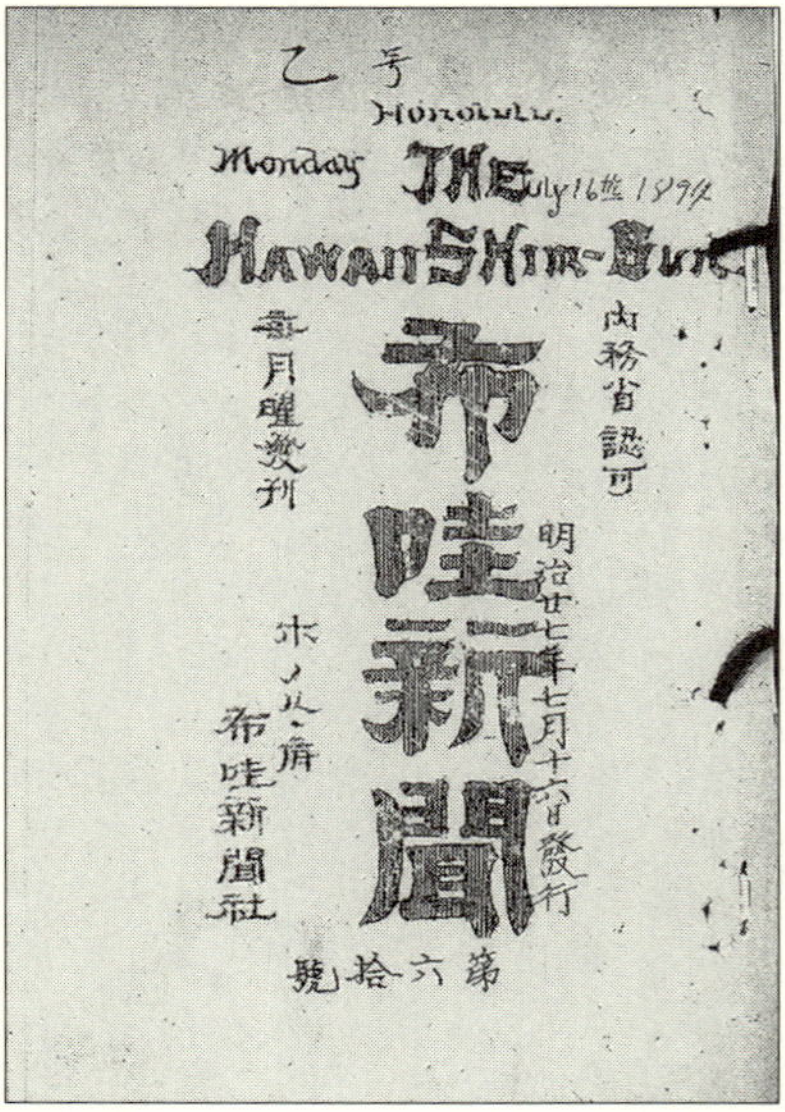

『布哇新聞』第 60 号（明治 27 年 7 月 16 日発行）（外務省外交史料館所蔵）

哇新聞と言ふて二者共に予の発行したのであった、其当時はまだ布哇にて新聞なる者が外になかった時代で、暫くして当時の布哇新報と言ふのが週報として漸く其産声を挙げた位の者であった、其頃当地の有志杯が相集り大和倶楽部なる者を組織し其機関として一ツの新聞紙を発行しやうと言ふので、つまり新聞社譲受けの交渉を予の許に申込まれたのが始まりで其談判が調ふて当時のやまと新聞なる者が名を代へて現出したのであった、して当時のやまと新聞が如何の者であったかと言へば、所謂石版摺りなので週間三度の刊行で発行部数は僅かに三百を越へなかったのである、それが只今の如く当地に於て最も有力なる最も体裁よき活版摺りの大新聞となり毎号七八百部を刊行する様になり此度其第一千号に達する迄に至ったのだから予の身に取りては最も感慨の情に堪へないのである。[注10]（以下略、傍線筆者）

彼は『ほのるる報知』とともに『布哇新聞』も発行していたようである。それらを引き継いで『やまと新聞』となった。現在のところ、『布哇新聞』は四号分残されていて、第一五号（一八九三年一一月六日）、第一六号（一八九三年一一月一三日）、第一八号（一八九三年一一月二七日）および第六〇号（一八九四年七月一六日）である。発行所は布哇新聞社、住所はホノルル府ククイレーン五番（五九頁地図参照）で、ドクトル内田重吉の住所と同じである。彼は経営者とあるので、この頃は岡部牧師が発行していたのであろう。毎週月曜日発行とあるので、号数から逆算するとこの年の五月くらいから発刊されたものと思われ、岡部牧師がヒロからホノルルにやってきた時期と符合する。

2　税関吏員と裁判のこと

奥村多喜衛がホノルルに初めて上陸した一八九四年八月に、星名はすでに税関の職員で通弁（通訳）をしていた。その時の様子について、奥村の回想録『楽園おち葉』から、少々長いがそのまま引用する。

一八九四年（明治廿七年）八月廿七日の朝汽船ベルヂック号は已にホノルル港外に漂ふて居た。八時頃私共自由渡航の三等客三十四名は甲板上に一列に並んで立たされた。暫くすると一人の丈高き大きな白人（聞けばドクター・マクベーとて検疫所長）が一人の日本人を付れ来たり。立って居る私共を一々点検した。私の前に来ると私の肩に手をおき Grave と曰った。私には何の事やら分からなかった。それが済むと一同ボートに移され検疫所に送られた。

其頃の検疫所は港の入口のエワ側なるサンドアイランドにあった。其所に沢山の小屋があって一時に数百人を収容したものである。私共が入れられた時にも向ふの方には。第廿七（ママ）回移民船三池丸で到着した官約移民二百余名が泊められて居た。検疫所の取締は中村豊松と云ふ大きな赤いアバタ男で。賄方は岸本敏祐と云ふ温厚な人。丸で鬼と仏が並んで居る様であった。毎日の食事は米塩肉菜を与へられ自炊したものである。食ふことの外何の仕事もないので色々の遊戯が催された。官約移民の方では朝から太鼓を叩き歌をうたひ盛んに騒いで居た。私共の方でも時々角力が催された。（中略）

検疫所で歌や踊には興味はなかったが角力には参加した。私が自分より遥かに大きな橋岡と云ふ男を投げたので。見物に来て居たドクター・マクベーは褒美にとて五弗金貨を出したが私は辞退した。

昔三等船客は船から直ぐにホノルル上陸はできなかった。必ず先づこの島に泊められ凡て手荷は消毒され、普通横浜出発二週間後に上陸を許されたものであるが。私の来た時は支那に黒死病があるとて十八日を経ねばならぬと云ふのであった。八月三十一日愈々解放の日の午後二時ドクター・マクベーと通弁人星名謙一郎氏がやって来た。星名氏はドクター・マクベーに私を伝道者と紹介してくれたので。ドクターはそうであったかとて歓迎してくれた。私が布哇に来て一番初めに出会ふた白人で。又た最も懇意にした一人はこのドクター・マクベーである。一八九六年コレラ病が発生した時私をインスペクターの一人として白人と共に同胞のため働か

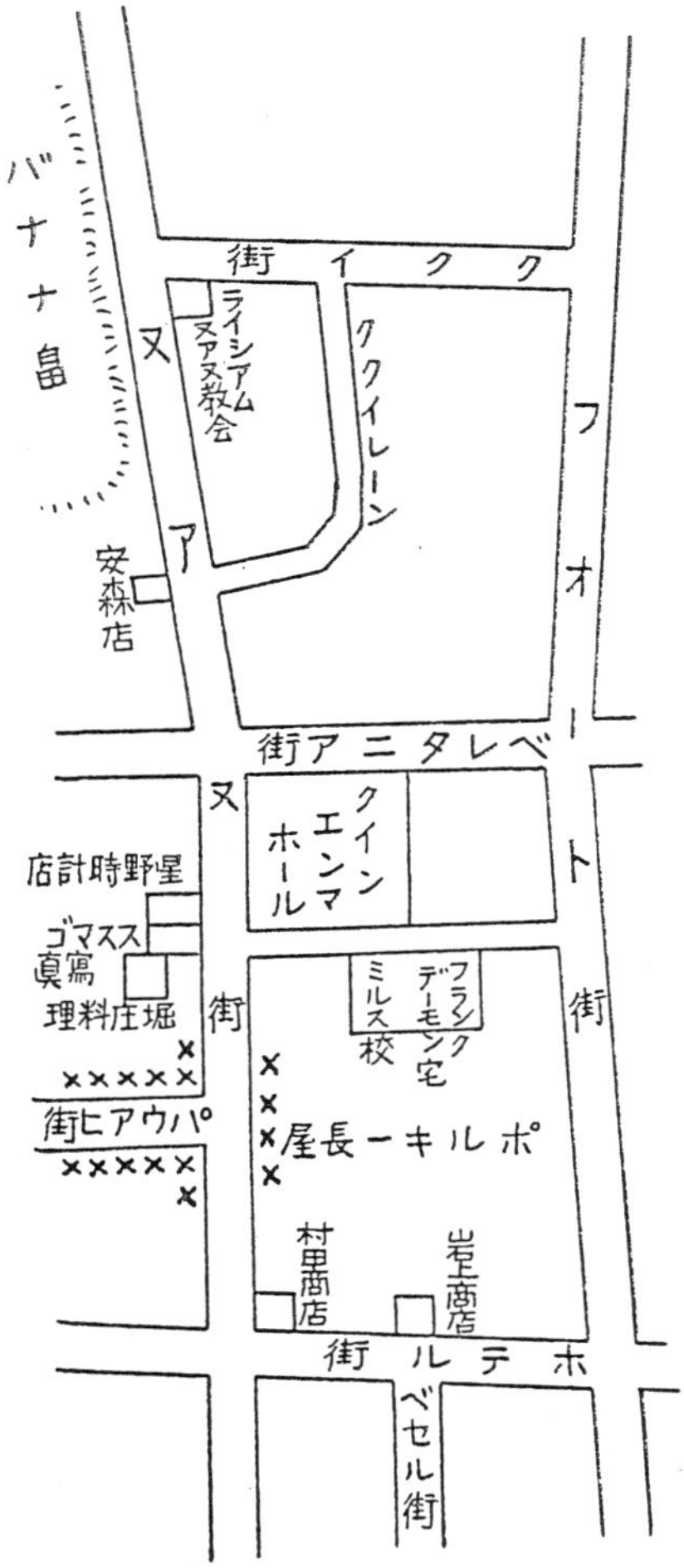

×印は紅灯地区

ホノルルのダウンタウン　1894 年頃
（奥村多喜衛『楽園おち葉』第一籠）

せてくれ。一八九九年黒死病流行の時には特別パッスを与へてくれ。交通遮断地内にも又た焼払ひ後設けられたデテンション（抑留――筆者注）キャンプにも自由に出入し。其間慈善会の用務に活動し或は廓清運動のため働くことを得させてくれたのもこのドクター・マクベーである。[注11]

奥村にドクター・マクベーを紹介したのが星名というわけである。星名も元キリスト教の伝道師だったこともあり、奥村に対して好意的であったようだ。しかし『布哇新聞』を継承した『やまと新聞』を後に改題して『日布時事』を発行し、社長兼主筆であった渓芳・相賀安太郎が、一八九六年に初めてハワイにやってきて、ホノルルに着いたとき星名に出会っているが、初印象は悪かった。相賀の回想録よりその時のことを引用しよう。

チャイナ号がホノルルに着いたのは、明治二十九年（一八九六年）二月二十八日で横浜を発ってから十一日目、その時のホノルルの港と、船から見た市街は、なんだか薄汚い淋しい感じと、まだ三月にもならぬのに、その暑いのに驚かされた。

当時のハワイは王朝没落後まだ間もなく、大統領サンフォード・ビー・ドールの下に、兎も角も太平洋中ポリネシヤン民族の有する唯一の独立国ハワイ共和国の時代で、税関吏がやって来て、種々の取り調べをした。その頃の規則で日本からの移民はみな少くも百円の所謂「見せ金」を所持していねばならぬことになっていた。これは上陸後、公共の厄介にならぬやうにとのためであった。実のところ私は日本を出立の際やっと船賃が出来た位で、この百円の「見せ金」に困り、栃木の豪農の息子の山中茂三郎といふ親友の一人から、之を借用してきたので、銀行から一円札で百枚渡して呉れたのを、その儘大事に持って来たのである。ところが税関の官吏中に一人、人相のけはしい日本人の通訳がいて、いきなり其の札束を私に叩き付けて、「此の忙しいのに、一々こんなもの丶勘定ができるか」と怒鳴られたのには先づ此方の荒胆を抜かれた。併し間誤々々すると、上陸に難癖をつけられてはと、我慢して黙ってはいたものの、実に失敬な奴だと思ったが、後日互いに相知るやうになり、共に相許す親しい間柄となった。

此の男こそ星名謙一郎氏で、当時のインテリ中の怪雄であり、志保澤氏とも親交深く、後年テキサス米作発展の波に乗って、夫人を伴うて彼地に赴き、そこでは一敗地に塗れしが、次ぎには単身南米の大舞台に乗り込み、ブラジルにて成功せしも、つひに不慮のことで土人の兇手に仆れた数奇の運命の持ち主であった。[注12]

ちょうどその直後に星名がアヘンに関わる事件で捕まった。それを報ずるＰＣＡの記事を次に掲げる。まずは三月一〇日（火曜日）の「A NICE LITTLE RING（素敵な小さな輪）」と題するものである。

素敵な小さな輪

税関の星名がその中にいた

確実に一山稼げる時季

一ポンド二七ドルのアヘン―彼らはいかにそのもくろみをやったか―日本人が市場に物資を供給する―三人男が途方に暮れて―アヘンを隠匿

数か月前から税関職員がアヘンの輸入に関係しているという噂が流布しており、官憲は彼らを告訴につなげる証拠を捜索してきた。

星名という税査定部所に関係する日本人が、ある中国商人たちの店に最近しばしば出入りしているのが気づかれるようになった。彼らはアヘン取引をしている人物と信じられており、星名と同じように薄給をもらっているある人物のために、通常以上の多くの金を持っていると信じられていた。そういうわけで彼を監視するよう決定された。その若い男の行動が少なくとも不審で、中国人をたびたび訪問していた彼の仲間同士の間で行われていた、おそらく仲介人の立場にある一人が岩田であった。彼は妻と一緒にヌアヌに住んでいた。この人物は骨折りもせず紡ぎもしないで同じようにしている多くの人より裕福である。

税関関係者は、その行動が密着監視するに相当する人物として、岩田を含めることを決定した。土曜日、警察署は徴税局長のキャッスルより通知を受け、一味を壊滅させる努力に協力するように求められた。警察のとりが、印をつけた金を用意して、星名が売りに出したアヘンを買うことにした。日曜日の夜、物が手渡された。しかし星名は賢明にも、ある時まではおとり警官を信用していることを身をもって示した。当局がそれを予想しなかった時に、その男はアヘンを得た。それで取引は気づかれなかった。しかしアヘンは証拠としては多くあった。

昨日、その金が星名に支払われることになったことが分かった。そして、一体誰がそれにつながっているかを捕捉するための段取りが完了したと思われた。銀行は見張られ、星名も同様であった。しかしそのつながりは実行されなかった。金を持った男が行方不明になり居所がわからなくなった。

当局はそこで、その輪の中にいると信じられた岩田とその妻、星名、古谷、桝井を逮捕することを決めた。金は見つからなかったが、一〇ポンドの№1アヘンが押収された。逮捕者は調べられたが、唯一の重要物件は、カウアイ島にいる一人の日本人に書かれた手紙だけだった。それは庭園の島（カウアイ島）にある№1と№2のアヘンの値段を尋ねる手紙であり、もう一つは一ポンドにつき三七ドルをもたらすので申し出を受けることができないと星名が書いた情報を含んだ手紙に明らかに答えたものである。

星名は税関査定部門にいるようになってから、私腹を肥やす機会が余るほど十分あった。たびたび物品がその部門に任された。本来ならフィッセル氏が着手したような場合に、内容物の検査が星名に降りてきた。推測では、彼はアヘンが含まれていると知っているその箱を開け、税関査定のスタンプを外側に押して、それらを荷物運搬人に回し、集積場所に運ばせた。その場所は確かめられていないが、当局はそれについて組織的な捜査を行っている。

その一味は昨日の午後、全員釈放された。S・木村が総額二〇〇〇ドルで星名の保釈保証人となった。[注13]（筆者訳・傍線は筆者）

岩田は、当時のハワイの住所録 *Directory and Hand-Book* の一八九六―九七年に記載されている「IWATA S Proprietor Mikado Gallery Nuuanu opp Queen Emma Hall」のことだろう。住所がヌアヌ街（五九頁地図参照）でこの記事の住所と同じである。だとすれば、彼はミカド写真館の持ち主で、かなり裕福だったはずである。また『新布哇』（一九〇〇年発行）の「在布日本人出身録」に岩田修なる人物が出ており、それによると彼は「曾て米国に遊び写真術を研究す。後去って布哇に来り。ホノルルに於て之を開業す。爾来十有余年、頻に斯道に勉励せしが近時ヒロ市に来り。又之を開業し、ボルカノ館と称して盛に内外人の撮影に従事し、傍布哇名勝を探究して、之を世に公にせんとす。其撮影方、鮮麗明媚、流石に老煉の手腕、見えて心地好し[注14]」。（句読点は筆者）

とあり、さらに『布哇成功者実伝』（一九〇八年発行）によると、彼は一八六七（慶応三）年に和歌山市に生まれ、一六歳の時に慶応義塾に入り三年間普通学を修めた後、二六歳の時に渡米し、一八九四（明治二七）年に米国よりハワイに来て、ホノルルに三カ年在留、その後ハワイ島ヒロに六カ年、転じてコハラで関谷金作商店のマネージャーとなる、[注15]とあり時期的にみても同一人物と考えられる。なおミカド写真館は、仙台出身でそれまでハワイ島で写真館を開業していた煤孫（すすまご）龍之助が一八九六年ホノルルに移って、これを引き受けたとある。[注16]

さて、三月一二日（木）この関連記事が同じＰＣＡの「JAPANESE PETITION（日本人の請願）」と題して出た。

日本人の誓願
　地位に対して高潔な人を求む
アヘン押収の影響
徴税局長への請願—差別待遇されてきた恐怖—チェスター・ドイルのカウアイ島訪問—岩田に提供された
　保釈金

日本人居留民団は、税関の査定官吏である星名の逮捕によって、中国と日本の戦争（日清戦争）以後に起こったこと以上に動揺している。

逮捕された人たちには敵も友人も多くいて、そのためその人たちが有罪か無実かについて意見がまっ二つに分かれている。良識ある日本人佐藤が編集しているザ・ライジングサン（日の出新聞）は昨日版で、密輸事件に関与して逮捕された古谷が、一味の輪から追い出され、その中にいた者たちを非難して、彼らに仕返しをしたと報じた。古谷は警察署に着いて初めて、その取引について知ったと言っている。

日本人たちは、星名が荷物送り状を操作して、星名に贈賄していない人たちの取引には障害を与えていたような印象をもっているようである。このこととは別に、日本人通商組合は昨日午後、会議をおこない、委員を指名して徴税局長に提出する請願書を起草することにした。以下、署名を省略した請願書の写しである。


ハワイ共和国、徴税局長、ジェームズ・B・キャッスル閣下
机下、共和国在住日本人主要通商関係者を代表し、以下のことを陳情申し上げます。

日本人通商関係者は、法の下で課税されるべき日本からの商品の主要輸入業者であり、その商品は、税額が査定されるよう適切に価格評価され、政府貴庁の関税査定部局を通過すべきものであります。近時の摘発により私ども請願者は、税関部局長としての閣下により自らに負託された信頼に対しては、誠実であることを身を以て示し、仕事に関係する人々に対して公正で廉潔であるような日本国籍の職員を、関税査定部局に有することの重要性を、閣下が認識されるであろうと信じないわけにはいきません。

従って私どもは通商業者として、納税者として、また輸入税を通して政府の財政維持に対して大きな貢献している人間として、関税査定補佐官としての前職者の作為によって、差別待遇されてきたと信じます。

従って私どもは、関税査定補佐官としての人物を選ぶ際には、できる限り通商業者の提案によって行うことをお願いします。通商業者は、その地位にいる不正な人物が採用するやり方によって損害を受けるかもしれないからです。

私どもは、商業組合出身者を指名したり推薦することを望みませんが、閣下がその職に任命する人物は、日本人居留地に地歩も持つ人たちの承認を得られる人であることを願います。

この要請を行うに当たって、閣下が関税査定官の地位にフィッシェル氏を任命するよう求められたのでしたら、私どもは白人通商業者が経る通関手続きを採ります。日本人通商業者が扱う品目の商品に精通している人物は、そうでない人よりも政府や通商業者に、より大きい満足を与えることでしょう。

私どもは、この必要な資質を、正直さと高潔さとともに併せ持つような人物が選ばれることを、謹んで請願します。

この請願が星名の後任を選ぶ際に徴税局長に与えた影響が如何ばかりであるかは、想像の域を出ない。その地位は、それによって商品価値を定める権威を持つものではない。その人間は、その部局の長が割り当てる任務を遂行する官吏か（あるいは）伝令（使者）にすぎない。

チェスター・ドイルのカウアイ島への謎の（不可思議な）旅行は、突然に終わったようだ。彼は昨日、日に焼けて口数少なく（口を利かずに）戻ってきた。彼の旅が成功か失敗かについて尋ねられると彼は、こんなに早く引き返して戻って来られたのは幸運だったと思うと言った。それ以上何も彼は言おうとしなかった。キャッスル氏は押収に関する情報をアドバタイザー紙に提供することを断った。

岩田の事件で保釈金が提供されたことが、偶然知らされた。しかし調査した結果、それは彼の釈放を保証するような人物とは見なされなかった。彼はまだ警察署の中で苦しい生活を送っている。星名は昨日午後、日の出新聞の営業支配人である平田といっしょに（馬車で）ドライブに出かけていたが、周りのものに気をとめる

余裕はないように見えた。[注17]（筆者訳）

『日の出新聞』は佐藤（郡司）五郎が編集した日の出倶楽部の機関誌である。[注18] また、チェスター・ドイ（エ）ルは『新布哇』によれば、「布哇人にして曾て久しく日本にありしを以て頗る日本語に熟達し又其事情に通せるを以て永く布哇政庁に仕へ日本人に対す部面に当れり而して今は裁判所に勤務を奉せり」[注19] とあり、当時日本通で知られた人物であったらしい。

さらに、一〇日近く経った三月二一日（土）のＰＣＡに「FOR PEDDING OPIUM（アヘン密売容疑）」と題するこの事件の裁判の様子を伝える記事が出た。

アヘン密売容疑

岩田、星名、軽い判決を受ける

両事件とも控訴される

目撃者が事実を証言―岩田が箱を所持―最上級の「絹」取引―カウアイ島への船積み―星名が保釈を保証―証言など

アヘン取引で告発された星名と岩田の公判は昨日、地方裁判所で続けられた。ポール・ノイマン議員が弁護側、マーシャル・ブラウンが起訴側を指揮した。

古谷の喚問。彼は、桝井とのつながりについて話すなかで、次のように言った。桝井から小包を受け取ったが、中身は知らなかった。後になって、警察署でそれがアヘンだと知った。私の銀行通帳を見なければ、この小包を受け取った日付は言えない。

私は桝井が来る前から、彼が私の所へ来ることを知っていた。彼と会う約束をしていた。後で桝井は、小包の中にアヘンが入っていると私に言った。それにアヘンが入っていると、私は言われたのである。検事総長はそれにアヘンが入っていたのだと、私に言った。これまでアヘンを扱ったことは一度もない。このブツを私は買っていない。桝井が買ったのだ。

桝井はアヘンを買うための金を私に求めた。私はそのことを考えておくと言った。土曜日の昼前に再びやってきた。私は彼にそれを持たせることを決心した。私の家に夕方来るように言った。彼はできるだけ早く金がほしいと言った。小包を私の家に持って来て、ハワイ島に行くまでここに置かせてほしいと言った。それは私が桝井と行った仕事上のやり取りに過ぎない。

私の店はホテル通りにある。そこは、たいがい午後八時から一一時までの間は閉めている。桝井がアヘンをそこへ持って来た夜は開いていなかった。それは日曜日だった。私は時を打つ柱時計を持っていて、それが時を打つのを聞いた。桝井が私の店に来たのは九時前であった。

星名とは何のもめごともない。彼は、一八九五年の秋に私の所に下宿していたと思う。彼は自分の家財を持っていた。彼は部屋を間仕切りするために金を払った。そして賄い付きの下宿代として、私は彼に一五ドルを請求した。彼が出ていくとき、間仕切りを外そうとしたが、それは釘づけされていた。私は彼がそれをするのを断った。

輸入商品の過少評価に関して、彼と揉めたことは一度もない。日本の私の代理人の間違いのため、九〇ドルを払わなければならなかったことが一度ある。私は事実を陳述した証明書をフィッシェル氏からもらい、代理人に総額を要求した。

星名が私の店で手紙を書いているのを見たことがある。彼の肩越しに見た手紙とは別の手紙を、星名が書いているのを知る別の機会もあった。彼が書いたといわれる複数の手紙を、友達の家で見せられたことがある。この手紙が星名の手書きであるとは、誓って言えない。それは類似物である。一目見て星名の手書きであると確信する手紙を、彼の部屋で見たことがある。私は彼と同じ部屋にいなかったし、彼を偵察していたわけではない。星名を税関から追い出すための彼に対するこの策謀に私は加わってはいない。

桝井は星名からアヘンを買うために金が欲しいと私に言った。桝井はこのアヘンを買うための金を私に求めた。桝井はこの目的のための金が欲しいことを、金曜日に前もって私に言った。敏腕の（有能な）警官に捕まらなければ、桝井に金を貸してもそれは戻ってくるだろうとわかっていた。それについて確信はなかった。一般的にはこの手書きは星名のものであると私は言う。私は特にどうとは（詳細に）述べられない。

この事件に関して誰かと協議したことはない。警察署員が私に裁判所に来るように言った。ドイル氏とも協議したこともない。彼は昨夜私の店に来ていた。桝井宛の手紙を訳した。それにはサインは付いていなかった。ドイルにその翻訳が何のためか尋ねることはしなかった。星名の事件に関して彼と会話することはなかった。

私がアヘンを持っていることを、どのようにしてドイルが見つけたかは知らない。私は持っていることを後でドイルに自白した。私がアヘンを持っていることを認めたとき、数人の人物が居合わせていた。この事件の前に、アヘンを買うための金を桝井に貸したことは一度もない。

チェスターA・ドイルの喚問――私は星名を知っている。彼をヒロで牧師として知っていた。岩田は一八八八年カリフォルニアで知っていた。古谷と桝井も知っている。

二週間ほど前に、紫色のひもで結ばれたブリキ箱を受け取った。三月九日月曜日、マーシャルの事務所に小包を持っていき、そこでそれを開けてアヘンが入っているのを見つけた。私はこの小包がそれだと同定する。桝井をカウアイ島に連れて行くよう指示された。午前三時そこに着き、日本人ホテルに泊まった。桝井は私に手紙を渡した。それを受け取って私は、彼のすべての所持品を預かり、彼をホノルルに連行した。これがその手紙である。

私は彼を地方治安判事の前に連れて行き、彼をアヘン販売の罪で告発した。彼をホノルルに連行して、そこで彼は監禁された。

星名はフォート通りの中国人教会の真向かいに住んでいる。彼の部屋を、家宅捜索令状を持った警察官と一緒に三度訪ねた。星名は警察官が捜索している間、立ち会っていた。星名は私にそばに来るよう呼び、私が彼を邪魔するのはばかげていると言った。そして私に留まるようにと頼んだ。「なぜあなたは私を邪魔するのか。私はあなたに何もしたことがない。わたしはこのことで、あなたを金持ちにすることができたのに。」

私は彼に、いったい何が言いたいのか尋ね、私が多くの証拠や手紙やあれやこれやを持っていると言った。彼はそれらを欲しがり、それらを買い取りたいと言った。いくら出すかと彼に尋ねると、私がそれらに値段をつけねばならないと言ったので、私は断った。彼は私に、次の日の夜八時に来て、できる限りの証拠を持ってくるように頼んだ。彼は、私に払う金をそこに持ってくると言った。

翌朝、マーシャル補佐官と私自身がW・O・スミスを訪ねて、彼にこのことを説明すると、私は主要な手紙を写真に撮るように言われた。私はそれを行って、日曜日の夜に、マーシャル・デビッド・カアパ補佐官とレンケン警部と私自身が星名の家に行った。彼らは外に残って、私が星名の部屋に入っていった。

彼の欲しがっている証拠を持って来たと彼に言った。彼が岩田から受け取った手紙と、もう一通の手紙の外側を彼に見せた。私に払う金は用意されていなかった。彼は、彼に関する証拠を置いて行くように言い、次の日に来て金を受け取るように私に言った。私は断って、その証拠を警察署に戻した。それが私が彼に見せた手紙で、こういう風に折りたたまれている。彼はこれが自分の手紙であることを私に認めた。彼と会う場所についての約束はしなかった。彼は自分で私を見つけると言ったが、わたしが彼を見ることはなかった。

反対尋問への返答――手紙はカウアイ島で桝井から私に渡された。手紙はそこでトランクから取り出された。私は通訳兼委任官であり、まだ刑事ではない。捜索協力はしなかった。そこへアヘンの捜索に行った。そこへ行ったのは通訳としてであり、警察官としてではない。彼が買いたがった証拠の代金を受け取りに、そこに二度行った。

R・ヒッチコックの証言――アヘンは私が預かって、置かれていた。そこに運んだのは、ドイルか古谷である。これが書類である。桝井は知っている。彼を三月九日の朝に逮捕した。彼はドイルによって警察に連れてこられた。最初連れてこられたときには取り調べられていない。午後になって彼を取り調べ、身体検査で四枚の五〇ドル札を見つけた。

反対尋問への返答――桝井は小切手を現金に替えたとき、私はビショップ銀行にいた。その前夜、ある人物とした話の結果として、私はそこに行った。

マーシャル・ブラウンの証言――われわれが証拠として持ち込んだこの手紙が、星名によって書かれたものであるという事実は、確定したと我々は信じる。

ノイマンは、被告をその手紙と結びつけるだけの証拠は、少しもないと反論した。

マーシャル・ブラウンは、その手紙を同定する仕方を引用して述べた。彼はデービス弁護人からその手紙を受け取ったことはないが、もし要求されれば、手書きを同定するだけのことを知っているということが、十分わかっていた。

島間汽船事務所埠頭職員ウイリアム・ホワイトの証言――三月九日に始まる週のいつ汽船ジェームズ・マケエが着いたかわからない。

当地ドラ・ラ・ヴェルネ判事はその手紙を証拠として認めた。

日本語から英語への手紙の翻訳を確証するために喚問されたマツオカの証言――彼はその翻訳は正確であると陳述した。岩田の保釈申請は、A・G・M・ロバートソンが弁護側で、マーシャル・ブラウンが起訴側で議論された。

午後二時まで休憩。

保釈申請は却下される。

被告らは有罪とされる。岩田は五〇〇ドルの罰金と訴訟費用の支払い、一カ月の懲役を宣告される。星名は五〇〇ドルの罰金の支払いと六カ月の懲役を宣告された。

控訴が注目される。（筆者訳・傍線は筆者）

ハワイの住所録 *Directory and Hand-Book* の一八九六―九七年によると、古谷は「FURUYA Gentle-men's Furnishing Goods, Chinaware, Rugs. Etc. 513 Hotel, r same」と同じ住所に店と住まいがあることからこの人物と思われ、ホテル街（五九頁地図参照）で紳士家具用品、陶磁器、敷物などを商っていた。彼は古谷駒平といい、当時のハワイでは有名人であった。当時の知人である清水文之輔の回想記によれば、彼は茨城県水戸の近在に生まれ、一八八九（明治二二）年二〇歳の頃に米国サンフランシスコに渡り、昼は白人のボーイとして雇われ夜は商業学校に通った。二年半の苦学生活を送ったのち、ハワイに渡りピーコック商会なる酒屋に雇われ、日本酒の輸入を始めた。五年間の勤務の後、雑貨店を開くことになったという。[注21] そして前掲の相賀安太郎の回想録によれば、英語が上手で柔道の有段者、豪快かつ痛快な人で、妻君は耕地の移民から引き攫ったと聞いたとある。[注22] この話を裏付ける当時の日本語新聞である『やまと』第四号（一八九五年一〇月二六日）の記事を次に紹介する。

駒平氏大に闘ふ　水曜日の朝、古谷氏は例の火の車（氏は自転車を緋塗りにして乗りあるく故なぜ左様なをかしな色に塗りたるやと聴きたる人ありけるに此節はコレラで不景気だから火の車に乗るんだ哇（ワイ）と答へたり）に乗りフォート町シュミット商会まで用達して居る時丁度来合わせたるはいつも喧嘩ずきと評判あるドー暮らすことドユーグラスとか名乗るアイリッシュにて古谷氏に話を仕かけたるが何かの言葉違ひより両人とも威丈高に罵り合ひドユーグラスは自国の旗色の如く青くなり古谷氏は火の車の様に紅くなりける時気早のドユーグラスは古谷氏の顔を目がけて一拳を喰らわせんとすなりと生じ風を捲いて突き来るをヤット矢声をかけんとふり挙げたるが流石八年ばかり前文学士嘉納治五郎先生に於いて学びたる柔術の極意、取った腕を逆に捻じあげ躰を屈め腰をひき大の男を何の苦もなくモンドリ打たせて向ふの柱にぶつけたり、ソレカラ後は三十六計逃げるに如かずと表に赤山（頭の毛黒くない人たちが多いから）の如き見物人を押し分け火の車に乗って韋駄天走。

彼は自転車に相当こだわりがあったらしく、同じ『やまと』第一〇一号（一八九六年七月九日）によると「ディスクリミネーション　古谷駒平君自転車乗りに長ず。過日の七四祭行列に於て自転車を最も好く装飾せるものに賞金を与ふべしとホノル、自転車協会より広告す。君之を聴き最も装飾に巧みなる星野栄太郎氏に依頼して自転車を装飾す。出来上がれば其意向頗る佳し、君大に喜び是れならば第一等賞請合うなり、先づ前祝を為すべしと大に奢り、翌日行列に加はり、他を顧みるに君の如き意向を凝らしたるものなし。君益々得意又前祝を奢ごる。然れども今日に至りて尚ほ賞誉の沙汰なし。是に至りて君曰く嗚呼自転車にまでディスクリミネーション（偏頗（へんぱ）の処置）と」（句読点筆者）と評判になった。そして翌一八九七年一〇月二八日の『やまと新聞』の記事によれば、「夫妻でチャイナ号にて帰朝」とある。さらに彼はその翌年の一八九八年に、夫妻で南アフリカに渡りケープタウンにミカド商会を開いた。アフリカでもっとも古い日本商店で、雑貨と美術品を扱う店は大いに繁盛した。星名が後に日本からブラジルに渡る際にはケープタウンで古谷に会っているに違いない。彼は日本と南アフリカを行き来していたが、関東大震災に遭遇し、一九二三年横浜で亡くなった。[注23]ミカド商会の名は岩田のミカド写真館から思いついたとも考えられる。

ここで星名と岩田は有罪を求刑されたのであるが、その後、同年五月と六月に『やまと』新聞にこの事件に関する次の四つの記事が出た。

五月五日「阿片事件　本月の巡廻裁判は遷りたる星名、岩田両氏等の阿片はまだ開廷の期日は分からざれども政府は証拠物件取押の為め又復たドイルを桝井に附けてカワイ島へ送りたるは土曜日の事なりし[注24]」

五月一九日「星名、岩田、桝井、古谷等に関する阿片事件の裁判は昨朝より司法庁内の巡回裁判所にて開廷されたるが午前午後とも警部巡査、桝井等証人の陳述にて時を費やし今朝引続き開廷する筈なり[注25]」

五月二六日「星名の裁判　大審院へ上告したる同人の裁判は六月中旬に裁決あるはづ也[注26]」

六月二三日「星名の裁判　大審院へ控訴して以来其音沙汰を聞かぬ彼阿片事件は如何なりゆきたるかと色々と探訪を遂げたるに若し大審院などにて事を荒立てれば思ひ寄らざる所に怪我人も出来べく何に致せ智者のスミス司法の帰るまで打ち遣りて置くこと好からめと斯の様に延引致し居るなり[注27]」

五月一九日頃にThe Circuit Court（巡回裁判所）で開廷されたようだが、裁判は長引き秋まで持ち越された。その間、星名はあちこちに出かけたようで、次の『やまと』の記事ではハワイ島のオーラア（一七頁地図参照）まで行っている。これは税関吏員を辞めた後、それまで手がけていたオーラアでのコーヒー農場の経営を本格的に行うためであると思われる。

七月七日「星名謙一郎氏は今日のキナウ号にてオーラーへ赴かる」[注28]

また、八月にはハワイ島ヒロで有名な日本人医師であった山本晋の夫人が日本からホノルルを訪れた際、彼がその夫人を案内したという回想記が残されている。

「ハワイの思出草（上）」山本アイ

ハワイのことは今も懐しく忘れたことはありません。思い起せば誠に古いお話ですが、私が初めてハワイに渡りましたのは明治二十九年（一八九六）です。ヒロの主人から島田善雄という夫妻を迎えによこしましたので、その夫婦とともに同年八月中旬リオデジャネイロ号で横浜を出帆し、十四日目にホノルルに着きました。上陸しますと、海岸道路の両側には支那人の店が並び、色々な品物を出して売っていました。初めてハワイの日本人婦人を見ましたが、ホーロクというのでしょうか変わった服装で、帽子をチョコンと頭にのせているので、その時は異様に感じました。

移住民局に出ていられた星名謙一郎氏（後にブラジルに渡り成功したが、射殺された）がハック（常用馬――筆者注）で出迎えてくださったので、それに乗り珍らしい街の様子を眺めながら、ポルトガル人のホテルに参りました。そこには日本人ボーイが一人居まして、とても親切にしてくれ、いろいろとハワイのことも話してくれました。

翌朝、移住民局医官の毛利伊賀氏がホテルに尋ねて下さいました。ハワイが初めての私に、御親切に種々と事情を説明して下さいました。

ホノルルに一週間滞在しました間、星名氏のご案内で方々を見物しましたが、博物館で見た珍しい古物は、殊に深い印象を受けました。

毛利氏が或る日ワイキキの温泉にお誘い下さいまして南国の旅情を愉しみました。そのころはホノルル市中もワイキキ方面もキャベの木ばかりで、その中にヤシの木がそびえ、川には家鴨が泳いでいるという悠長な平和な風景でした。このあたりの土地や家禽は殆んど支那人のものだということでした。

星名氏の御案内で、支那人の芝居も初めて見物しましたが、とても異様でした。支那人の通訳を一人つれて行きましたのでよく解りました。

ホノルルに上陸して満一週間後に、キナウ号でハワイ島に向い、翌日ヒロ港に着きました。（以下略）[注29]

さて、事件の裁判は一〇月に次のような結果となった。これは『やまと』を改題した『やまと新聞』の The Supreme Court（大審院）における判決記事である。

一〇月二〇日「星名氏の被告事件に対し巡回裁判の判決を不当とし弁護士ロバートソン氏を以て上告中なりしが大審院は昨日巡回裁判の判決正当なるを申渡せり依て星名氏は懲役一ヶ年罰金五百弗の刑を受くるなり」[注30]

このように星名は実刑判決を受けた。この事件は星名が主犯格となっているが、彼が罪を被って誰かこの事件に関わる有力者を庇ったように筆者は思えてならない。

以後、星名に関する記事は約一年後に出獄した時の『やまと新聞』の記事までみられない。

一八九七年九月二五日「星名謙一郎氏　今朝出獄ヌアヌ町ホワイトハウスに止宿せらる」[注31]

この間の一八九七年二月には神州丸、三月に佐倉丸、四月に畿内丸に乗船してきた日本人の自由渡航移民が上陸を拒絶されるという事件が起こっている。この事件を受け、日本政府は外交交渉のため、軍艦浪速を派遣した。それには本件を祖国に特報するため五名の新聞記者が同乗特派された。国民新聞の古谷重綱もその一人であった。彼は先に紹介した古谷久綱の弟で、やはり同志社中学を卒業している。彼はこの後、ミシガン大学を卒業し、外交官試験に合格、アルゼンチン公使などを歴任したが、一九二八年にブラジルに渡航し大農園を経営した。一方この事件は、ハワイ政府が日本政府の要求する二五万円の損害賠償に対して一五万円を賠償金として支払うことにより落着をみた。これはアメリカ合衆国がハワイを併合するのと同じ一八九八年七月のことである。[注32]

3　コーヒー農場主

星名はハワイ島における伝道師の時代に、一時オーラー（オーラア）に住んでいたことがあり、その関係で当時からすでにコーヒー栽培に従事していた。一八九五年九月一六日付、在ホノルル領事館書記生・成田五郎報告

「布哇島巡回復命書」の中で、「ヲーラーに於て珈琲栽培に従事する日本人名等一覧表」に彼の名前が登場する。[注33]

星名謙一郎　愛媛県　七八エーカー（借地高）　三〇エーカー（開墾高）　二〇エーカー（植付高）　一三五〇〇（植付樹の数）

この一覧表には一八名の日本人が記載されており、このうち『開墾高・植付高』ともに五〇エーカーおよび「植付樹の数」三三八〇〇で大槻幸之助が一番多い。大槻は先に紹介したが、星名がパパイコウ（一七頁地図参照）で伝道師をしていた時の地方有力者で、商店を経営するなど企業家である。ちなみに彼は一九〇五年に帰国後、さらに製糖技術を指導するため台湾に渡ったという。[注34]またオーラー労働組合長は小野目文一郎で、前述のように彼はハワイにおける最初の日本語新聞である『日本週報』を発行したが、

小野目文一郎（前列右）、峰岸繁太郎（前列左）、山本晋（後列右）、浅川広湖（後列左）（故笹原つね氏所蔵）
なお浅川は1900年頃、横浜蚕糸銀行のヒロ支配人であった。

当時はコーヒー栽培に従事し、この一覧表を含む「ヲーラー珈琲栽培に関する実業家の報告」を行っている。先に紹介した山本晋の夫人の回想記の続きで小野目についての文章もみられるので、これも紹介しておこう。一八九六年の頃である。

「ハワイの思出草（下）」山本アイ

小野目文一郎氏

私がヒロ市に参りましたころ、小野目文一郎氏がオラー十一哩でコーヒー事業を経営して居られました。この人はハワイ最初の邦字新聞『日本週報』をだされた由ですが、その頃はもうやめて居られまして、私はこの新聞を見たことはありません。それから私は移住民局長の中山譲治氏にはお目にかゝりませんでした。星名氏も二三年後にはコーヒー栽培を始められたようでした。

小野目さんは山本と非常に親しく、毎週土曜日に馬でオーラアからヒロに出られ、午後帰って行かれましたがその都度私方へお訪ね下さいました。主人と何を語られたか解りませんが、例の日本人参政権運動に関することなどもあったかと思われます。物静かで厳格な人物でした。[注35]

星名は先のアヘン事件で収監され、一九九六年はコーヒー栽培に関して七月にオーラーに赴いた記録があるのみで、一八九七年九月に出獄するまで他に記録はみられない。ただし前出のハワイの住所録 *Directory and Hand-Book* の一八九六―九七年には「HOSHINA K Coffee Planter, r Lane off School nr Fort」とあり、住所はホノルルのフォート街で、先の裁判記事中の住所と符合する。現在も港に至る主要な通りである（五九頁地図参照)。

星名が出獄した同じ日の九月二五日、先述の林三郎によりハワイ島コナで発行されていた日本語新聞『コナ反響』に彼のコーヒー栽培についての記事がみられる。彼の不在中も栽培されていた。

「オーラーの星名氏珈琲苗　同地第一の上出来との評判なり」[注36](原文カタカナ交じり文)

続いて同紙一〇月二日の記事は次のようである。

「「オーラア」珈琲景況　同地日本人間に於ける本年の珈琲収穫代金は少なくも三千弗以上ある可く其内小野目氏の分は四百弗位もあり星名氏の分は殆んど千弗近くある可き見込なり……」[注37](同上)

またその直後、一〇月七日の『やまと新聞』では彼のコーヒー栽培について詳しく紹介している。これによると、彼のコーヒー栽培はすでに一八九一年から始まり、この地方の元祖であるとしている。彼のコーヒー栽培における当初のパートナーとして、廣地(智)孫六が考えられる。彼は『新布哇』の「在布日本人出身録」に「明治二十三年一月渡布、当初語学を研修し二十五年より星名謙一郎と組合となり珈琲栽培に従事し、七十五エークルの地を購求せり。二十八年九月より地方の収税吏となり、三十二年より状師(代言人のこと――筆者注)ゼーユー、スミス氏の通訳たり」[注38](句読点筆者)。ちなみに彼は官約移民の第一一回船でハワイに来たようで、広島県佐伯郡小方村(現在の大竹市)出身、当時二一歳である。しかしその後、星名とともにオアフ島北部のワイアルア（一八頁地図参照）に移ったらしく、日本人キリスト教会の機関誌『ひかり』の一九〇五年当時の「ワイアルア通信」によると、彼はこの地の有力家で、教会の夜学校を耕地の通弁である彼が、深尾（泰次）牧師を助けて熱心に教授の労をとったとある。[注39] また一九〇九年発行の林三郎『布哇実業案内』などによると、[注40] ワイアルア在留者の一人として彼の名前が挙がっており、職業は「請負師」となっている。

さて星名のコーヒー栽培について、少々長いが『やまと新聞』の記事の全文を以下に掲載する。

星名スタイル（珈琲耕作）今を去る六年前千八百九十一年星名謙一郎氏はヒロ、オオラアの王室地七十七エーカーを拝借し（其後革命の前払下げたり）初めて珈琲を種へたり是れ其近処に於ける琲珈耕地の元祖にて当時白人其他の人々は見て「斯様な処へ珈琲を植付けて如何する積り」などと笑い居たりき

謙一郎氏は数年間之れに資本を下ろすに就ては少からざる困難を見たるも屈せずに持ち耐へたる今日に至り土地の適当と培養の宜しき為め第一等の出来にて又星名耕地の成功を見て之れに倣ひ之れに近寄らんとするもの続々来れるより星名耕地を中心として南に北に大小の珈琲畑出来たり故に星名耕地はオオラア珈琲山の中心点となり五六年前「コンナ処へ珈琲を植付けて」と云ひたる白人共は顔色なきに至れり

サレバ米国辺より来りヒロの珈琲を見物せんと政府に案内を乞へば役人は直ちに星名耕地を示すことと成り星名の耕地はヒロ珈琲の標準と成り見本とは成りぬ。曩きにスミス司法が合衆国の四代議士を火山見物に伴ひ行きたる時も帰途第一に星名耕地を四氏に見せたりき

西洋資本家にて同耕地を（総坪数七十七エーカーなれども珈琲を植付けたる箇所は三十エーカー余は切り開き中）七千五百弗にて売って呉れと星名に度々申し込みたる者あり別に又八千弗と価を附けたるものありけれども星

名氏は之を手放さざりし星名氏の量見にては本年の収穫は安く見積りても壱万弗以上なるべく尚ほ数年を持ち耐ふれば十万の富は獲らるべしと考ひ居るなり

オオラアの土地には三種の地味あり赤土とパアホイホイとアアなり赤土は雨降れば忽ちに泥濘となり沮水よろしからず且つ暗天と成らば忽ちに乾破れ又晴天が続けば忽ちに灰の如くに成り珈琲能く生育せず

パイホイホイとは地下数尺の処に一枚岩とも云ふべき大石ありて地面水を吸ひ込めば水は此石に堰かれて滞るが故に珈琲の根を腐らすべく是亦培養に大害あるなり

第三のアアこそ珈琲に対し最も好き地層にて地下数尺は礫のみを以て充たさるゝ所を云ふなり是れ水少しも淹滞せず常に新陳代謝する故なりと

パーホイホイもアアも地下に一帯を為し遠く二三哩も続き幅員日本の数町に亘る処あるなり故に若し耕地がアア帯の上にあらば幸なれどもパイホイホイの処に開かば不幸尤も甚しきなり

星名耕地は幸にも此アアの上にありたり故に珈琲は法の如くに能く生育しオオラアの標準と成りたるなり、茲におかしきは星名耕地の良きを見て其近辺必ず珈琲に適するならんと態々隣地面を買ふて引き移り来れる白人ありけるが僅かに八呎余りを距りたる星名耕地の樹は能く繁れるも自己の方はドウも旨い具合に行かざるより細かに之を調べるに僅かに八呎を距たる星名の方はアア地層にて自己の方はパーホイホイ帯なりしと又星名スタイルとてヒロ珈琲植附の法あり一面の荒野を切り開きて初めて苗を下ろす法にてオオラアの地面は樹木少なく只見る丈余の蕨類似の用無し草一面に生ひ茂り居るなり

此地を耕地に直さんとするには一方より右の雑草を切り倒し行き之を焼き尽くし初めて地ならしを為せば灰は肥料ともなり且つ持運びの世話なく好法方とて珈琲耕主は是れ迄用ひ来りたるなり左れども此法に依る時は

地面に忽ち雑草萌（は）ひ来たり之れを取り去るに手数の掛ること夥しきことにて少しでも怠ればズンズン生長するなり珈琲は少しでも雑草あらば忽ちに生育に関するもの故非常に害を及ぼすべし

然るに星名スタイルは蕨の焼き打ちを為さぬ方法にて初め一方より雑草を切り倒し了（おわ）りたる草を幾畦（うね）にも分ち間を奇麗（きれい）に耕し二呎乃至三呎巾の線を地所の幅員に随って作り耕したる線と線との間に巾五呎乃至六呎位の土手の如く切り倒せる大草を積み置くなり斯うすれば草取（耕したる所へ生へる小草）の地面狭く手数少く其内彼（かの）大土手は下より漸々腐りて漸々に低く成り行き終には消へて大なる肥料と成るなり其后には少々位小草萌へ立てども焼打法の后に比べれば極めて根絶やしに為し易く今日珈琲主は此法を星名スタイルと称（とな）ひて皆用ゆるに至れり

又ヒロ珈琲とコナ珈琲との優劣如何を星名氏に問へばヒロのは粒大きくして香気高くコナのが及ぶ所にあらずと曰ひコナの柴山徳造氏に問へばコナ珈琲は粒小さく固けれども香気はヒロ珈琲より高くコナ珈琲として米国へ輸出し好評を博し居るにあらずやと答ひコナかヒロか何れが優れりや記名は未だ知らざれども兎も角もコナにもヒロにも珈琲にて成功し居る者は日本人にて日本人は益々両地方に入り込み土地を開きて斯業に就き独立の道を立つる者多きを見るとは喜ばしきことならずや

コナに起れる日本人農業組合会規則は過日掲載したる通りのものにて此会は全く日本人珈琲業者の寄合なることを知るべし何れ本社はコナの柴山氏に請ふて同地の珈琲耕業の景況を報導して貰ふべし[注41]

コナの柴山徳（得）造は『椰子の枯葉』（一九四二年発行）と題する自伝を著しており、それによると一八七〇（明治三）年、岐阜県不破郡今須村に生まれ、大阪に出て北浜の南有商社に入り、一八九二（明治二五）年ホノルルに渡航、南キング街の南有商社支社に勤務し、美術品を主として、食料品、石炭などを手広く販売していた。しかし明治二七年末に支配人の仲貞之介と意見の衝突から退社、しばらく斎藤省吾（後の総理大臣・斎藤実の実弟）とともにピーコックの酒屋にいた水野波門宅で居候していた。明治二八年の日清戦争大祝捷会の際には、水野らと模擬陸軍の監軍として総指揮の任に当たった。祝捷会の直後に彼は木村商会の店員となった。木村商会は南有商社より少し後に開店し、酒類の卸売りを主とし、雑貨なども販売していた。この商会主が先に紹介した木村齊治である。木村商会を辞めたが木村の援助をうけてハワイ島コナに商店を開いたのが明治二八年の終わり頃で、そのままコナに定着し、林三郎とともにコナ地区における日本人のリーダーとなった。

星名のコーヒー栽培は『コナ反響』の記事によれば、この年「オラー最良の珈琲　星名氏耕作にかゝる珈琲は「オラー」第一等の誉（ほまれ）高きものなるが四年を経たる樹木四本にて三十一ポンドの実を摘採し得たり」[注42]との結果となった。

❖注

1 *The Hawaiian Star* および *The Daily Bulletin* 一八九四年一二月二七日。
2 *Pacific Commercial Advertiser* 一八九五年二月一四日。
3 *The Daily Bulletin* 一八九五年二月一五日。
4 *The Hawaiian Star* 一八九五年五月三日。
5 *The Daily Bulletin* 一八九五年五月三日。
6 藤井秀五郎『新布哇』（大平館、一九〇〇年）、四九一頁。なお森辰蔵は、外務省外交史料館所蔵の第一回官約移民名簿によると、この時二九歳で出身が大阪府和泉国南郡堀村（現在の貝塚市）とある。

7 『やまと』第一〇二号（一八九六年七月一一日）。

8 前掲注6、『新布哇』「附録在布日本人出身録」三〇頁。相賀安太郎『五十年間のハワイ回顧』（同刊行会、一九五三年）、一二二〜一二三頁。

9 奥村多喜衛『太平洋の楽園』（三英堂書店、一九一七年）、一九五〜一九六頁。なお *Annual Report of the HEA* 一八九五年六月、三七頁には「『布哇新聞』は長い間、岡部氏によって経営されてきた週刊紙であったが、現在は日刊となり、ササジマ氏が編集している。彼はホノルル日本人教会の熱心なメンバーである。（筆者訳）」と書かれている。「ササジマ」は笹島勇吉と考えられるが、それ以外は不明である。

10 『やまと新聞付録』第一〇〇〇号（一九〇二年一一月二二日）。

11 奥村多喜衛『楽園おち葉』（第一籠、一八九四年度日記から）、二〜四頁。

12 相賀安太郎『五十年間のハワイ回顧』（同刊行会、一九五三年）、七〜八頁。

13 *Pacific Commercial Advertiser* 一八九六年三月一〇日。

14 前掲注6、『新布哇』「附録在布日本人出身録」七〇〜七一頁。

15 島田軍吉編『布哇成功者実伝』（布哇日々新聞社、一九〇八年）布哇島の部、七八〜七九頁。

16 藤井秀五郎『改訂増補・新布哇』（文献社、一九〇二年）「在布日本人出身録」各業列家二〇〜二一頁。

17 *Pacific Commercial Advertiser* 一八九六年三月一二日。

18 前掲注6、『新布哇』、五九五頁。

19 前掲注6、『新布哇』、六三二頁。

20 *Pacific Commercial Advertiser* 一八九六年三月二一日。

21 清水文之輔「南阿貿易の開祖古谷駒平」（『現代』五巻一号、一九二四年新年号）。

22 前掲注12、『五十年間のハワイ回顧』、四四頁。

23 井出諦一郎「アフリカ発展の先駆者・古谷駒平氏の面影」、（『海外』第一一巻六月号、一九三二年六月一日）。岡倉登志・北川勝彦『日本－アフリカ交流史―明治期から第二次大戦期まで』（同文社、一九九三年）、一二九頁および一八二～一八五頁。青木澄夫『日本人のアフリカ発見』（山川出版社、二〇〇〇年）、九頁および三〇頁。

24 『やまと』第七四号（一八九六年五月五日）。

25 『やまと』第八〇号（一八九六年五月一九日）。

26 『やまと』第八三号（一八九六年五月二六日）。

27 『やまと』第九五号（一八九六年六月二三日）。

28 『やまと』第一〇〇号（一八九六年七月七日）。

29 『米布時報』第六八号（一九五六年四月五日）。

30 『やまと新聞』第三二号（一八九六年一〇月二〇日）。

31 『やまと新聞』（一八九七年九月二五日）。

32 前掲注12、『五十年間のハワイ回顧』、四〇～四八頁。門田正志他編『宇和の人物伝』（宇和町教育委員会宇和郷土文化保存会、一九九三年）、一四八～一五二頁。山本英政『ハワイの日本人移民』（明石書店、二〇〇五年）、九一～一二七頁など。なお、これらの上陸拒否事件に先立つ一八九六年一一月のホノルル入港の際に起こった東洋丸事件では、先のアヘン事件で登場した古谷駒平やドイルも関わっている。詳しくは拙稿「明治中期・大阪を本拠とする移民会社――主として日本移民合資会社の場合」（『地域と社会』第二号、一九九九年）。

33 『通商彙纂』第三四号（一八九六年二月一日）、二八～三六頁。

34 川添樫風「蕉風閑話・大槻農場」（『ハワイタイムス』、一九六九年六月九日）。

35 『米布時報』第六九号（一九五六年五月五日）。

36 『コナ反響』第三〇号（一八九七年九月二五日）。

37 『コナ反響』第三一号（一八九七年一〇月二日）。

38 前掲注6、『新布哇』「附録在布日本人出身録」七七頁。

39 『ひかり』第九巻第九七号（一九〇五年四月）、および第一〇巻第一〇四号（一九〇五年一一月）。
40 林三郎『布哇実業案内』（コナ反響社、一九〇九年発行）、「布哇在留日本人名鑑」二一六頁。
41 『やまと新聞』第一七九号（一八九七年一〇月七日）。
42 『コナ反響』第三八号（一八九七年一一月二〇日）。

❖参考文献

［ハワイの新聞・定期刊行物］

The Hawaiian Star 一八九四〜九五年。

The Daily Bulletin 一八九四〜九五年。

Pacific Commercial Advertiser 一八九五〜九六年。

Directory and Hand-Book of HONOLULU and the HAWAIIAN ISLANDS 一八九六〜九七年。

『やまと』一八九六年。

『やまと新聞』一八九六〜九七年、一九〇二年。

『コナ反響』一八九七年。

『ひかり』一九〇五年。

『ハワイタイムス』一九六九年。

［日本の新聞・定期刊行物］

『通商彙纂』第三四号（一八九六年二月一日）。

『現代』一九二四年新年号。

『海外』一九三二年六月一日。

『米布時報』一九五六年。

【書籍】


藤井秀五郎『新布哇』（大平館、一九〇〇年）。

藤井秀五郎『改訂増補・新布哇』（文献社、一九〇二年）。

島田軍吉編『布哇成功者実伝』（布哇日々新聞社、一九〇八年）。

林三郎『布哇実業案内』（コナ反響社、一九〇九年）。

奥村多喜衛『太平洋の楽園』（三英堂書店、一九一七年）。

柴山徳（得）造『椰子の枯葉』（一九四二年）。

相賀安太郎『五十年間のハワイ回顧』（同刊行会、一九五三年）。

岡倉登志・北川勝彦『日本－アフリカ交流史―明治期から第二次大戦期まで』（同文社、一九九三年）。

青木澄夫『日本人のアフリカ発見』（山川出版社、二〇〇〇年）。


【冊子その他】


奥村多喜衛『楽園おち葉』（第一籠、一八九四年度日記から）。

外務省外交史料三・八・二・三九「布哇国へ自由渡航者取締一件」。

第四章

ハワイ時代後期——ワイアルア耕地監督・新婚の頃

はじめに

筆者は、これまで星名謙一郎がハワイ到着後にさまざまな職業に就いたことを紹介したが、その概略を示す資料である『新布哇』の改訂増補版（一九〇二年）で彼の履歴について次のような補足の記述がみられる。コーヒー栽培のところから引用しよう。

既にして茄菲（コーヒー）栽培熱の昂騰（こうとう）するや布哇島オーラー地方にその栽培を刱（はじ）め頗る隆昌の運に乗ぜしが該（その）熱の冷却するに先だち早くも去ってオアフ島ワイアルア耕地の監督となり数百の労働者を手足の如くに指揮せしが時運の一転廻を見るや忽（たちま）ち耕地よりその足を濯（すす）ぎ将（まさ）に大に飛躍を試みんとし今はワイキ、海岸に瀟洒（しょうしゃ）たる邸宅を搆（ママ）えて静に其丹田を洋南の長風に払わしむ（ルビは筆者）[注1]

最後の箇所は、ワイキキの邸宅で臍の下を太平洋の遠くからの風に当ててのんびりしているということだろうか。本章ではこの記述を参考に、当時の日本語の主要新聞である『やまと新聞』の記事の中から星名および同夫人の名前が出てくるものを拾い出して、一八九八年から一九〇四年頃までの彼の行跡と彼の周辺の人物について詳しく述べるものである。

1　ハワイへの再渡航

星名が一八九六（明治二九）年九月に出獄したという記事の後、『やまと新聞』のマイクロフィルムでは一〇月末から翌一八九七（明治三〇）年六月末までの記事がほとんど抜けており、この間の彼の動向が残念ながら明らかでない。しかしこの間に一度、彼は日本に帰っている。いつ帰国したかは不明であるが、外務省外交史料館の海外旅券下付表の一八九八（明治三一）年の愛媛県の綴りに彼の名前が残っている。

住所「松山市杉谷町二〇」、年齢「三十一年十一ヶ月」、渡航主意「商業」、渡航先「布哇」、旅券下付月日「三十一年八月十七日」となっている。松山市の杉谷町は現在、緑町となり、松山城の北麓にあたる。昔は士族屋敷があったらしいが、現在その面影はない。ここに彼の親族のだれかが住んでいたのだろうか。そして『やまと新聞』の一八九八年九月一日の記事に「星名謙一郎氏遠からず帰島する筈[注2]」とある。

また Hawaii State Archives に残された船客名簿の資料には、「一八九八年九月二日　S. S. Coptic—Yokohama—Japan—Coffee Planter　Age—36-Male（Cabin）」。ここで年齢が三六というのは誤りと思われるが、九月三日の『やまと新聞』ではさらに詳しく「コプチック号来る　同号は昨日午後五時横浜より入港す。上等客には弁理公使内田康哉氏、熊本移民会社の井上敬次郎氏、ハワイ島の星名謙一郎氏、小倉商会の松村千次郎氏の四名にて、郵便局員中城多四郎氏と海外渡航株式会社取扱契約移民二百八名を乗せて入港す[注3]」（句読点筆者）とある。

星名と同じ上等客としてやってきた井上敬次郎は、『大日本海外移住史　第一編　布哇』（一九三七年）に、「昔、移民会社の主領株（熊本移民）で布哇を唯一の吐出地として辣腕を揮ひ、兎も角も我邦の海外発展に貢献した人である。後、東京の電気局長になり、是れ亦た大に声名を馳せた、熊本出身で竹を割った様な肌合の人である。現住所　東京都渋谷区代々木富ヶ谷町一四六三」[注4]（読点は筆者）と紹介され、また別の書物では「井上らがホノルルの電車を見て日本に帰ってから、星亭を動かし遂に今日の東京市電の前身である電鉄事業を起こし、井上氏はその社長に就任した。そして後にそれが市の経営に移されるや、氏は初度の東京市電気局長になった。[注5]」とある。つまりホノルルにすでに誕生していた電車がモデルになって東京の市電ができたというのである。

彼については、国立国会図書館に関係文書が保管されており、その書簡のうちの七通が同船の内田康哉からのものである。明治・大正・昭和の三期にわたって外務大臣をつとめた内田は一八六五（慶応元）年生まれで、一八六一（文久元）年生まれの井上とは四歳違いで同じ熊本県出身、当然親しい間柄であっただろう。ハワイにやって来た同じ九月の二二日に、ホノルル総領事館内で内田公使を慰労し齋藤幹領事を歓迎する宴会が催された。その出席者の名は、当時のホノルルにおける代表的日本人が連なっていて興味深い。内田は同月二四日には帰国の途についている。[注6]来布の目的は、米布合併後における在留日本人の権利利益を保護すべく、米布合併協議委員およびハワイ政府と協議するためであったという。[注7]

小倉商会の松村千次郎については、以前に拙稿「明治中期・大阪商人による移民斡旋業」で紹介したが、[注8]すでに一八九五（明治二八）年頃より移民取扱代理人としてホノルル支店に在勤し、在留日本人の間で名が知られていた人物である。また中城多四郎は自由移民として渡航したものと思われ、『改訂増補・新布哇』の「在布哇日本人出身録」に「中城多四郎、大阪府北河内郡牧野村大字小倉、ホノル、府、明治三十二年八月渡布郵便局員」[注9]とみえる。もともと彼はハワイに滞在していたらしく、一八九五（明治二八）年六月九日、岡部次郎が渡米の際に英語夜学校の生徒と撮った写真のなかに彼の姿がみえる。彼は布哇官庁（郵便局）に出仕する日本人として名前があがっている。[注10]三年後の一九〇一（明治三四）年四月六日『やまと新聞』の記事に「中城多四郎氏は病気保養の為め今般郵便局勤務を辞されたり」[注11]、さらに同年七月一六日では「中城多四郎氏は本日発のドーリック号にて帰朝されたり」[注12]とある。なお、彼はのちに再びハワイにやって来たらしく、先に紹介した一九〇九年発行の『布哇実業案内』などによると、廣地孫六と同様にオアフ島のワイアルア（ハレイワ）在住者の一人として「ワイン会社員中城多四郎」[注13]と出ている。彼もピーコック酒店の店員だったかもしれない。

2　ワイアルア耕地の監督

星名がハワイに戻った直後の『やまと新聞』の記事としては、一八九八年九月二七日に「星名謙一郎神田伝導（ママ）士の両氏は過日出府の処本日帰島されたり」[注14]。同志社出身の神田重英牧師は当時、ハワイ島コハラ（一七頁地図参照）に赴任していた。また同年一〇月四日「星名謙一郎氏一昨日ヒロより来り今朝帰る」[注15]とあり、彼が依然としてハワイ島ヒロを拠点にしながら、たびたびホノルルに来ていたことが知れる。そして同年一一月二四日の記事で「ワイアルア耕地出張　ワイアルア耕地出稼契約移民に関する事にて、森岡商会の水野氏、日本移民会社の増田氏、小倉商会の来住氏は本日午前の列車にて同地方へ赴かれたり。明後日帰府の由」[注16]（読点筆者）とみえる。ワイアルア耕地はオアフ島北部にある有名な砂糖耕地であり（一八頁地図参照）、当時日本人が多数集まっていた。

記事中の森岡商会の水野波門については、当時のハワイ日系社会で有名人であったにも拘わらず、従来ほとんど紹介されることがなかったので、ここで彼のこの時までの履歴を述べることにしよう。『移植樹の花開く』によると、彼は水戸藩士、当時自由党の志士、[注17] とある。外務省外交史料で、一八九六（明治二九）年八月に彼が移民取扱代理人として森岡商会に出した履歴書によれば、[注18]「本名は水野七三郎、原籍は群馬県西群馬郡渋川町（現在の渋川市）五二七番地で狩野定三郎の同居士族、現住所は布哇共和国ホノル丶府カマケラ新地、元治元（一八六四）年七月一七日生れ」とある。学歴は記されていないが、「明治一九（一八八六）年二月、英語教師として群馬渋川町に赴く。同年七月、小学高等科教員検定試験を受け、西群馬片岡第二高等小学の首座訓導を拝命。明治二二（一八八九）年九月、学術研究の目的を以て米国旅行券を受け（身元引受人は渋川町酒類醸造業の狩野定三郎）同一〇月桑港（サンフランシスコ）に着する。明治二四（一八九一）年、桑港ハミルトン普通学校を卒業し、桑港高等学校に入りたるも、都合により退学する。桑港日本新紙発行の処、第十九世紀新聞社に入り、記者として従事する。明治二五（一八九二）年一二月、桑港日本人愛国同盟の幹事（同盟総理の職）に選挙される。明治二六（一八九三）年九月、布哇在留日本参政権獲得の運動を励まさんが為、印刷器械を持って布哇国に渡来し、『第二十世

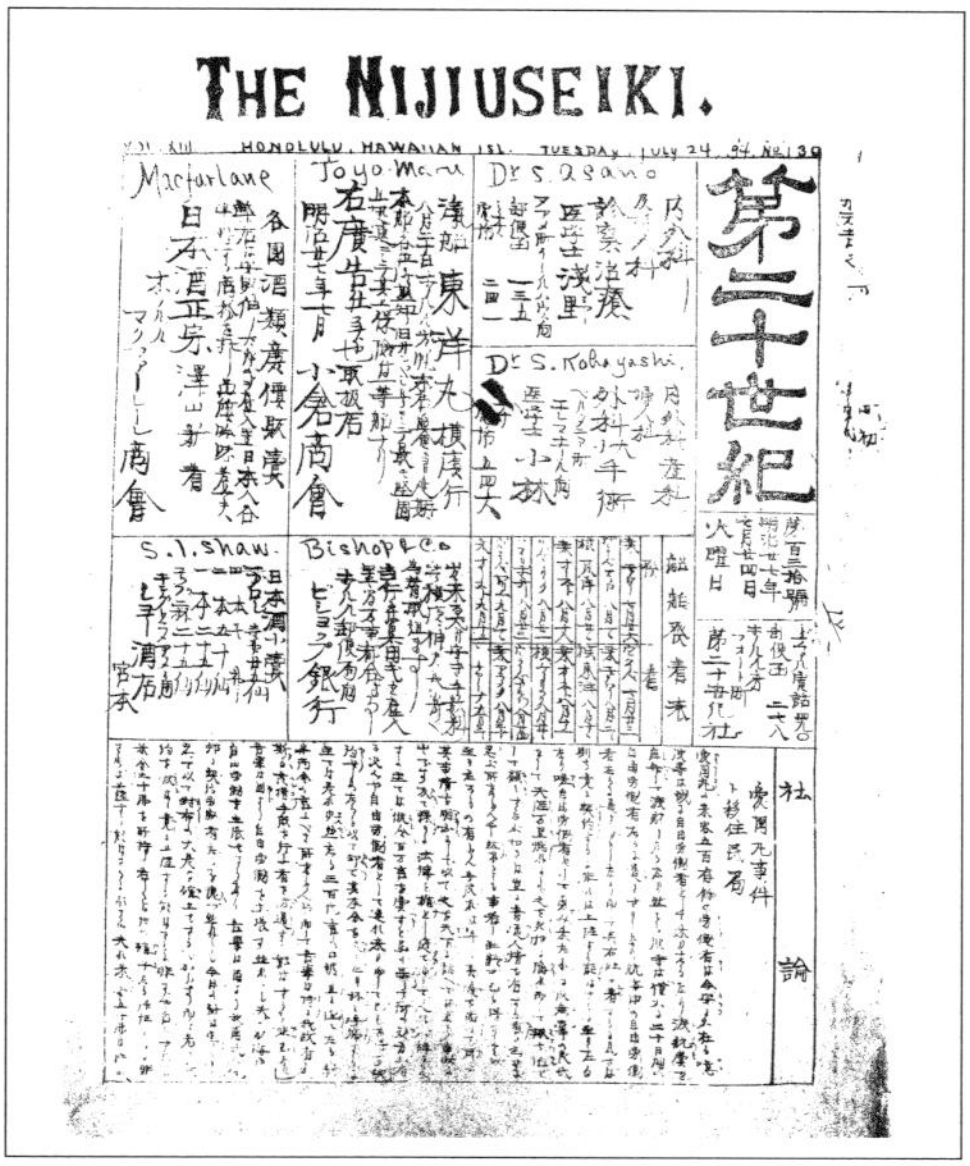
THE NIJIUSEIKI.

第二十世紀

『第二十世紀』第 130 号（明治 27 年 7 月 24 日付）
（外務省外交史料館所蔵）

紀』を発行する。」とある。『第二十世紀』の現物は筆者の知る限り、一八九四（明治二七）年七月二四日の第一三〇号の一号のみ残っており、ローマ字で『THE NIJIUSEIKI』とある。

水野のものと思われるクセのある独特の字体が興味をひく。また同じく履歴書によれば、「明治廿七年ダブリュー・シー・ピーコック商会に書記として雇われる（一〇月一日より明治二九年現在）。身元引受人は木村齊次。」となっている。先述の古谷駒平と同じ年に渡米し、しかも同じホノルルで当時有名な酒屋であるピーコック商会に勤めている。こののち水野は森岡商会の布哇支店長となり、『やまと新聞』の社主も兼ねていた。一八九六年に『やまと』から『やまと新聞』に変更した際、それまで安野伸太郎が持主兼編輯人だったのがこの後、彼に代わっている。しかし、ワイアルアの記事の翌一八九九年一二月に、病気療養のため日本に帰ったあと亡くなった。水野の墓は、ホノルルのマキキ墓地に残っている。

水野波門の墓
（マキキ墓地、2014年8月、筆者撮影）

さて星名は、ハワイ島ヒロからホノルルにたびたび来ていたが、「星名謙一郎氏当分ワイアルア留らるべし」（一八九八年一一月二九日）。同日の別の記事には「契約労働者の解放　ワイアルア耕地に出稼せる日本人労働者にて、本年五月までの分男子八十七名、之れに伴ふ女子二十名は本月三十日を以て解放され、何れも自由の身と成るなり。其次第を聞くに同耕地は是れまでハルステッド兄弟会社の所有なりしに、いつぞや記したる通り新設ワイアルア農業会社に其所有を譲りたるより、ハルステッド会社は消滅したり。依て契約移民は素(も)とハルステッド兄弟会社と契約したるものにて、新設の会社とは何の関係もなくなりたるより、遂に解放されたるなり因(ちなみ)に云ふ森岡、日本、小倉の三会社代理人等が過日出張したるは此事に関係したる訳なりと」[注19]（句読点およびルビ筆者）とある。

ワイアルア農業会社については、W・H・ドランスらによって次のように紹介されている。

ワイアルア地域の製糖業は、もともと一八七五年にロバート・ハルステッドが二人の息子と「ハルステッド兄弟」という名前でプランテーションを始めたのが最初である。しかしこの小さな農場は、大量の貨物輸送をもたらさなかったし、多くがハワイ現地人の所有する無数に区画された未開墾の数千エーカーの土地に囲まれていた。鉄道の実業家であったベンジャミン・ディリンガムはキャッスル・アンド・クックに、ハルステッドの所有地と小さな区画を獲得することを奨励した。ディリンガムはすでに多くの周囲の土地を借りていた。キャッスル・アンド・クックは、一八九八年にワイアルア農業会社を作り、ディリンガムの保有する土地を又借りしたり、ビショップの地所から他の土地を借りたり、隣接した区画を借りたり買ったりする交渉をした。一八九八年の末までにハルステッド製糖工場は取り替えられ、一年後にワイアルア農業会社の最初の作物が収穫され、一七四一トンの砂糖を収穫した。このプランテーションは最初の支配人にめぐまれて出発した。ウイリアム・グデールといい、彼は一八九八年に雇われて順調に二五年間を過ごした。彼はここに来る前、ハワイ島やマウイ島のプランテーションで約二〇年間を過ごした。その経験もあり彼の砂糖農場の知識は抜け目ない経

営で示された。一九〇五年までに生産は一万九七七二トンに上昇した。[注20]（筆者訳）

星名はハワイ島から突然にオアフ島のワイアルアにやってきたが、実はウイリアム・グデールとの関係があったからではなかろうか。[注21]二人はどちらも以前ハワイ島パパイコウのプランテーションにあって懇意の間柄であり、星名はグデールに請われて耕地監督あるいは契約移民との交渉のためにやってきたのに違いない。これ以後、星名はワイアルア耕地に留まることになる。その後、彼に関する記事はしばらくみられず、翌一八九九（明治三二）年は次の記事のみである。九月二六日「星名謙一郎氏は肺病の為日本人病院へ入院されたり」[注22]。さらに同年一〇月初めから一九〇〇（明治三三）年七月初めまでも『やまと新聞』の記事は残されておらず、また彼がワイアルアに滞在していたこともあってか、その後一九〇一年の彼の結婚に至るまで彼の動静を知ることができない。なお一八九九年のハワイの住所録 *Directory and Hand-Book* では"ISLAND OF HAWAII"に"Hoshina, gen mdse, Olaa"とあり、彼はハワイ島オーラアで雑貨店をやっていたことになる。

3　末光ヒサとの結婚

星名謙一郎と末光ヒサ（久子）との結婚について、まず末光ヒサの生い立ちからみていこう。彼女は一八七四（明治七）年六月に伊予国卯之町（現在の愛媛県西予市宇和町）に生まれた。父は末光三郎、母はチカで、彼女は男三人女六人の兄弟中五番目に生まれた（一〇頁末光家家系図参照）。地元の開明学校を卒業し、星名と同じ吉田町の油を商う浅野家に嫁ぐが失敗、したがって星名とは再婚ということになる。のち裁縫などを修得し、一八九五（明治二八）年上洛して、同志社女学校普通科二年に編入され、一八九八（明治三一）年六月に卒業し、さらに専門部英文学科に進んでいる。彼女が晩年に書いた手書きの履歴書では、その後は次のようになっている。

明治三一年七月　家事都合により右退学。

明治三二年七月より三六年七月迄　布哇在、米婦人ミセス・ウイリアムに就いて洋裁縫、刺繍を学び、ミセス・ビカントに就き家事を学ぶ。

ハワイに行ったのはこの時代、当然結婚のためであるから、これによれば、結婚は一八九九（明治三二）年ということになる。またこれとは別の「辞世のことば」[注23]にも、明治三二年布哇在住の星名謙一郎と結婚したとある。ところが外務省外交史料館にある「海外旅券下付表」の明治三四年度（一九〇一年）の「愛媛県庁」の項に、末光ヒサの名がでており、年齢「二十六年十ヶ月」、旅行地名「布哇」、旅行目的「婚姻ノタメ」、下付月日「三月十二日」となっている。明らかに明治三四年（以降）結婚のためハワイに行ったことになる。また彼女が学んだ同志社女学校の同窓会から発行された『同志社女学校期報』によれば、明治三四年六月発兌の第一六号に、「末光久子は保科（ママ）謙一郎と結婚の約整ひ今春布哇に向て御出立の途次来校せられたり其住所はハワイホノル、」という記事がみられる。これより前の同じ期報の第一三号（明治三三年二月発兌）には、「末光久子は伊予卯之町末光三郎方。去夏兄君（長兄の類太郎――筆者注）を失はれし御不幸に引続き御両親の御体すぐれざるより知子（妹トモ――筆者注）と共に家政を助けらる」とある。したがって、明治三二年結婚というのは彼女の記憶違いで、その年に中途退学し、いったん故郷の卯之町に帰り、明治三四年春にハワイに渡航し、結婚したのに違いない。星名家の伊予吉田と末光家の卯之町は隣町で、星名が幼少の頃、一八八一（明治一四）年に東京上野で開催された内国勧業博覧会に故郷の愛媛から視察に訪れた際、末光ヒサの父三郎もこれに同行していた。つまりお互い顔見知りで、しかも両家とも地方の名家ということで、結婚話が進んだものと思われる。星名が明治三一年に一度帰国したのもこの結婚と関わりがあるかもしれない。

それはさておき、『やまと新聞』の一九〇一（明治三四）年には次のような記事がみられる。四月二〇日「日本丸 仝船は一昨日午後四時頃顔を見せ仝六時入港せし、船客の重なる人は北京篭城の際有名なりし米国公使コンガー氏、同夫人令嬢ミッスピーアス、及び土木学士ゼームソン氏等にして、日本人は大審院判事とか申す鈴木氏、本社主大塚静雄、同夫人、露無牧師、星名氏の未来の夫人、及び小澤健三郎氏の令妹等なりし」[注24]（読点筆者）。大塚は『やまと新聞』の社主。露無文治は同志社出身の牧師で、アメリカ留学に向かう途次ハワイに寄った。同年八月二七日にハワイから本土に向かっている。[注25]ところで末光久子が初めてホノルルに到着した時の想い出話として「日本では港に行くのに人力車を使ったのに、ハワイに着くとひとりでに走る車があったのでびっくりした」という。[注26]当時、日本国内はまだかなり交通が不便だったのに対し、ホノルルでは自動車が発達していたことが知れる。そして早速、結婚式の記事がみられる。四月二三日「星名謙一郎氏の結婚 同氏は昨廿一日午後五時増田氏邸に於てデッケー判事に依り今度日本より来布されし末光久子と目出度華燭の式を挙げられ午後七時よりワイキ、なる望月海水浴に於て知友諸氏を招きて披露の宴を張られたる由当夜招かれて参会せし人々は齋藤領事、松下、志保澤、増田、尾澤、袋田、深尾、勝沼等の諸氏及び各夫人、奥村夫人、齋藤嬢、甲賀嬢、豊田嬢並に今西、千屋、増田（榮一）、小野寺、岡部、相賀、郡司等の諸氏にして大塚高太郎は新夫人の親戚総代として列席され和気洋々の中に義太夫の余興等あり一同歓を尽して十一時頃散会せりと因に云ふ新夫婦は同夜モアナホテルに一泊の上本日午後三時十五分」[注27]。以下判読困難だが、この頃のオアフ鉄道の時刻表によるとホノルル発カフク（一八頁地図参照）行が午後三時十五分[注28]なので、おそらく鉄道で星名の住むワイアルアに向かったものと思われる。

この結婚式で数多くの人物が登場するが、ここで主な人物を紹介しておこう。まず結婚式の行われた増田氏邸の主は日本移民合資会社の増田知次郎であり、以前に筆者は彼の生涯についてまとめたことがある。[注29]そのあらましを次に紹介する。

一八九六（明治二九）年に日本移民合資会社の移民取扱代理人許可願に添えられた増田の履歴によると、「明治四年に生れ、同一五年愛媛県今治小学校卒業、一八年京都同志社入学、二四年普通科卒業、同年政法学校入学一ヶ年修学、二五年商業実視の為め布哇国へ渡航外国商館で実修、二八年帰朝し大阪の柳瀬誠三郎貿易商店を布哇国ホノルル府に設立するに際し同店支配人として再渡航し目下在留中」[注30]とある。星名夫妻とは同じ愛媛県の出身で、同志社で学んだキリスト教信者ということもあり、彼が最初にハワイに来た頃から星名とは顔見知りであった可能性が高い。日本に一旦帰って一八九六年に移民会社の代理人になった後、先のワイアルア耕地への出張など契約移民のことで各地に赴いた記事が『やまと新聞』に度々みられる。一八九九年の同新聞の広告記事では、フォート街スプレックル銀行二階に事務所を置き、「家屋地所売買及借家、労働者周旋、建築事業請負、税関手続、諸帳簿整理、其他一般事務を取扱ふ」として、この時、耕地行き労働者を三〇〇名募集している。またちょうどこの頃発行された『新布哇』の「在布日本人出身録」では、彼について次のように評している。「君は年齢三十に満たず既に万金の富を致しホノルル、府には輪奐たる邸宅を構え其前途に於ける幾多の有望なる事業を現に企画しつつあり君にして努めて休まずんば富力の益々加ふると共に其商智商器に更に幾層の老練を来すべし」[注31]。とにかく当時巨利を博していた移民会社の代理人のなかでも、彼は生来の才能を十分に発揮し、若くして最も羽振りがよかったのではないかと思われる。一九〇〇年一一月、彼は村上良子と結婚するが、その披露宴はワイキキの彼の別邸に於いて内外の貴婦人紳士数百名が集まった、[注32]とある。星名の結婚式もここで行われたのかもしれない。増田はその後、一九〇二年九月に突然ニューヨークに出発し、翌一九〇三年二月に彼の地で急死した。同年二月二八日の『やまと新聞』は次のように報じている。「増田知次郎の訃音　昨年まで当府にありて敏腕家を以て聞こへたる同氏は此程紐育にて歯痛療治中敗血症に変じ死去されし由なり」[注33]。ハワイでも彼の死亡広告が友人である志保澤、星名、石川の名でその後数日にわたって掲載された。なお尾澤忠元も日本移民合資会社の代理人であったが、同社の移民取扱代理人許可願に添えられた彼の履歴[注34]によると、彼は岡山市出身であり電信関係の仕事で浜松、高松、宇和島などに勤務し、一八九九年に依頼免官している。彼は熱心なクリスチャン

ホノルルにて。星名ヒサ（中央左）、奥村多喜衛（前列右端）、増田知次郎（前列右から２番目）、江口一民（前列左端）、尾澤忠元（後列左端）（故江上幸子氏所蔵）

だったようで、宇和島時代に宇和島組合教会が誕生した。[注35] 増田の姉のしづ（静）が尾澤の妻であることから、ハワイに渡ったと考えられる。増田栄一（英二）は増田知次郎の弟である。一九〇一年八月二四日の『やまと新聞』記事によると、彼は郷里の中学校を出て同志社政法部に学び、さらに早稲田専門学校に移り英語政治科を修め、昨年卒業して今春ハワイに滞在していたが、八月二七日に米大陸に向かい、コロンビア大学に入学予定とある。[注36]

また末光ヒサの親戚総代として日本からやって来た大塚高太郎は、星名や末光ヒサの父・三郎などと同じく東京への視察旅行の同行者の一人であった。乗船記録では彼もヒサと同じ日本丸で来ている。この時の年齢は四二歳二ヶ月で、職業はMerchantとなっている。『明浜町誌』などによれば、彼は一八五九（安政六）年生まれ、星名より七歳年長で、やはり愛媛県東宇和郡の有力者として狩江村（現在は明浜町）の初代村長を一八九〇（明治二三）年から一〇年間務めている。その後、俵津村長となり学校の校舎を建てたが、良すぎる校舎を建てたと不評を買って職を辞し、山下汽船の支店長として台湾に渡ったが、一九二三（大正一二）年に同地で死去とある。村長在職中にハワイに旅行したが、帰国後、小学生に「ハワイ漫遊実歴談」と題して各地で講演したという。[注37] 山下汽船との関係については、社長の山下亀三郎が星名と同じ吉田町の出身で、彼も親しい間柄だったためだろう。彼はヒサの親戚と記事にあったが、末光家の関係者によると、謙一郎の姉ヒロの嫁ぎ先が大塚家ということで、そうだとすると星名家の親戚になる。

深尾泰次は当時、星名の住んでいたワイアルアのキリスト教会の牧師、勝沼富造は有名な獣医師、今西兼二は横浜正金銀行布哇出張所支配人で、この頃商人同志会会長や慈善会会長も兼ねており、ハワイ日本人社会における最有力者であった。いと子夫人は小澤健三郎の姉である。袋田喜一郎は日米雑貨帽子類卸小売の袋田商店主、千屋正信も日米雑貨食料品卸小売の千屋商店主で、小野寺壽雄は広島移民会社の代理人、相賀安太郎は前章にも登場したが、この頃は布哇新報社の記者であった。郡司五郎は前出『日の出新聞』の佐藤五郎であり、この頃は日本語新聞『新日本』の社主である。

結婚披露宴が行われた望月はワイキキにあった料亭で海水浴場を設けており、当時の日本人の上流階級やインテリ階級の遊び場であった。いわば現在のワイキキのリゾートホテルのような所であったと思われる。また星名夫妻が泊まったモアナホテルは現在も続く有名なワイキキのホテルで、この直前の三月一一日に開業している。なおモアナとは南洋語で「大洋」を意味する語とある。[注38]

結婚から一ヵ月ほど経った五月二五日に「星名謙一郎　ワイアルアの同氏は昨日出府せられたるが近々当市に転住せらるゝことになりたる由」[注39]とあり、彼はそれまでオアフ島北部のワイアルアに居を構えていたが、同じオアフ島のホノルル、多分ワイキキに住むことになった。ホノルルでどういう新しい職に就いたのか、あるいはワイアルア耕地での監督を続けながらの転居であったのかは明らかでない。

4　亜米利加（アメリカ）丸事件および布哇日本人会など

ハワイ日本人移民史のなかで、契約移民の廃止された一九〇〇年から、日米紳士協約の実施により日本からの移民が禁止された一九〇八年までを自由移民時代と呼んでいるが、この時代は契約移民時代に受けた屈辱を払いのけ、人権を確立しようという革新気分の溢れた時代だったという。この時代に起こった五大事件の一つがいわゆる「亜米利加丸事件」といわれるものである。[注40]これは、一九〇一（明治三四）年七月二五日に、横浜より入港した東洋汽船会社の亜米利加丸の船客中に、一名の黒死病（ペスト）擬似患者があり、それがもとになって突発した事件である。伝染病患者の存在の報告を受けた検疫官が船客一同を検査するに当たって、白人船客は通過させただけなのに、東洋人船客には下等、中等、上等の順に男女船客の全員に、医師の手が脇の下と腿のつけ根のリンパ部に触れる検診が行われ、とくに上等船室にいた日本婦人たちにも同様の検査が行われたとして騒ぎとなったのである。この報道が伝えられると、前年にペスト焼き払い大火があった直後でもあり、ホノルル日本人の間で一大騒動となった。[注41]ところが日本総領事館側では、齋藤総領事をはじめとして問題を大きくしたくないという意向であった。日本人達はアメリカ側の非を糾弾するため、八月二日夜、ホノルル日本人小学校構内で在留民大会を開催したが、二〇〇〇名を超える日本人が集まり、結局アメリカ側の陳謝となり、問題の検疫官はハワイ日本人の要求通りに更迭されるに至った。[注42]この事件の経過のなかで、星名が登場する記事がみられる。事件直後の七月二七日の「日本人屈辱事件」と題するもので、星名は一九名の代表者の一人として、船客交渉委員を石川淡、塩田奥造、増田知次郎、尾崎三七、大塚長雄とともに務めている。[注43]このうち石川は『やまと新聞』の編集人、塩田は京浜銀行ホノルル支店長、尾崎は食料雑貨金物酒類を扱う尾崎商店主で、この頃は前年のペスト焼き払い事件「被害者代表委員会」の委員長でもあった。

　翌月の八月二七日の記事には同月二四日付の「御礼広告」が煤孫龍之助の名で出され、入院中の訪問に対するお礼として多くの名前の中に星名謙一郎の名前が挙がっている。[注44]ミカド写真館のところで既出の煤孫は、一九〇〇年キング街に写真館を新築、[注45]この頃の広告に「すすまご写真館・ホノルル第一等の写真師」とあり、当時の日本人社会のなかで様々の活躍がみられた。星名とはハワイ島在住当時からの仲だっただろう。しかし彼は酒がもとで一九〇四年に亡くなっている。また一〇月一九日には慈善会入会者の中に終身会員として星名謙一郎・同夫

人や増田知次郎夫人の増田良子の名前が出ている。[注46]

日本人慈善会というのは、一八九二（明治二五）年メソジスト教会牧師であった砂本貞吉によって設立された団体で、その目的は「在布哇同胞中病気並びに災厄等不慮の不幸に罹り、自救の途なきものを救恤し、其他一般の公益に関する慈善事業をなす」とある。[注47]同会は、一九〇〇年に日本人慈善病院を設けた。一九〇一年のこの時に、会長が今西兼二から毛利伊賀に交代している。毛利は前章で引用した山本アイの「ハワイの思出草（上）」にも登場するが、有名な医師であり、この頃慈善病院の院長でもあった。

煤孫龍之助（左）と星名謙一郎（右）
（故江上幸子氏所蔵）

先述の亜米利加丸事件を受け、ホノルル同胞間に布哇日本人会が急設された。同年一一月七日の記事で「布哇日本人会役員選挙の結果　過日の総会に於て選挙せし布哇日本人会の役員及び評議員の投票は一昨夜青年倶楽部に於て創立委員諸氏立会の上開票せし結果左の諸氏当選せられたりと　会長塩田奥造　副会長石川淡　理事小澤健三郎　書記相賀安太郎　会計尾崎三七　同千屋正信」、そして評議員として星名謙一郎ら二〇名の名が連なっている。[注48]このうち小澤健三郎はハワイ元年者の一人である小澤金太郎の子供で、一八七七（明治一〇）年ハワイ生まれの二世。一八九九年に熊本移民会社の代理人として聘せられ、一九〇二（明治三五）年より布哇耕主同盟会の労働部エージェントの要職にあった。[注49]

一九〇二年の一月に日本語新聞『布哇新報』前主筆の高橋正次郎の長男である一夫が亡くなった。一月二一日の記事中に「高橋氏令息の葬儀は既報の如く去十八日午後三時志保澤氏邸に於て執行されしが先づ小室氏司会の下に同氏の聖書朗読、川崎氏の祈祷、星名氏の履歴朗読、増田氏の吊辞、本川牧師の祈祷及び説教、親族総代志保澤氏の挨拶等ありて式を終へ会葬者百余名に送られマキキなる日本人墓地へ埋葬されたりと」[注50]そして親戚志保澤忠三郎・相賀安太郎、友人千屋正信・星名謙一郎の名で一月一八日付の死亡広告が掲載されている。高橋と志保澤は実の兄弟で、相賀もこの一家と親戚同様の付き合いがあり、高橋夫妻と同じチャイナ号で前章でみたように、一八九六（明治二九）年ハワイに渡航している。[注51]また本川源之助牧師は日本人美以（メソジスト）教会の牧師であり、川崎喜代蔵は川崎旅館主で、日本人メソジスト教会の熱心なメンバーであった。彼等と星名との親密な関係がしのばれる。

続いて二月一日には「大塚和氏の自殺　当地星名謙一郎の甥なる大塚和氏（廿四）は昨年渡布されてより以来常に星名氏の事業を援けて勤勉の聞へ高く有為の青年を以て目され居りしに去月廿九日の朝ワイキキなる星名氏邸に於て主人夫婦の他出中一通の遺書をのこし猟銃を以て自殺せられたり其遺書に依れば氏が廿余年の生涯は悉く失敗を以て充たされ万事意の如くならざるを果敢なみて遂に此無惨の挙に出でたるなりと葬儀は翌三十日午後二時同邸に行はれマキキ墓地へ埋葬せられたり」という記事、そして親戚星名謙一郎、友人今西兼二・志保澤忠三郎の名で一月三一日付の死亡広告が掲載された。[注52]大塚和は先述の大塚高太郎の長男で、[注53]星名の結婚式のあと謙一郎を頼って愛媛からやって来たものと思われる。

二月七日には日本人会評議委員会が開かれ「船木喜三郎の裁判に関し更に弁護料二百五十弗の出所に付ては委員三名を選びて寄附金募集を托することとし勝沼富造星名謙一郎石川淡の諸氏当選（以下略）」[注54]とある。これは貧苦に迫られて実子を殺し、世の慈善家より異例の同情を受けた第一回官約移民の船木喜三郎が、この後裁判で無罪の判決を受け、家族と共に同月二三日に帰国したが[注55]、日本人会が彼のために寄付金募集に動き、星名もその役割の一端を担ったというのである。

翌二月八日に「布哇のか、み　敢て両君に献策す　局外生　今度の富籤一件に付て志保澤、星名の両君をダシにつかったと云ふので両君より取消を兼ねて百弗の懸賞広告が出ました、果たしてダシにつかわれたとすれば、如何にもお気の毒千万といふの外なしだが、夫にしても百弗の懸賞広告は余り御大層にはあらずや、胆力家を以て有名なる両君……山が崩れてもビクともせぬらしい両君…が、市井の一風説にウロタエて大層な広告を出されたことは両君の為めに取らざる所なり（後略）[注56]」という志保澤、星名の二人を皮肉った記事がみられる。これは直前の二月六日「富籤の発行に就て」によると、当時、芝居興行の福引として富籤を発行したが[注57]、その際に発起人の仲間として彼等の名前が使われたものと思われる。いわば有名税というべきものであろうか。結局この富籤の結末は有耶無耶（うやむや）となっ

大塚和の墓（ホノルルのマキキ墓地）にて。1902 年 1 月 30 日。中央が星名夫妻、左から 3 人目が奥村多喜衛、4 人目が増田知次郎、前列左から 4 人目（黒帽子を手にした人物）が本川源之助。（故江上幸子氏所蔵）

てしまった。[注58]

これまでにも名前がしばしば登場する志保澤忠三郎について紹介しておく。彼については、当時の有名人としていろいろな書物で述べられているが、ここでは『大日本海外移住民史』（一九三七年）の人物紹介の文章を次のようにまとめてみた。

慶応二年東京生まれ、氏は語学に堪能で明治一八年頃、二〇歳にしてアメリカ本土に渡り、あらゆる辛酸を嘗めつつアラメダ・ハイスクールを卒業し、その頃桑港がバーバリー・コーストと売っていた時代に、そこに着くアメリカ軍艦に乗り込んでいた日本人船員の紹介で同船に乗り組み、料理の世話や士官の世話などをしつつハワイにやって来たのであった。ホノルルに着いてから氏は軍艦を下りたが、それは明治二三年のことであった。

ハワイの人となった氏は実業界に乗り出し、オアフ島ワイアナエおよびワイパフ（一八頁地図参照）、モロカイ島カウナカカイに於て商店を経営し、その頃すでに伊志夫人と結婚して共に多大なる努力を払った。

明治二七年九月一日には笠松正之助、加藤秀平氏等と共にハワイ最初の邦文活字日刊新聞『布哇新報』を発刊して、ハワイにおける邦字新聞界の黎明期を作った。この頃から公共事業にも乗り出し、語学に堪能なことから白人有力者との諒解運動にもつとめ、後にカーター知事などにも友人関係の親交を結ぶに至ったが、在留民の福祉増進に努めた。[注59]

星名は彼と同年齢で、相当仲が良かったようだ。彼はこの後、一九〇七（明治四〇）年に一家でハワイを引き揚げ、大正の初めに東京で目黒運輸自動車会社を起こし、アメリカ流のビジネスにより、「黄色いバス」王として大成功を収めたという。[注60]

ところで、この二人が催す晩餐会が開かれることになった。二月二七日にその予告記事がみられる。「晩餐会明後一日夕方より志保澤氏邸に於て、志保澤、星名両氏の催ふしにて知友の諸氏を招きて晩餐会を開かれ晩餐会後彼の竹本寶玉をして得意の喉を弄せしめらる筈なりと」[注61]。そして三月四日には、その夜の賑いの様子が報ぜられた。「志保澤氏邸の晩餐会　星名謙一郎志保澤忠三郎両氏の催ふしを以て去る一日の夜志保澤氏邸に於て高橋、千屋、小澤三夫人の送別と日英同盟の祝意とを兼ねて晩餐会を開かれたるが招かれて参会せし淑女紳士五十余名にして先づ両主人の挨拶、高橋夫人、塩田、齋藤諸氏の謝辞等ありたり同夜の献立中豚の丸焼きの上日、英、清三国の国旗を押し立て席の中央へ運び出して来賓を饗せられしは時節柄面白き趣向なりし夫れより例の竹本寶玉の得意の出語りに加へて来賓の飛入り出語り及び煤孫氏の新作日英同盟オッペケ節等一層の興味を添へ近来の盛会なりしが主客何れも十分の歓を尽して散会せしは十一時頃なりしと」[注62]。

同年一二月にも志保澤忠三郎の晩餐会が催されるが、それまでに次の三つの記事がみられる。四月一九日「木村対星名事件の落着　先般木村斉(ママ)次氏より星名謙一郎氏へ対し旧債二千弗の請求訴訟を提起されしが此程某氏の仲裁に依りて示談済となりたる由」[注63]。この事件に関しては、これより三日前の四月一六日のPCA紙に「S・木村は一九八二ドルを取り戻すべく、K・星名を被告人、横浜正金銀行を債務者として訴えた。彼は一八九八年に作られた一〇〇〇ドル手形の支払期日が過ぎたと申し立てた。」[注64]（筆者訳）とあり、これが一応の決着をみたことが知られる。前章でみられたように木村と星名とは旧知の間柄で、星名は一時、木村の家に同居していたと思われ、しかも星名が森との裁判やアヘン事件で捕まった際に木村が保釈保証人となって釈放された。それらの保釈金が返済されずに、この時点で借金を請求されたのかもしれない。そしてホノルル日本人教役者会（伝道者団体――筆者注）発行の機関誌『ひかり』に、一〇月ホノルル日本人教会に三ドルの特別寄付者として星名謙一郎の名前が掲載されている。[注65] さらに一一月一六日夜、ホノルル領事館からカナダ・モントリオールに転任する本部岩彦の送別会に会した約三〇名の内の一人に星名の名前がみられる。[注66]

さて、年末に催された晩餐会の様子は、一二月一五日の記事にみられる。「志保澤氏の晩餐会　一昨夜望月に於て催ふされし志保澤忠三郎氏の晩餐会はキネー、マクラナハン、ビグロー、ドール、デビー、今西、塩田、井上、毛利、内田、小林（喜）、星名、小澤、相賀、石川等の諸氏招かれて出席せしが料理は勿論会場其他総て日本風となし来賓は悉く浴衣を着し座して食卓に就くことと定められしことと各白人来賓も浴衣着座食の掟に従ひて手つき怪しげに箸もて挟み食する所に一層興味を添へ殊にキネー氏の如き肥満の体躯を以て日本浴衣を被りたる奇観名状すべからざりしが二三紅裙（芸妓のこと――筆者注）の周旋の下に主客胸襟を開きて乾杯せし日本酒の数幾十本なるを知らず各酔の廻るに従ひ思ひ思ひの隠し芸を出して鼻うごめかし十分の快を貪り足元しどろに退散せしは十時半頃なりしか内外人打ち混じて斯かる盛会を極めしは殆ど未曾有のことなるべし」[注67]。文中のキネーというのは、第二章に登場したホノム耕地支配人だったキンネーか、その息子と思われる。

また、一二月一八日には「在留貴婦人の美挙　毛利、岡部、尾崎、今西、勝木、内田、三田村、灰田、石川等の各夫人発起となり市内在留の同胞貴婦人間を誘説して応分の醵金を請ひ目下日本人慈善病院に入院中なる患者一同へ見舞品を贈らんとて頻りに奔走中の由なるが同胞婦人方にて此挙に賛同して出金を承諾せられしもの既に数拾名の多きに達したるを以て来る廿二日毛利氏邸に於て発起人諸子の会合を開き詳しく打合せをなす筈なり」[注68]という記事がある。そして同月二六日の紙面において、日本人慈善会の会長である毛利伊賀の名前で、二四日に慈善病院の患者を訪問し、物品すなわち七面鳥五羽、鶏一一羽、ベッド掛三ダースを贈った四六名の夫人に対する御礼の言葉がみられる。[注69] この中に星名夫人の名前もあり、当時のホノルルにおける日本人名士の夫人達がこぞってクリスマスのプレゼントをしたことが分かる。なお毛利についてはすでに紹介したが、勝木市太郎、内田重吉、三田村敏行、灰田勝五郎も共に医師であり、灰田は広島市出身で第一回官約移民、ハワイアンで有名な灰田晴彦・勝彦兄弟の父親である。

翌一九〇三年には、まず三月三〇日に「今西夫人の日本美術談　一昨日キロハナ大会にて、今西夫人は、日本の美術に関し一場の談話を試みられしが非常の喝采を博されし由、尚同日は星名夫人の茶の湯ありたり」[注70] の記事がみられ、星名ヒサが茶の湯を立てたことが知れる。そして四月六日には「星名氏のモロカイ行　星名氏は近便のキナウ号にて議員等と同船モロカイ視察の途に上られしが同じく昨夜帰府された」とある。同日の記事に「モロカイ行き　一昨夜十一時十分発キナウ号にて議員其他血族のもの音楽家等はモロカイ島のカラウパ、に赴ひた、昨朝同処へ着して種々先方の事情を聞き取った上昨夕出発深更帰港した」[注71] とあり、星名はこの時、議員達に同行してモロカイ島に赴いた。カラウパパにはハンセン病患者の収容所があった。

また四月一四日の記事中には、日本人コック学校の寄付金名簿の中に星名が掲載され、七拾五仙（セント）寄付したことが知れる。[注72] コック学校は元年者の一人である石村市太郎がやっていた夜間の職業学校で、一八九六（明治二九）年に設立されたが、一九〇三年の寄付金によって校舎を新築した。[注73]

九月八日には次の記事がある。「星名夫人の篤志　過日の紙上にて吉崎ヒサなるものが呼寄せられて来れるに、夫はヒサの航海中に死亡して実に途方に暮れていたるが、星名夫人には其不幸を憐れみ、一室を貸し与へて救護せらるる事となりし由」[注74]。この記事は最初「保科夫人」となっていたが、九月一〇日で「星名夫人」に訂正する、[注75]

とある。過日の紙上というのは次の記事である。九月五日「憐なる夫婦　香港丸にて着せる呼寄婦人の内に吉崎ヒサ（廿六）といふがあった、彼女は山口県熊毛郡室津村の吉崎岩吉（卅二）の妻なり、岩吉は昨年五月来布したるが、先頃妻ヒサを呼寄する事となし、早く夫婦同棲を楽しまんものをと、神妙に業務に勉励しつ、ありしに、三週間程熱病に取つかれ、ウワ言の内にも妻の来る事を言ひ続けいたるが、遂に果敢（はか）なき最後を遂げたり、ヒサは来布すると直に夫の悲報に接して如何に悲歎の涙に暮れたりけん、思ひやるだに憐れなる次第ならずや」[注76]。星名ヒサはこのことを知って、救助の手を差しのべたというのであった。同じ名前でお互い郷里も比較的近いこともあったため親しみを感じたのかも知れない。

一方、夫のほうは九月一八日に「星名氏対沖氏訴訟　星名謙一郎氏より沖寛氏に対する不当利子徴収に関する訴訟は一昨日のギッケー判事の法廷にて裁判ありたるが、初め星名氏は一割五分と云ふ法廷最高率以上の利子を課し居りし由にて、其他にも不当の廉ありて遂に全然星名氏の敗訴に帰し結局既に徴収せる全額中より九十五弗と訴訟人費を払戻すべき旨判決ありたり」[注77]とある。彼は高利貸しもしていたらしく、沖は事業のため星名から金を借りたようだ。この事件については、翌一九〇四年一月二八日「沖対星名事件　同件に対する被告の控訴は被告星名氏渡米につき棄却となる」[注78]ということで、沙汰止みとなった。

5　長女の死とテキサス行き

一九〇三年一一月一九日に突然、次のような記事が出た。「星名氏長女の永眠　星名謙一郎氏長女さち子には病中の処昨日永眠せる由、気の毒の至りなり」[注79]。残念ながら長女の誕生を知らせる記事は見当たらない。そして一一月一九日および二〇日に以下のような広告が出ている。

長女さち子儀病気の処養生不叶昨夜遂に永眠致候此段謹告仕候也
追て明午後二時自宅に於て葬儀執行三時出棺の筈に御座候
十一月廿一日
父　星名謙一郎
友人　志保澤忠三郎
大久保良太郎[注80]

さらに一一月二一日は御会葬にたいする御礼の広告である[注81]。両親の悲しみがこれら紙面を見るだけで伝わってくる。これで決心がついたのか翌年早々、二人はハワイを離れることになる。なお、星名幸子

（裏書）

To Mr & Mrs B. Shimidzu
From Mr. K. Hoshina――
his 70 days old baby.
Honolulu T. H. Aug. 27th 1902.

星名謙一郎と娘のさち子（Susumago 写真館）（星名倫氏所蔵）

の墓はホノルルのマキキ墓地に残っている。筆者が二〇一四年にここを訪ねたところ、墓地のほぼ中央にある日本人看護婦として有名であった谷村かつ（勝子）[注82]の墓のそばに彼女の墓があり、一〇〇年以上も経つのによく残っていたと感激した次第である。

一九〇四（明治三七）年一月六日「星名謙一郎氏のテキサス行き　永く当地にありし星名氏は今度大に思ひ立つ所あり昨日のソノマ号にて夫人同道米国テキサスに赴けり、テキサスは有名なる米産地にして先に前代議士西原清東氏が挙家移住を企てたる地なるが、日本人には有望の地なる由」[注83]。筆者はテキサスへの日本人移住について以前に「明治期・テキサスにおける日本人の米作者について」というタイトルでまとめたことがある。[注84]星名夫妻がテキサスに移住したちょうどその頃、テキサスでの米作がブームとなり、事業家が日本からやってきて入植が始まった時である。同時期、『やまと新聞』にもテキサス移住についての記事がしばしば見られる。

一九〇三年七月二三日「テキサスと日本移民」と題する記事では、テキサス州デルリオ付近に日本農夫四名が働き、その成績が良好な

星名幸子の墓にて（撮影年不明）。左から堀貞一・ヌアヌ独立教会牧師（後に同志社宗教主任）、原田助・ハワイ大学教授（後に同志社総長）、同夫人、宗えい子・ヌアヌ日本人幼年寄宿舎経営（故江上幸子氏所蔵）

のでその中の磯本某が日本に帰り、一〇〇名の農夫を連れてきた。また宮崎県の宮崎幾市と長津與市が米作地を実査するため五、六の日本人を引き連れわざわざ渡米したとある。[注85]また同年九月三日「テキサスの農業」では、西原清東がテキサス州の米作地を購入し、大規模の農業に従事するため、八月一九日にニューヨークを発って海路テキサス州に赴いたと報じている。[注86]

星名幸子の墓
（マキキ墓地、2014 年 8 月、筆者撮影）

西原は高知県生まれで、衆議院議員として政界で活躍、さらに同志社の第四代社長にも選ばれたが、一九〇二年に渡米し、コネティカット州のハートフォード神学校に入学して神学の勉強をしていた。時のニューヨーク総領事の内田定槌よりテキサス米作の話を聞き、現地を視察した後、ヒューストン市の南、ウェブスターに土地を購入して一九〇四年より米作を開始した。星名夫妻が新天地にテキサスを選んだ理由として、西原との関係が考えられる。同じ四国出身のクリスチャンであり、ヒサ夫人が同志社女学校に在学中、西原は同志社社長であった。このような関係から星名夫妻はテキサス米作の中心人物である西原を頼って、この事業に協力しようとしたと思われる。

星名夫妻がテキサスに赴いた直後の一月一一日には「大西理平のテキサス行　同氏は昨日の亜米利加丸にて一寸寄港したるが予ねてテキサス農業に従事せる人にて今回は廿数名の移民を引き連れて同地に赴くの途にありたるとの事也」[注87]とある。大西は愛媛県周桑郡徳田村（現在は西条市）出身で『時事新報』の記者をしていた。やはり内田の報告書を読み日本を出発、一九〇三年九月にヒューストンに着いて現地を視察し一旦帰国した。そして一月二八日の「ウェブスターと日本人」で、テキサス州のうちウェブスターと称する所が最も米作地に適し、大西氏の家族、西原氏の家族もこの地を選んだとある。同号のサンフランシスコの『日米』新聞を紹介した「西原清東氏の来桑及びテキサス行」という記事では、「西原清東氏は妻君と長男の清顕氏が今回の便で渡米してきたので迎えに一五日テキサスより桑港（サンフランシスコ）に来て帝国ホテルに投宿、また大西理平氏も家族と共に一七日テキサスに向かわれるはず[注88]」、とある。ちょうどこの一九〇四年の年頭が、テキサスの米作を家族と共に目指す人達のピークとなり、星名夫妻もそのうちの一組であった。

また、謙一郎にとっては一三年間、ヒサにとってはわずか三年足らずの短いハワイ滞在であった。夫婦にとっては束の間の幸せな時期だったかもしれない。

❖注

1　藤井秀五郎『改訂増補・新布哇』（文献社、一九〇二年）、「附録在布哇日本人出身録・各業列家」三頁。
2　『やまと新聞』第三二二号（一八九八年九月一日）。
3　『やまと新聞』第三二三号（一八九八年九月三日）。
4　藤井秀五郎『大日本海外移住史　第一編　布哇』（海外調査会、一九三七年）、下巻三三頁。
5　山下草園『日系市民の日本留学事情』（文成社、一九三五年）、三六九頁。
6　『やまと新聞』第三三二号（一九九八年九月二四日）。
7　川添樫風『移民百年の年輪』（同刊行会、一九六八年）、一九四頁。
8　拙稿「明治中期・大阪商人による移民斡旋業――小倉商会および南有商社による草創期ハワイ移民の場合」（『地

9 域と社会』創刊号、一九九九年)、七三頁。
10 前掲注1、『改訂増補・新布哇』、「各業列家」七三頁。
11 藤井秀五郎『新布哇』(大平館、一九〇〇年)、六三三頁。
12 『やまと新聞』第六八五号(一九〇一年四月六日)。
13 『やまと新聞』第七二六号(一九〇一年七月一六日)。
14 林三郎『布哇実業案内』(コナ反響社、一九〇九年)、「布哇在留日本人名鑑」二二七頁。
15 『やまと新聞』第三三三号(一八九八年九月二七日)。
16 『やまと新聞』第三二六号(一八九八年一〇月四日)。
17 『やまと新聞』第三四七号(一八九八年一一月二四日)。
18 川添樫風『移植樹の花開く』(同刊行会、一九六〇年)、二一一頁。
19 外務省外交史料三・八・二・四六「移民取扱人森岡真業務関係雑件」(第一巻)。
20 『やまと新聞』第三四九号(一八九八年一一月二九日)。
21 Willam H. Dorrance and Francis S. Morgan. *Sugar Island*. Mutual Publishing, 2001. pp47-48.
22 前掲注20の一〇一頁には、オノメア砂糖会社は一八八四年から一八九八年までウイリアム・グデールという傑出したマネージャーに恵まれ、この会社は一八八八年にパパイコウ砂糖会社とその工場を引き継いだとある。
23 『やまと新聞』第四六七号(一八九九年九月二六日)。
24 星名ヒサ(弟末光信三代筆)「故人のことば」(昭和二九年五月九日)。
25 『やまと新聞』第六九一号(一九〇一年四月二〇日)。
26 『やまと新聞』第七四三号(一九〇一年八月二四日)。
27 星名ヒサの娘である江上幸子氏による。
『やまと新聞』第六九二号(一九〇一年四月二三日)。

28 『やまと新聞』第七〇九号（一九〇一年六月一日）。
29 拙稿「ハワイ移民会社業務代理人・増田知次郎について」（『季刊汎』四号、一九八七年）、一七八～一七九頁。
30 外務省外交史料三・八・二・六二「日本移民合資会社業務関係雑件」。
31 前掲注10、『新布哇』、「在布日本人出身録」六四頁。
32 『やまと新聞』六二九号（一九〇〇年一一月一三日）。
33 『やまと新聞』一〇六八号（一九〇三年二月二八日）。
34 注30に同じ。
35 『宇和島信愛教会百年史』（日本基督教団宇和島信愛教会、一九八八年）、一二～二六頁。
36 『やまと新聞』第七四三号（一九〇一年八月二四日）。
37 久保高一『明浜こぼれ話――郷土史片々録』（明浜史談会、一九八〇年）、四〇九頁。明浜町誌編纂委員会編『明浜町誌』（明浜町役場、一九八六年）、一一三八頁。
38 『やまと新聞』第六七五号（一九〇一年三月一二日）。
39 『やまと新聞』第七〇六号（一九〇一年五月二五日）。
40 前掲注7、『移民百年の年輪』、二一一～二一三頁。
41 相賀安太郎『五十年間のハワイ回顧』（同刊行会、一九五三年）、一一四頁。および山本英政『ハワイの日本人移民』（明石書店、二〇〇五年）、一九四頁。とくに後者は一章を設け、この事件の経過について詳しく述べられている。
42 前掲注40に同じ。
43 『やまと新聞』第七三一号（一九〇一年七月二七日）。
44 『やまと新聞』第七四四号（一九〇一年八月二七日）。
45 前掲注1、『改訂増補・新布哇』「在布日本人出身録」各業列家二〇～二一頁。

46 『やまと新聞』第七六五号（一九〇一年一〇月一九日）。
47 前掲注4、『大日本海外移住史　第一編　布哇』、中巻三頁。
48 『やまと新聞』第七七〇号（一九〇一年一一月七日）。
49 前掲注41、『五十年間のハワイ回顧』、一〇七～一〇八頁。
50 『やまと新聞』第七九八号（一九〇二年一月二一日）。
51 前掲注41、『五十年間のハワイ回顧』、四～六頁。
52 『やまと新聞』第八〇二号（一九〇二年一月一日）。
53 前掲注37、『明浜町誌』に同じ。
54 『やまと新聞』第八〇五号（一九〇二年二月八日）。
55 『やまと新聞』第八一一号（一九〇二年二月二五日）。
56 前掲注54、に同じ。
57 『やまと新聞』第八〇四号（一九〇二年二月六日）。
58 『やまと新聞』第八一〇号（一九〇二年二月二二日）。
59 前掲注4、『大日本海外移住史　第一編　布哇』、下巻二～三頁。
60 前掲注41、『五十年間のハワイ回顧』、一七六頁。
61 『やまと新聞』第八一二号（一九〇二年二月二七日）。
62 『やまと新聞』第八一四号（一九〇二年三月四日）。
63 『やまと新聞』第八三三号（一九〇二年四月一九日）。
64 *Pacific Commercial Advertiser* 一九〇二年四月一六日。
65 『ひかり』一九〇二年一一月一五日号。
66 『やまと新聞』第九九五号（一九〇二年一一月一七日）。

67 『やまと新聞』第一〇一七号（一九〇二年一二月一五日）。
68 『やまと新聞』第一〇二〇号（一九〇二年一二月一八日）。
69 『やまと新聞』第一〇二六号（一九〇二年一二月二六日）。
70 『やまと新聞』第一〇九三号（一九〇三年三月三〇日）。
71 『やまと新聞』第一〇九八号（一九〇三年四月六日）。
72 『やまと新聞』第一一〇四号（一九〇三年四月一四日）。
73 前掲注17、『移植樹の花開く』、一一九頁。
74 『やまと新聞』第一二二六号（一九〇三年九月八日）。
75 『やまと新聞』第一二二八号（一九〇三年九月一〇日）。
76 『やまと新聞』第一二二五号（一九〇三年九月五日）。
77 『やまと新聞』第一二三五号（一九〇三年九月一八日）。沖寛は『布哇日本人年鑑（第十二回）』（布哇新報社、一九一五年）の「人物紹介（写真入）」によれば、「広島市生まれ、一八九〇年ハワイに渡航、種々の業務に従事し、鉱力（ブリキ）細工品の有望なるに着目し、ホノルル市ベレタニナ街に店舗を開き」、とみえる。また『やまと新聞』一八九九年八月二九日の広告記事に「ブリキ細工物、焼物類、鍋釜修繕其外（中略）ヌアヌ町三一五番地沖商店」とある。さらに外務省外交史料館の渡航記録によれば、彼は一八九〇年六月出発の官約移民第一四回船で渡航、住所は広島県安芸郡和庄村（現在の呉市）、年齢は三一歳とある。
78 『やまと新聞』第一三三六号（一九〇四年一月二八日）。
79 『やまと新聞』第一二八四号（一九〇三年一一月一九日）。
80 『やまと新聞』第一二八四号・一二八五号（一九〇三年一一月一九・二〇日）。
81 『やまと新聞』第一二八六号（一九〇三年一一月二一日）。
82 谷村かつ（勝子）については、拙稿「谷村かつ」（同志社山脈編集委員会編『同志社山脈――113人のプロフィール』晃洋書房、二〇〇二年)参照のこと。

83 『やまと新聞』第一三一七号(一九〇四年一月六日)。

84 拙稿「明治期・テキサスにおける日本人の米作者について」(『人文地理学の視圏』大明堂、一九八六年)、五七一～五八〇頁。

85 『やまと新聞』第一一八七号(一九〇三年七月二三日)。

86 『やまと新聞』第一二二三号(一九〇三年九月三日)。

87 『やまと新聞』第一三三一号(一九〇四年一月一一日)。

88 『やまと新聞』第一三三六号(一九〇四年一月二八日)。

❖参考文献

〔ハワイの新聞・住所録〕

『やまと新聞』。

『ひかり』。

Directory and Hand-Book of HONOLULU and the HAWAIIAN ISLANDS

Pacific Commercial Advertiser 一九〇二年。

〔日本の定期刊行物〕

『同志社女学校期報』第一三号(一九〇〇年二月発兌)、第一六号(一九〇一年六月発兌)。

〔書籍〕

藤井秀五郎『新布哇』(大平館、一九〇〇年)。

藤井秀五郎『改訂増補・新布哇』（文献社、一九〇二年）。

林三郎『布哇実業案内』（コナ反響社、一九〇九年）。

『布哇日本人年鑑（第十二回）』（布哇新報社、一九一五年）。

山下草園『日系市民の日本留学事情』（文成社、一九三五年）。

藤井秀五郎『大日本海外移住史　第一編　布哇』（海外調査会、一九三七年）。

相賀安太郎『五十年間のハワイ回顧』（同刊行会、一九五三年）。

川添樫風『移植樹の花開く』（同刊行会、一九六〇年）。

川添樫風『移民百年の年輪』（同刊行会、一九六八年）。

久保高一『明浜こぼれ話――郷土史片々録』（明浜史談会、一九八〇年）。

明浜町誌編纂委員会編『明浜町誌』（明浜町役場、一九八六年）。

『宇和島信愛教会百年史』（日本基督教団宇和島信愛教会、一九八八年）。

Willam H. Dorrance and Francis S. Morgan. *Sugar Island.* Mutual Publishing, 2001.

山本英政『ハワイの日本人移民』（明石書店、二〇〇五年）。

［拙稿］

「明治期・テキサスにおける日本人の米作者について」（『人文地理学の視圏』大明堂、一九八六年）。

「ハワイ移民会社業務代理人・増田知次郎について」（『季刊汎』四号、一九八七年）。

「明治中期・大阪商人による移民斡旋業――小倉商会および南有商社による草創期ハワイ移民の場合」（『地域と社会』創刊号、一九九九年）。

「谷村かつ」（同志社山脈編集委員会編『同志社山脈――113人のプロフィール』晃洋書房、二〇〇二年）。

［その他］

外務省外交史料三・八・二・三九「布哇国へ自由渡航者取締一件」。

外務省外交史料三・八・二・四六「移民取扱人森岡真業務関係雑件」（第一巻）。

外務省外交史料三・八・二・六一「日本移民合資会社業務関係雑件」。

第五章

テキサス時代と一時帰国

はじめに

駒場を出でて二十年
今じゃテキサス大地主
秋に小鹿が鳴くころは
黄金の波が九万町

古い頃の日本人のみならず、日本内地の学生の間でこんな歌が流行したという。それは、移住者の誇りであり、青年の理想であった。明治期のテキサス州には、日本から資本家の進出が続き、当時の「テキサス大地主」の夢を結ばしめた。その先駆者が同志社第四代社長であった西原清東であり、星名や日本における労働運動の創始者の一人である片山潜もテキサスの米作者であった。前章で述べたように、筆者は以前に「明治期・テキサスにおける日本人米作者について」と題し、その始まりから最盛期に至る一九〇三年〜〇九年度間の入植の経緯を中心に紹介したことがあったが、ここではテキサス時代の星名に限ってその行跡をたどり、その後について述べる。

1　テキサスの米作

一九〇四年当時、ハワイからアメリカ大陸へ転航する日本人はおびただしく、一九〇三年から一九〇六年頃までの転航者の数は約五万七〇〇〇人にのぼったと伝えられている。これは一般的には、一九〇〇年に契約労働制が廃止されて、労働者が自由の身となった結果、これまでの圧迫に対する反動の現象であり、またアメリカ本土の方がハワイより賃金が高くて良いところという噂によったものといわれている。しかしテキサスにおける日本人の米作は、はじめから労働者の出稼ぎのためのものでなく、若干の資本を有する者が永住覚悟で開拓していく、独特のものであった。星名の場合、心機一転し広大な大地に新しい運命を開くべく、幾ばくかの資本を携えてやってきたに違いない。

彼のテキサスにおけるあらましは、第二章の2で紹介した『渡米雑誌』の「在米成功日本人の評論」という文章で知ることができる。

テキサスにおける成功　一昨年君はテキサス州なる、ルハス郡オールデンに於て、まず試耕として二百エーカーの土地を買入れ、米作に従事せしが、給水不足の為め不結果を来すや、土地買入れ当時の契約により、売戻談判を開始せし強硬の態度に米人の胆を寒からしめ、豪胆の本色を発揮せしに幸に談判好調に整ひしを以て、更に其近地を買入れて、第二回の試耕をなせしに、成績良好にして、其作況は以て前途の成功を予想するに至れり、而して本年度よりは更に資本を増加して、君が特色たる精力を茲に注がむと意気込みつゝあり、世豪胆君の如く、機智君の如き、其人に乏しからず、然れども之に加ふるに旺盛なる精力ある者に至っては、蓋し稀なるべし、猶ほ君の性行に関する逸聞多けれども、要之何れも豪胆、機智殊に、精力が、君が速度を早むるを語るの材料にあらざるはなきなり注1

この文章の書かれたのが一九〇六年だから、一昨年は一九〇四年で星名夫妻がハワイからやってきた年であるが、給水不足で失敗した。近くの土地を買入れた第二回目の一九〇五年は成績良好で、一九〇六年の本年度はさらに資本増加し意欲満々とみえる。

また彼の名前を知るきっかけとなった外務省通商局『移民調査報告』には、テキサス州に日本人が米作を始めた翌年の一九〇四年の記事に彼の名前が登場する。

翌千九百四年中、西原清東、大西理平、西村庄太郎

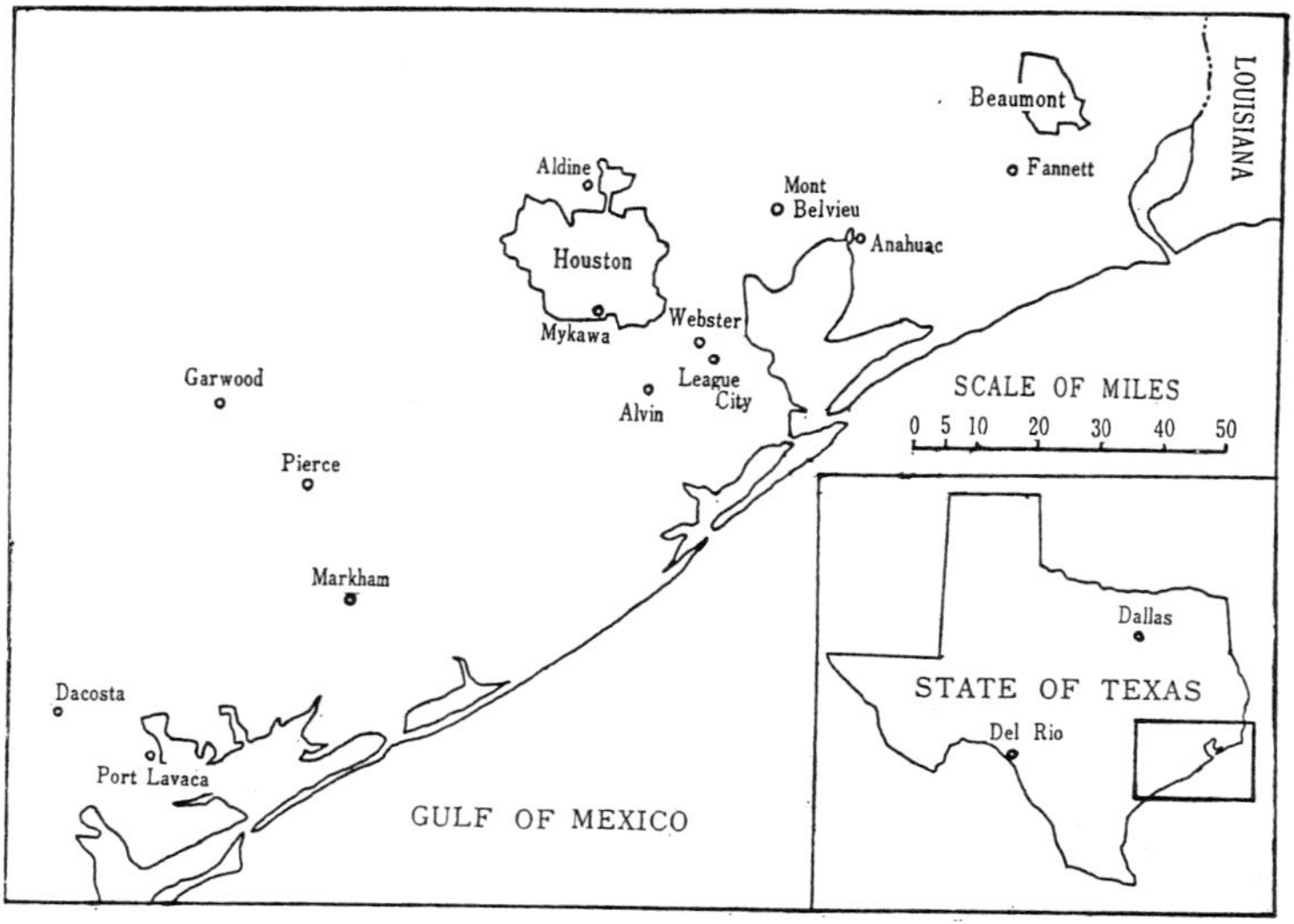

テキサス州日本人農業者耕作地概要図（筆者作成）

ハ「ヒューストン」市附近「ウエブスター」地方ニ各三百噎（カエ一）ノ土地ヲ買入レ、爰ニ初メテ本邦人土着米作ノ俑ヲ作リタルノミナラズ、事業ヲ継続シテ今日ニ至ル。更ニ同年中、橋本順三ハ「ガーウード」ニ、吉村大次郎、浅井松太郎ハ「リーグシチー」ニ、星名謙一郎、西野伊勢松両名ハ「オルデン」ニ各百六十噎ノ土地ヲ買入レ、八十噎ニ作付シタルガ、橋本順三ノ外ハ同年限リ、其農場ヲ閉鎖スルノ止ムヲ得ザルニ至レリ[注2]

これによると、一年限りで農場を閉鎖した、ということになっている。日本人米作者の年代別の表にも、星名の名前は一九〇四年のところにしか出てこない。なお西原清東もこの年から始めていることがわかるが、彼の方は、子息の清顕に引き継がれ、その農場は近年まで続いたとのことである。また片山潜も星名と同じ「オルデン」で一年後、一六〇エーカーを買入れ、五〇エーカーに植付けたが、一年限りで事業を廃止していることが記載されており、大変興味深い。星名に関しての記述は、入江寅次『邦人海外発展史』上巻のテキサスの邦人米作の項に「星名謙一郎が家族と共に布哇からやって来て、茨城県人西野伊勢松兄弟と組合ひ、米作を始めたのもこの頃（一九〇四年）のことであった。ヒューストン市北方オルデン附近である。かくの如くして明治三十七年中は、八組の日本人が四ヶ所に分れて米作を試み、相当の盛況を呈したのであるが、吉村、浅井等の一組は内部の不統一から間もなく解散し、星名、西野の共同耕作も失敗に帰し、結局ウエブスターの三組（西原、西村、大西）と、ガーウードの橋本だけが予期の成績を挙げた訳だ[注3]」と先の『移民調査報告』と同様のことが書かれている。西野伊勢松なる人物は茨城県人とのことであるが、それ以外のことは不明である。『移民調査報告』の日本人米作者の表で、農場員数男三、女一とあるが、これはつまり、星名夫妻と西野兄弟になると思われる。

一九〇五年と〇六年の詳細が明らかでないが、『渡米雑誌』の記述に従えば、日本米の試作はわりと順調だったようだ。この時期の記録は乏しいが、妻のヒサから聞いた家族の思い出話がいくつか残っているので、それを次に紹介しよう。

①　謙一郎は射撃が上手で、よく狩りに出かけ、ヒサがかわりに米作をやったこともあったらしく、牛の群れがやってきて、こわい思いをしたこともあった。

②　謙一郎が二、三日外泊すると盗賊はそれを知って、必ず穀物倉庫を狙って襲ってくる。留守番の雇人と銃の打ち合いになるので恐ろしかった。

③　テキサスの蟻は親指ほどもある大きさで、噛まれると死ぬこともある。ある時、ヒサが誤って蟻の巣の穴にはまりこみ這い上がれずにもがいているうちに、蟻が体中に上がってきたので払い落とすために川に飛び込んだところ、蟻は水から出ている顔に集まり、大変危険な目にあった。

④　大雨続きで川が氾濫し牧場が水浸しとなった時、水没していない大木の盛り上がった根の所に野ウサギが逃れて集まるので、容易に拾い集めた。

⑤　干ばつが続き馬の餌がなくなり、野生のスイカばかりを与えていたところ、馬たちが栄養失調となり、腰が抜けた。

⑥　日本に引き揚げるときに馬たちがそれを察して涙を流して悲しみ、それが辛かった。[注4]

いずれも日本では考えられない光景である。ヒサはこの時期、フランス人のミセス・ファンコルに洋裁縫、刺繍を学んでいる。またテキサスに来て間もない一九〇四年五月二〇日、前述のように長男の秦が生まれている。

この地で生まれた最初の日本人で、随分遠方から興味をもって見に来る人も多く、それで通称テキサンと呼ばれるに至ったとある。しかしせっかく軌道にのりかけた農場経営も、ヒサの父の末光三郎が「重病にかかり余命いくばくもなしと日本よりの報知に接し、資産はいつでも造れるが、親の顔は二度と見られないからとて」[注5]帰国せざるを得なくなり、全財産を処分し、長男の秦を連れて、三人で帰国したのであった。一九〇七（明治四〇）年一〇月、父の死の一週間前に横浜に着いた。この一家にとって、テキサスでの暮らしも三年余りでそう永くはなかった。

2 松山での生活

帰国してすぐの一〇月二三日、ヒサの父親の末光三郎が亡くなった。一家はしばらく宇和町の卯之町教会の裏にある末光家の別荘にいた。末光三郎が健在な間は、屋敷内で四つ足のものは絶対に口にすることは許されなかったのに、謙一郎は樽や桶、その他の道具類を納める倉の中で、ソーセージやバター、チーズ作りを男衆に教え、あたりは騒然となったというエピソードが残されている。[注6]そして間もなく、謙一郎の妹キヨの嫁ぎ先である松山市持田町の医者である津下家に寄寓した。ここには、謙一郎の父幸旦が明治一六年に死んでから、母コウが身を寄せていた。またその後小さな家を借りて住んだという。

この松山滞在中の一九〇八（明治四一）年六月に、秦の妹・幸子が生まれた。亡くなった長女と同じ名前である。ヒサはハワイと米国テキサスで外国人から習った洋裁に励んでいたが、松山女学校に職を得ることになる。

そのきっかけは次のようであった。

　或る日のこと、私の住居の隣りに、ミッション・スクール松山女学校（現在の松山東雲学園）があり、そこの校長ミス、ジャッジ（ド）ソン先生が訪ねてこられた。先生の室のカーテンを縫って呉れとのこと。先生は私の使用するミシンの音を毎日聞いて居られた由、実はその頃ミシンなど全く珍らしいものの一つであったのです。私は早速先生のお望み通りに仕上げたのであります。その後まもなく先生の室の近くで何かたゞならぬ話声がするので、私もそれとなく耳を傾けると、税務署の吏員と先生との問答のようでした。お互いに言葉が通じない処に難点の中心があったようでした。私は早速かけつけて話をまとめたのであります、それから先生の信用を得たと云うのでしょうか、ぜひ松山女学校の教師として働らいて呉れとの懇望もだし難く、私は会話と洋裁の先生になりました。それは明治四十一年九月のことであります。[注7]

　それからほどなくして、やむなく日本に帰国したが狭い日本にじっとしておれなくなった謙一郎は、今度は南米開拓を思い立ち、妻

家族写真。星名謙一郎、ヒサ、秦（4歳）、幸子
（星名直子編『星名秦の生涯』より）

子を残して単身渡航することになる。それは一九〇九（明治四二）年のことである。これ以後ついに彼は日本に帰ることはなかった。妻ヒサとの生活も、わずか八年ほどの短い期間であった。ヒサの方は、松山女学校の英語、洋裁、刺繍、家事科教師としてしばらく勤務した後、一九一三（大正二）年八月、母校である同志社女学校の普通学部裁縫科教員として迎えられ、以後恩師でもあるデントン先生の世話と看護に生涯を捧げることになる。

❖注

1 上方生「在米成功日本人の評論」（『渡米雑誌』第一〇年第一一号、一九〇六年一一月一日所収）。
2 外務省通商局『明治四十三年・第二回移民調査報告』（一九一〇年）二一四～二一五頁。
3 入江寅次『邦人海外発展史』上巻、四八六～四八七頁。
4 ①は娘の江上幸子氏による。②～⑥は孫の江上煌氏による。
5 星名ヒサ（弟末光信三代筆）「故人のことば」（昭和二九年五月九日）。
6 江上幸子『無心のときを求めて』（青山社、二〇〇五年）七六頁。
7 前掲注5に同じ。

❖参考文献

【書籍】

外務省通商局『明治四十三年・第二回移民調査報告』（一九一〇年）。
入江寅次『邦人海外発展史』上巻、（井田書店、一九四二年、復刻版：原書房、一九八一年）。
江上幸子『無心のときを求めて』（青山社、二〇〇五年）。

【雑誌】
『渡米雑誌』第一〇年第一一号（一九〇六年一一月一日）。

第六章
ブラジル時代前期

はじめに

ブラジルへの日本人移民は、一九〇八年に第一回の笠戸丸によって渡航した八〇〇名近くの移民によって始まった。当初は、サンパウロ州奥地のコーヒー農園に、コロノと呼ばれる賃金制の契約雇用農民として導入された。そして一九一四年までには、一〇回にわたり計一四万八八六人がブラジルに渡航した。

1　移民初期の頃

星名はこれより一年後、単身で渡航している。笠戸丸移民に触発されたのかもしれない。外務省の旅券記録によると、一九〇九（明治四二）年一二月一三日、神奈川県庁より外国旅券が下付されており、「旅行地名　ブラジル」、「旅行目的　商用」とあり、その直後に横浜から出港したと思われる。最初、アルゼンチンに渡航したという説もいくつかの書物にみられるが、確証はない。ブラジルでは当初、リオデジャネイロ州マカエにある山縣勇三郎の農場で、石橋恒四郎のもとで働いていたらしい。[注1] そして一九一二年頃、石橋とともにそこを出て、同州サンタクルス耕地に、当時のミナス鉱山移民の逃亡者を集めて水田式米作を行なったが、結局、労働者側の不平が原因で失敗に終わったという。[注2] 彼の綽名であるジャカレー（鰐（ワニ））はこの時期、彼が鰐を捕食したためとの説がある。[注3] 彼は次に日本人移民の多いサンパウロ州にやってくる。日本人移民の草分けであった鈴木貞次郎の回想記によると、次のようであった。少し長いが引用する。

リオからサンパウロにやってきたのは一九一五年でサントスのカンポ・グランデの佐賀県人池田（第二回移民）の所にもぐり込んだ。その頃のカンポ・グランデはじめじめした湿り地で、すでに沖縄県人がトタンと板とで粗末なバラックを建て四辺にパセウなどを植え込んでいた所である。池田はモジアナ線のイバテ駅のセーラ耕地を逃亡して、茲で沖縄県人を真似てバラックを建て、電気マッサージ器を買い、ドットールと称して電気按摩をやっていたのである。私が星名と初対面したのは、この池田のバラック建ての中であった。池田がサンパウロ市に出て来て私に逢う度に

「俺の所に星名という北米から来た偉い人がいる。是非貴方に紹介したいから一度逢ってくれ」

という様な話に引かれて、私はサントスに行った。ついでに、池田を尋ねたのであった。逢って見るとジャカレと綽名をつけられた人だけに、金歯をちらと閃かして頑丈な筋肉を顔面にみなぎらしてうそぶき加減にした所は、一寸突忽として屹立した岩石の様な奇怪な感じを与える。話をして見ると世界を股にかけて歩いた人だけにインテリで物解りがよい。そして人に容れられない性格が何処となし私と一脈の通じるものがあった。

サントスに寝転んでいてもしようがないじゃないか。うむそうだ。サンパウロに出て来たまえ。行こうという様なことで別れたが、それから間もなく星名はサンパウロ市に移転して来て、ブラスのコンコルディア街（現在のアルメーダ・リーマ街）の同胞の小さなペンソンに宿を極めた。ブラジルに於ける星名の生活がそれから始まったといってよい。[注4]

2　新聞『週刊南米』の発行（一九一六年）

彼はサンパウロに移り、ブラス区の鉄工所の職工として働いていたという。[注5] この頃の様子については、星名と関係の深かった輪湖俊午郎の次の記述が興味深い。

> 星名はサンパウロに一軒の家を借り毎日遊んで居たが、碁が初段に二、三子とか言ふ噂で、其辺の笊(ざる)を集めては御馳走し、彼等を相手に徹宵(てっしょう)打ち続けて居た。非常な精力家で、若い者は疲れて睡気を催し、交替で寝て起きては星名に掛かって行くのであったが、彼は一向平気であった。実に不思議なおやぢで、斯うして懇意になっても決して彼は碁のこと以外に何が目的でサンパウロに来たのか口にせなんだ。然し若い者は御馳走にさへありつけば、夫れで結構なので、勿論其様な詮議立てをするものはなかった。[注6]

これによると、彼はどうもサンパウロで何もせずに遊んでいたようだ。しかし、翌一九一六年の初め頃、『週刊南米』と称する雑誌風の謄写版の新聞を創刊した。もちろんハワイでの新聞発行の経験を生かしたものと思われる。これはブラジル、というより南米最初の日本語の言論機関紙であった。この新聞発行に関しても、一九一六年八月に石版刷りの『日伯新聞』を発行する金子保三郎とのやりとりについて、金子とも親しかった輪湖による先程の続きの箇所を紹介する。

或時金子は此の星名に、茲で新聞を始めたいと思っているが活字を注文する金がなくて困っていると話した。金子としては此おやぢ金を持っているに相違ないからと、半ば相談の意味で気をひいて見たのである。星名は即座に言ふた。「君、新聞を出すのに活字は要らんよ。謄写版で四、五回も出して御覧、移民会社が金を呉れる、其金で買うのさアハ、、、、」。然し金子には星名の意味が呑みこめる程未だ人づれはして居らなかった。「今の時代に謄写版と言ふ訳にも行きませんよ」と水に浮いた木の葉をかく様な返事をした。曾て金子に智慧づけてくれた此星名が彼に先き廻りして『週刊南米』を発行しようとは夢にも考えて居なかった。それればかりか星名は金子と同僚の彼（輪湖俊午郎――筆者注）へ、手紙と共に旅費までモンソンへ送って出市を促して来た。金子は彼に対して面目ないのか、事態はここまで来て居るのに、依然何の沙汰もない。彼としてもぢっとして居られなくなったので、兎に角サンパウロへ出る事に決した。

金子に会って見ると「やァ、君。誠に済まんよ。僕も一生懸命奔走したんだが、意外なことばかりで、どうしようもないんだ。もう活字は断念した。と言って今更謄写版と言ふ訳に行かぬので、僕は石版刷で出そうと思ってね、印刷機を聞き廻ったが、皆大仕掛けで日本の手刷りの様な安価のがないんだ。仕方がないから僕が設計して目下大工に作らせている、大丈夫出来るよ。それで君はこちらの準備が整ふまで、星名の所へ行って遊んで居てくれ」との話であった。

妻子を抱えながら、食ふものさへ碌に食はず血眼になっている金子を見れば、彼とて憎むべき何ものもない。そこで金子の云ふ通り空とぼけて「今モンソンから着きました」と星名に挨拶をする。あ、、よく来てくれた、鹿野に書いて貰ふて二人でやっているのだが、仲々忙しいのだよ、今五百刷っている。謄写版の五百は容易ぢゃない。時に君、金子に会ったかね、あいつも新聞を出すと言ふて居るそうだが金策が出来ないらしい」「まだ会ひません、其中に会って見ようと思ひます、困っているのは事実でせう。」「金子が出す様になったら君はそちらへ行くかね」「出る様になれば無論行かねばならんですよ。火元は僕ですからね」「あアそうか」と星名は黙した。

『週刊南米』はサンパウロ市外のサンターナと言ふ所にあって、高台をなした見晴らしの良い家だった。星名は相当金を持っているものと先年から思っていたが、何にせよ一基（kg?）の骨付き肉を三人で朝晩の二回に充てようと云ふ処を見ると、余りあるらしくも思はれなんだ。而も炊事は彼自身がやるのである。茲は高等浪人の溜場で、其頃渡邊孝、三浦鑿（さく）、山根寛一と言ふ手合が出入りしていた。

週刊南米社には寝台が二つ外なかったので、彼は星名と一つ寝台に寝ていたが、星名は夜中の一時頃になると、殆ど定まった様に物凄い声を挙げて唸る。やがて其唸りに自身も目覚めて再び眠りに着くのである。「星名さん、どうしたのです。」「僕はね、昔人殺しをしたんだよ。人を殺すと人間は非常に疲労する」と当時を寝物語に語った。[注7]（カッコ内は筆者）

このように、もともと金子保三郎と輪湖俊午郎が日本語新聞を発刊する計画を持っていながら、もたもたしているうちに星名が出し抜いた形で、『週刊南米』を発行してしまったのである。ちなみに星名が人を殺したことになっているが、筆者の調べた限りでは、人に怪我をさせたことはあるが殺人を犯してはいない。さて当初に新聞発行を手伝った鹿野久市郎との関係について、先の鈴木の回想記でみてみよう。

『南米新報(ママ)』の発刊は海外興業会社支店の好意で謄写版刷器を無料で頂だいし、当時ぶらぶら遊んでいた鹿野久一郎(ママ)とソーシオ(仲間・共同――筆者注)で遣れという条件であった。鹿野もなかなか頑張りであるが星名の海千山千の頑張りには及ばない。『南米新報(ママ)』を発刊したのはよいが、代金が星名一人の懐にはいってても鹿野には一ミルの金も転げ込んで来ない。止むなくコンデ、デ、サルゼーダス街辺りで集めた新聞代でピンガをあほり気焔を上げる外なかった。鹿野に取って是は当り前を通り越した程の権利であるが、星名にして見れば海興が共同で遣れといってくれた謄写印刷器ではあるが、それは単なる外交辞令で、その実自分に呉れたものだと解釈している。このくい違いが二人の間に気拙い溝を掘って行った。星名が鹿野の新聞代無断(断ったら星名から取上げられるのが解りきっている)消費の事実を嗅ぎつけて、内心ぶんぶん怒って帰る途上、ばったりとジレイタ街ミゼルコルディア広場で鹿野と行き逢ったからたまらない。

「おい鹿野貴様は新聞代を消費いこんでいるな」

ジャカレといわれた程のあの醜悪な顔が火のようになっている。

「なに?新聞代を消費い込んだ。当り前じゃないか。俺はソーシオだぞ、手前ばかりが権利があると思っているのか、人を馬鹿にするのもいい位にしろ」

「何を生意気な!」

鹿野も馬靴の様にだだっ広い面貌をふくらして怒鳴った。

星名のことである。直ぐ鹿野の胸倉を取ったからたまらない。あの体格のよい柔道の心得のある六尺豊かな、昔なら武者修行にでも出そうな体格の持ち主である鹿野のことである。そのまま温和しく引込んでいる様なことは断じてあり得ない。

「俺が生意気なら手前は何だ。泥棒はそっちの事だ」

星名は未だジャカレという綽名のない時であったから、まさかジャカレとは呼ばなかったろう。二人はミゼルコルジア（ママ）広場で上になり下になり取組み合った。物見高いはサンパウロ市民である。黒山の様に人だかりがして来た。結局二人はポリシアセントラル引っ張られて行って一夜を豚箱のなかに明かし、翌日釈放されたが、これで鹿野はオトマチックに星名と縁が切れ『南米新報』（ママ）は星名一人のものになってしまった。[注8]

いくつかの移民会社が合併し、海外興業株式会社が一九一七年一二月に設立されたので、冒頭の記述は鈴木の記憶違いであろう。ミゼルコルディア Misericordia 広場は現在、サンパウロ市の中心にあるセー広場で、当時の日本人街であったコンデ・サルゼーダス conde de Sarzedas 街もその近辺である。鹿野久市郎については従来ほとんど知られていないので、ここで詳しく記述してみよう。彼は外務省外交史料館にある一九一三（大正二）年「外国旅券下付表」の東京府のところに名前が載っている。

身分　熊太郎長男、本籍地　島根県西佐伯郡成実村大字長田村五四、年齢　廿五年二ケ月、保証人　川田鷹、旅行地名　南米伯剌西爾、旅行目的　東洋移民会社練習生、下付月日　三月十八日。

本籍地が島根県となっているが、地名辞典で確かめると、島根県と鳥取県の境にあたり、成実村は明治二九年から鳥取県西伯郡の自治体名で、長田など一三カ村を合併して成立とあり、現在は米子市の南部の地域にあたる。年齢がその時二五歳二ケ月ということは、生まれが一八八七（明治二〇）年一二月から翌年一月の生まれということになる。保証人の川田鷹は、伯刺西爾拓殖会社取締役や東洋移民会社社長などを歴任した人である。東洋移民会社練習生は今でいう会社事業の研修生のようなもので、実際には耕地の通訳などの仕事を任されたのではないかと考えられる。

彼は、地元の米子中学（現在の米子東高校）を一九〇五年に第二期生として卒業し、東京外国語学校に進学した。東京外国語大学の文書室に残されている資料のうち『東京外国語学校一覧』によると、「鹿野久市郎（鳥取）は、伊語（イタリア語）学科の一九〇九（明治四二）年三月第六回卒業生（六人）の内の一人」として名前が出ている。先の大正二年「外国旅券下付表」の、東京府で同時期にブラジル渡航の目的で下付された人物のうち西語（スペイン語）学科の人物は、渡邊孝が明治四〇年に、半澤虎尾、橋本蒼、村上虎次郎、原口七郎、坪田信雄の五名が大正二年の卒業で、かなりの外語卒業生が同じ時期にブラジルに渡ったことが分かる。とくにイタリア語の出身では他に就職の口がなかなか見つからなかったという事情があったのかもしれない。ちなみにポルトガル語の卒業生はこの頃まだいない。

一九一〇（明治四三）年一二月発行の東京外国語学校『校友会雑誌』の卒業生動静欄で、鹿野は新刊書を求めて丸善に出入りし、なかなかの読書家であると書かれている。また同年発行の『卒業会員氏名録』では勤務先は空欄（無職）で、住所は「本郷区駒込千駄木町三六　清栄館」とあり、卒業後は夏目漱石や森鴎外などの文人が住んでいた辺りにいたことが分かった。

彼がブラジルに渡ったのは、旅券下付のあった直後の一九一三（大正二）年三月の末と考えられる。『伯刺西爾時報』第一七一号の彼の連載記事「帰国後（二）」で一九二〇年四月一日に神戸に帰った日は、同じ神戸を立った七年と二日目と書いてある。[注9] ブラジルに渡った彼は輪湖俊午郎『流転の跡』などによると、耕地通訳やブラジル人に柔道を教えたりして遊んでいた。なお、同書では彼は妻子を日本に残して渡伯したとある。[注10] その後に星名と知り合い、『週刊南米』の発行を手伝うことになる。彼は文章が書ける男だったので主に編集を担当した。しかし一九一七年頃までには喧嘩別れで辞めたようで、現存する『週刊南米』には彼の名前は出てこない。星名と別れた後、マットグロッソ州のカンポグランデ（現在のマットグロッソ・ド・スル州の州都）のさらに奥地にあるミランダという田舎町で一時、鉄道工夫をしていた。その後、『週刊南米』についで二番目にブラジルで発行された日本語新聞『日伯新聞』に迎えられる。この新聞は一九一六年八月三一日創刊で、金子保三郎と輪湖俊午郎の共同で、週刊、石版印刷で出され謄写版の『週刊南米』より見栄えがよかった。しかし輪湖は半年余りで金子と意見対立して、一九一七年初めに辞めてマットグロッソ州に去り、その後、鈴木貞次郎が後任の見つかるまで編集と経営を任された。そこで当時浪人をしていた鹿野がスカウトされ、鈴木も『日伯新聞』を出てしまった。

『日伯新聞』が軌道に乗った頃、もう一つの強力な新聞が登場した。ブラジル移民組合の御用新聞である『伯剌西爾時報』である。週刊で活字印刷、編集長は黒石清作で、一九一七年八月三一日に創刊された。そこで金子は一九一八年の初めに日本に帰国して、活字と印刷機を入手することになった。その間、鹿野が『日伯新聞』のきりもりをした。彼は文に優れていて評判が上がった。しかし、金子はブラジルにすでに夫人がいるにもかかわらず、印刷機と一緒に新しい奥さんを連れてきた。金子のために新聞を続けていた鹿野は、興をさまして直ちに『日伯新聞』を出てしまう。金子はブラジルの夫人と別れなければならなくなり、それで人気を失い、『日伯新聞』を三浦鑿（さく）に売らねばならなくなった。その後、鹿野は『伯剌西爾時報』にも一時期、関わりがあったと考えられるが、詳しいことは不明である。彼に関する記事や彼自身の連載記事は『伯剌西爾時報』にのみ見られる。

彼は一九一九年にアルゼンチンのブエノスアイレスに行った後、一九二〇年に帰国。同年『東京朝日新聞』に一二回にわたって「ブラジル物語」を連載、翌年は『実業の日本』に「ブラジル帰客談」を三回掲載し、またこの頃、郷里に近い松江工業学校の英語教師となった。[注11] そして一九二五年になると大阪の上本町にあった大阪外国語学校でポルトガル語、スペイン語、イタリア語を教え、そのかたわら雑誌『植民』の社友として南米を志す人のためにポルトガル語とスペイン語の通信教授もしていた。[注12] さらに前年に開校したばかりの天理外国語学校（現在の天理大学）に一九二六年四月、最初のポルトガル語の教師として迎えられた。[注13]

天理外国語学校での活躍ぶりは不明だが、この頃はブラジル移民の全盛期で、その後も『海外』などの雑誌にいくつかブラジル農業についてや自分の体験談を掲載している。また、灯篭や刀剣研究家として知られていたようで、「灯篭考証」と題する一文を残し、[注14] 天理図書館に「鹿野文庫」という刀剣に関する書物のコレクションがあるというので訪れてみると、私家版の「刀剣関係資料集」と題する冊子四〇号+別冊二号および日記が所蔵されていることが分かった。いずれも彼の手書きで時期的には一九三五～一九四一年に作成され、刀剣に関する内容がほとんどである。彼は文章をよくしたが、この頃はブラジルへの移民ブームが去ったためもあってか、彼はブラジルの啓蒙よりも趣味に生きていたことがうかがえる。[注15]

さて星名の新聞には、このほか輪湖の回想記に名の挙がった人や、木村孝太郎、鈴木季造（鈴木貞次郎の弟）など後年、ブラジル日系社会の指導者となる人物が出入りしていたといわれており、この新聞は覇気のある青年にとって魅力のある存在であったと思われる。

星名が発行した『週刊南米』は現在、サンパウロの東洋人街にあるブラジル日本移民史料館に一九一八年一月一二日の第一〇三号から一九一八年一二月一四日発行の第一五〇号まで（この間欠号あり）が保存されている。大きさは縦二三・七センチ、横一六・五センチでB5判よりやや小さい。頁数は一六～四六頁で、雑誌風の週刊

（毎土曜日発行）謄写版新聞である。発行所は南米社であり、現在のサンパウロ市北部のサンターナにあって、星名が持主兼発行人、日下生太郎という人物が編集人になっている。内容は、社説あるいは論説から始まり、雑報・最近電報・日本近信・投書欄・文芸欄・広告・奥付などで、最後のほうに広告がかなりのページ数を占めている。

はじめは五〇〇部、一時は一〇〇〇部以上刷ったようである。いつ頃までこの新聞が発行されたかは不明であるが、現存する一五〇号の直後ぐらいで終わったのではないかと思われる。いずれにしても、この『週刊南米』はブラジル日本人移民に明るさを与えたというだけでなく、社会意識を芽生えさせたという点でも非常に重要な意義をもつものと思われる。

3　『週刊南米』の内容

ここでは一〇三号から一五〇号までの『週刊南米』のうち現存する号の主な記事の項目について見てみよう。まず最初の第一〇三号の記事の目次である。

第一〇三号　一九一八年一月一二日

社説（一・二頁）　移民の耕地逃亡

雑報（三～五頁）　農商務省の種物頒布／日本人の大泥棒／リオよりサンパウロへ大行軍／大正阿波鳴門

あはれなるイスパニヤ少年の物語／社主一行のブレジョン行／久谷健之助氏／人事来往（青柳氏、明穂氏）
最近電報（五頁）　支那借款／露勃講成立／独逸の国境封鎖
世界大乱（六・七頁）　講和会議再開／英国首相の大演説と米国大統領の教書／仏国飛行機隊の敵機撃破数／昨年中の英軍の捕獲敵兵砲門数／浦港へ日本軍を／独艇包囲区域廓大／英国病院船沈めらる
望遠境（八頁）
日本近信（九～一五頁）　海軍更迭発表／寺内首相与党に予算案内示／タチアナ姫は東京に潜伏中／寺内首相石井特使一行招待／筑前丸神戸出帆印度洋に向ふ／日本の自衛手段／飛雪粉々／駆逐隊旋る／我海軍と太平洋／早大の停学言渡／高等文官試験合格者中の異彩／七年振で届いた葉書／捕虜となった小雛丸の船長／帯勲車夫の当惑／チャムピオン氏惨死す
投書欄（一六・一七頁）　片々録　洛東生／進海人乎
ヴテリナリオ（寄書）（一八・一九頁）　鶏の管理と疾病　降亮
蟻の世界（二〇・二一頁）　害虫に就て　其二
文芸欄（二二・二三頁）　大懸賞応募俳句／大懸賞応募和歌／新春雑詠
ブレジョン殖民地の創設　南米社々主　星名謙一郎（二五～二八頁）
広告（二四・二九～四五頁）＊広告については一〇三号のみ詳細を記した。
ミカド商会（食料雑貨店・新聞雑誌取次販売所他）／大原順一郎工作所（大原唐箕）／伯剌西爾拓殖会社代理店東洋移民合資会社出張所（イグアペ植民地視察者の為め道案内）／森部洋服店（移転広告）／日本旅館／亜米利加ホテル／英国南米銀行／梅弁殖民地（星名謙一郎）／テーエム合名商店（伊藤家庭薬など雑貨）

／矢部洋服店／川口司生堂療院／土地売却（ノロエステ線エクトル・レグルー駅）／ルス中央旅館／南米社（ブラジル語実用会話編）／村野旅館／サントス港名嘉文五郎（客用自動車）／歯科医山中信一（開業披露）／南米社（唐箕）／上地弥蔵（旅館）／南米社（売地・貸地）／米国医学士伊藤庄吉（診察）／ショゼ・ドミンゲス・ダクニヤ（精選セラー珈琲）／アンツーネス・ドス・サントス商会（日本郵船・大阪商船代理店）／司生剤合名会社（家庭常備薬）／藤崎商会／神田栄太郎（醤油）／城間嘉助（朝日床）

告示　在サンパウロ市帝国総領事館／奥付（裏表紙）

星名はこの新聞で、当時ブラジルにやってきた日本人のほとんどを占めていたコロノと呼ばれる貧しい農業労働者の土地定着を論じ、とくに土地購入・殖民地（移住地のこと）の開設の気運促進に力を注ぎ、彼自身、サンパウロ西方六〇〇キロのブレジョン殖民地と、さらに三〇キロ奥地の梅弁殖民地を起こそうと、土地を求めて売り出しにかかったといわれているが、この号においても彼による「ブレジョン殖民地の創設」と題する署名記事がみられる。以下、その全文を見てみよう。

ブレジョン殖民地の創設　南米社々主　星名謙一郎

私が昨年七月一日を以て理想的永住地梅弁殖民地を諸君に御紹介致しましてから僅かに六ヶ月を経過致しましたのみでありますが、此短期間に於きまして我同胞諸君の該地区を御購買に成りましたる面積は既に参千アルケールスに達しまして鉄道沿線の如きは一ヶ月を出でざる内に売り切れとなるの盛況を来たしまして最近御契約致しましたる地所は線路を距る事十三キロメートル余の遠隔の所となりました、夫れにも係はらず尚続々と御申込みに相成りまする面積は到底既定の五千アルケールスにては不足を告げ諸君の御渇望を充たす事が出来ないと云ふの徴候が現はれましたので如何にして之を補充するの策もがなと苦心致しました結果として爰にブレジョン（BREJÃO）殖民地と云ふのを選定致しました。既に梅弁を御視察に成りましたる諸君は何れもブレジョン停車場を御通過に成りまして具さに其地理と其地味とを御承知になって居る事と存じまするが、此ブレジョン停車場と申しまするは梅弁駅よりは二ツ手前の停車場にて、聖パウロ市の方に二十八キロメートル丈け近い距離にある停車場であります。此所の鉄道工事は既に完成しブレジョン停車場敷地は現に其地均らしに着手して居ります。（大正六年十二月二十日）

汽車の通ずるのは二月末日までは待たぬと鉄道技師の声明で御座ります。之れを略図に依つて示しますと、

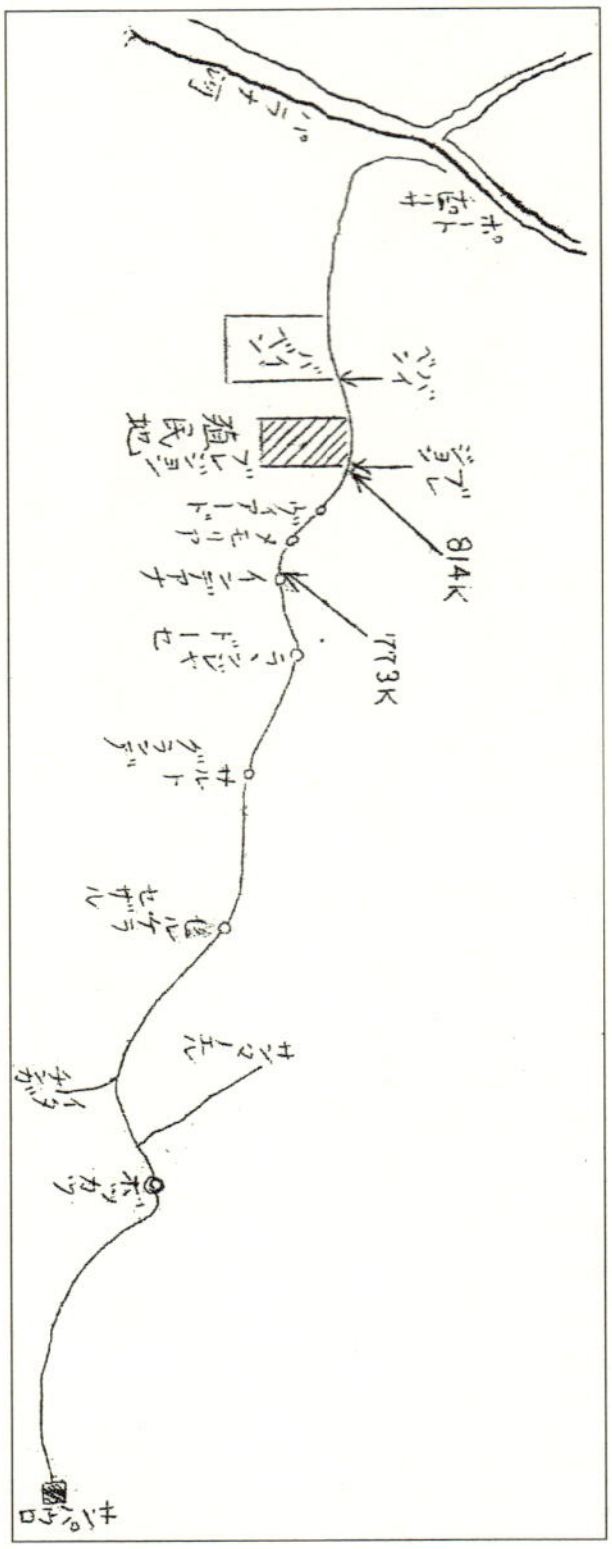

ブレジョン駅と殖民地の位置

該地方を御視察になった諸君は御承知の通り旅客列車は現にインディアナ駅まで開通して居りまして其次のメモリア駅と又其次ぎのヴィアード駅とは既に停車場の建築が竣成して居りまして毎日土工の列車が運転

して居ります、ブレジョン（又はレモエイロ）駅は其次ぎにありますのでヴィアード駅よりブレジョン駅迄は其距離十四キロメートルある耳であります、私は此ブレジョン停車駅を去る事七百三十二メートル聖市よりの標木八百十五キロメートルの地点より八百二十一基米に至る延長六キロメートルの鉄道沿線に対する奥行十二基米余の一区画を購買致しましたから之をブレジョン殖民地として諸君に提供致さんと欲するので御座います、

殖民地の地質並水質

は梅弁と酷似し樹木は梅弁と比較して更に巨大なる者があります、海抜は梅弁よりは高く全般に於て前者に優るとも劣らぬと云ふ事を確言致す事が出来ます更に左の事実をご紹介致します

小笠原尚衛氏の土地選定

去年八月伯剌西爾に於て土地購買の目的を以て遥々日本より御渡来になりました る北海道の小笠原氏は過去四ヶ月間聖州の全部を踏査し遠くパラナ州迄も視察に赴かれましたが自分の永住地としては何処にも理想的の所が見当らぬと言ふて今日迄買入れをば躊躇して居られました然るに私が梅弁地方の地質の豊饒なる事交通の至便なる事等を御説明致しまして梅弁に次ぐ可き新殖民地計画の事を御話し致しましたる所夫れでは一応視察して見よふと申されまして三週間程以前に当地御出発前後二週間に亘りてブレジョンより梅弁一帯の地所を調査成されまして帰聖の上斯の如き豊饒肥沃の交通便利の所が有らうとは夢にも知らなかったと申されまして

千よろずのたから秘めけり森深くくろがね道のあちらこちらに

と云ふ歌を寄せられまして同地方が豊沃なる処女林地で農耕には最も適当したる土地で有ると云ふ事を讃せ

られまして此所に広大なる地積を購入し大農式農業を経営せらる丶事となりました此事実を見ましてもブレジョン殖民地が如何なる所であるかと言ふ事を十分に説明して居る事と信じて居ります、

ブレジョン殖民地の面積と其価格

売却面積　参千アルケールス（七千五百町歩）

売却価格　壱アルケール　現金六拾五ミル　年賦七拾五ミル

土地の登記

地権の確実なる事は梅弁殖民地購買者に交付したる数十件の正式登記に依つて完全なる地券を交付したる事に依つて明瞭なれば何等疑ふの余地なく代金の支払と同時に聖市に於て登記を行い完全なる地券を交付致します、

測量師の派遣

ブレジョン殖民地の測量主任として日本技師を嘱託致しましたから本月十五日以内に派遣常住致さす手筈と成つて居ります此以前に実地視察御希望の諸君には特別の御取計ひを致します、

梅弁殖民地との関係

此度の殖民地と梅弁殖民地とは互に近距離の間に在り其利害を共通して居ります事なれば双方相援助して該地方同胞発展の中枢たらん事を期して居ります、

以上

尚委細の義は左記宛御照会あらん事を乞ふ

SR. K. HOSHINA, CAIXA 1374, S. PAULO.

大正七年一月一日　星名謙一郎

これによると、梅弁（バイベン）殖民地の紹介が一九一七年七月から始まり、半年後の一九一八年一月になって、その手前に位置するブレジョン殖民地を売り出しにかかったことが分かる。また彼による梅弁殖民地の広告もみられる。なお雑報の二つの記事は左記のようで、星名と測量技師の久谷が実際にブレジョン殖民地に赴いたことを伝えている。

◎社主一行のブレジョン行
先週末要務を帯びてリベロン市に赴かれたる社主星名氏は此度び新たに購入せられたるブレジョン殖民地々勢調査の為め測量部担当技師久谷健之助氏同伴一行六名本日午後七時十六分の汽車にて再びブレジョンへ向け出発せられたり

◎久谷健之助氏
此度ブレジョン殖民地測量担当技師として傭聘せられたる久谷健之助氏は久しく島根県立農林学校教諭として測量林学測量実習等を受持ち又公有林整理等を為し其道には深く経験ある事なればブレジョン殖民地入殖者の為めには多大の便宜を得る事なる可し。

これより、第一〇四号より一五〇号までの記事の主項目を挙げてみよう。

第一〇四号　一九一八年一月一九日

社説（一・二頁）　非日本出兵論／聯合軍軍事会議／仏国前首相ケィルース捕へらる
雑報（三・四頁）　伯国と外国貿易／大正阿波鳴門其二
最近電報（五頁）　日本遂に出兵するや／日本大使の退米
転居（五頁）　西原清東
本週聖市物価表／本週為替相場（五頁）
世界大乱（六・七頁）　露国の形勢／日本皇帝陛下英軍の元帥の弥号を得らせ給ふ／伊国の状勢／伊軍飛行隊のレビク襲撃／首相令息の負傷／伊船の沈没数／露国廃后狂す／露国議会／露軍の糧食
望遠鏡（八頁）
日本近信（九～一五頁）　国防問題と議会／近海傭船絶無／民主政治と日本／駅長三十一名の大更迭／生駒丸撃沈さる／憂ふべき日本の幼児／山園寺の駈引／飛行機が実用的に／青山博士授爵説
投書（一六頁）　或人の手紙
片々録　洛東生（一七頁）
ヴテリナーリオ（一八・一九頁）　鶏の疾病と治療　隆亮
蟻の世界（二〇・二一頁）　害虫に就て　其三
文芸欄（二二・二三頁）
ブレジョン殖民地の創設　南米社主　星名謙一郎（二五～二八頁）
広告（二四・二九～四五頁）
告示　在サンパウロ市帝国総領事館／奥付（裏表紙）

第一〇五号　一九一八年一月二六日

社説（一・二頁）　観光団募集の挙を促す　嘯月
雑報（三・四頁）　ブレジョン殖民地の近況／諸士往来／大正阿波鳴門其三／転居　岸本次男／転居　西原清東
最近電報（五頁）　帝国議会／日本軍ヴラジオストック上陸す／浦港市会日本領事へ抗議す／ダルダネルス海峡の海戦／英国の艦隊司令官新任／ウインナに革命勃乱
世界大乱（六・七頁）　独逸及墺国／露国近状／仏国
望遠鏡（八頁）
日本近信（九～一四頁）　七年度予算評／国民党の戦時税／日支為替銀行／鉄の為の犠牲／各列車順に立往生す

／正金銀行改造／本邦船主調査／汽船の総噸数／悲観を要せず
投書欄（一五頁）　或人の手紙　続き
寄書欄（一六頁）　山縣勇三郎君に呈する書　銀鈴
片々録　洛東生（一七・一八頁）
ヴエテリナーリオ（一九頁）　鶏の疾病と治療　隆亮
蟻の世界（二〇・二一頁）　害虫に就て　其四
文芸欄（二二・二三頁）
ブレジョン殖民地の創設　南米社主　星名謙一郎（二五～二八頁）
広告（二四・二九～四三頁）
告示　在サンパウロ市帝国総領事館／奥付（裏表紙）

第一〇六号　一九一八年二月二日
寄書（一～四頁）　ベロオリゾンテ　大野基尚
雑報（五頁）　シヤトル丸入港／徳島丸入港
本週聖市物価表・本週為替相場（五頁）
東洋電報（六頁）　日本は飽くまで戦はん／浦港の英国軍艦／過激派放逐／日本軍シベリア満州に派遣／支那南方革命猖獗
転居　岸本次男（六頁）
世界大乱（七・八頁）　英仏米其他／独機の巴里襲撃／中央帝国諸国
日本近信（九～一四頁）　舞鶴軍港に水雷／陛下彦根の綾部養蚕所に行幸／御歌所寄人抜選／聯合軍の積極的援助を決議す／被撃沈九万噸／予算困難の形勢／日露密約に対して外相全く沈黙す／駐支公使林権助男急遽帰朝／満期兵は海陸共に除隊を許されず／まあ綺麗な玩具／今度は切手端書の値上／米を斤量制に改める／沈没艇中から日誌発見／影島丸の最後
ミイラの影（一五頁）　大正阿波鳴門　其四
寄書欄（一六頁）　山縣勇三郎君に呈する書（二）　銀鈴
片々録　洛東生（一六・一七頁）
ヴエテリナーリオ（一八・一九頁）　鶏の疾病と治療　隆亮
サウバの友（二〇・二一頁）　害虫に就て　其五
文芸欄（二二・二三頁）大懸賞和歌当選披露　課題「戦争に関して」　選者　緑哉／懸賞応募俳句　課題「味噌汁」「霞」「汽車」
ブレジョン殖民地の創設　南米社主　星名謙一郎（二五

〜二八頁）
広告（二四・二九〜四三頁）
告示　在サンパウロ市帝国総領事館／奥付（裏表紙）

第一〇七号　一九一八年二月九日

論説（一・二頁）　公立在留民事務所の設立を促す　嘯月
雑報（三〜五頁）　謝肉祭来る／農事試験場の種子分布／サントス港一月中入港汽船／ブラジルの壮丁数／大正阿波鳴門　其五
世界大乱（六・七頁）　露国の其後／独逸／伯国欧州へ艦隊を派遣せん／白耳義壮丁徴発せらる／墺国飛行機パデアを襲撃す
望遠鏡（八頁）
日本近信（九〜一四頁）　聖上陛下には伏見宮邸に行幸／政界大に活気づく／青山病博士に授爵の御沙汰／炭鉱爆発／王公家軌範と皇族裁判令／破天荒の売れ口／日本の出兵説／憲兵大佐の辞職／眼の中から鉛筆が出る／水雷艇で鴨猟
閻魔庁（一五頁）

寄書（一六・一七頁）　三隅棄蔵君に呈する書　銀鈴
サウバの友（一八頁）　害虫に就て　其六
文芸欄（一九頁）　懸賞応募俳句課題「味噌汁」「霞」「汽車」
ブレジョン殖民地の創設　南米社々主　星名謙一郎（二一〜二四頁）
広告（二〇・二五〜三七頁）
告示　在サンパウロ市帝国総領事館／奥付（裏表紙）

第一〇八号　一九一八年二月一六日

論説（一・二頁）　土地選定と其基礎観念　北秋
雑報（三〜五頁）　昨年度伯国対外貿易額／小笠原氏来信の一節／カルナバル所見記
最近電報（五頁）　日本支那へ武器供給／講和談判愈締結
本週聖市物価表・本週為替相場（五頁）
世界大乱（六・七頁）　ブラジル海軍将校団着英／ツスカニア号撃沈／墨国に於ける米国の野心／独軍の大攻撃の機迫る／運送船撃沈不可能法発明／ウクラニヤ講和／対羅国最後通牒／戦時状態終焉／ポーランド軍主力叛

く／元駐日露国大使捕はる／過激派英国大使を威嚇す
望遠鏡（八頁）
日本近信（九〜一六頁）　開院式／七億円を突破したる／軍事会議／日米交渉復活か／駐米大使後任／聯合海軍会議要領／宮内省四高官新任更迭発表／勅撰議員五名新たに任命発表／船長は三万円／魚雷と砲火を浴びつつ悠々として食事した美人／官営で窒素製造／停滞貨物
農産製造　隆亮（一七〜一九頁）
サウバの友（二〇・二一頁）　害虫に就て　其七
文芸欄（二二・二三頁）　百合　保志とし子／常夏の夜かけい／雑詠　英夫／近作二十句　可方
ブレジョン殖民地之実況　創設者　星名謙一郎（二五〜二七頁）
広告（二四・二八〜四一頁）
告示　在サンパウロ市帝国総領事館／奥付（裏表紙）

第一〇九号　未見

第一一〇号　一九一八年三月二日

論説（一・二頁）　海外生活に於ける常識と同化　嘯月
雑報（三頁）　伯国木綿産出額／聖市現在人口／護謨暴落
最近電報（四・五頁）　マタン紙の対日希望／日本外交家到着／シベリアに於ける対過激派活動／日本大使退露の意味／日本果して干渉か／独軍進撃中止／露軍プスコフ奪取／日本仏国借款
本週聖市物価表・本週為替相場（五頁）
世界大乱（六・七頁）　英仏米其他／独墺対露国戦線
望遠鏡（八頁）
日本近信（九〜一五頁）　貴族院の会議／衆議院議事／製鉄上の一大発見／呉海軍工廠に女職工／東京市の自動車／高工出身の勇士／勇敢なる日本水夫
投書欄（一六・一七頁）　旅へ　エミリオ
寄書（一八・一九頁）　西原清東君に呈する書　銀鈴
農産製造（二〇・二一頁）　煙草製造（続き）　隆亮／害虫に就て　其九
文芸欄（二二頁）　懸賞応募俳句課題『陽炎』『舞踏』『青葉』
ブレジョン殖民地之実況　創設者　星名謙一郎（二五〜二七頁）

広告（二三・二四・二八～四一頁）

告示　在サンパウロ市帝国総領事館／奥付（裏表紙）

第一一一号　一九一八年三月九日

論説（一・二頁）　吾人の希望　嘯月

雑報（三・四頁）　聖州に於ける共和国大統領選挙／サントス港一月中の外国貿易

最近電報（四・五頁）　日本と其シベリア干渉／外相と日本大使会見／英国政府の対日本政府希望／独人の鮮人煽動策／日本有力家の出兵反対／米国と日本のシベリア干渉／支那と戦争／愛蘭に暴動勃発

世界大乱（六・七頁）　聯合軍側大公使続々退京／露国地方民軍独講和反対／露国代表者屈従的に講和条件承認／独逸飛行船ペトログラト襲撃／独軍の大獲物／講和条件の概目／露バイカルの鉄橋破壊／独軍ペ府入京近し／新休戦／ソビエト大会開会／過激派シベリア活躍

望遠鏡（八頁）

日本近信（九～一三頁）　御婚約／寺内首相施政演説／議会再開と各政党の大会／外交政策と議会混乱／一億応募／日本砲艦の活動／米艦発砲支那軍の正体不明／日本抗議＝支那軍発砲事件／議会各党領袖連質問戦開始／駐米大使／東京市長候補者／和歌山県の山火事損害莫大／和歌山県更に山火事あり／選挙権拡張運動／常陸丸捜索は無効／坂元飛行中尉墜落即死／所沢飛行場に侍従武官差遣／巡査を豪くする

寄書（一四・一五頁）　おこまさんに与ふる書　銀鈴

浪華風流　吉井勇（一五頁）

閻魔庁（一五頁）

投書欄（一六～一九頁）　旅へ　エミリオ／＊タイトル不明　緑郎

害虫に就て　其十（二〇・二一頁）

文芸欄（二二・二三頁）　懸賞応募俳句課題『陽炎』『舞踏』『青葉』／文殻　姉小路京子／望郷の賦　思水

ブレジョン殖民地之実況　創設者　星名謙一郎（二五～二七頁）

広告（二四・二八～四一頁）

告示　在サンパウロ市帝国総領事館／奥付（裏表紙）

第一一二号　一九一八年三月一六日

論説（一・二頁）　権利義務の尊重と理性　嘯月
雑報（三～五頁）　海外興業株式会社設立／伯剌西爾移民組合／森岡移民合名会社ノ解散及ビ森岡移民株式合資会社ノ設立／ブレジョン殖民地の近況
最近電報（六頁）　本野外相の声明／日本の西比利亜干渉／支那兵の露境集中／独軍の西比利亜進入／日本動員？／日本未だ出兵せず
鉄筆録（七頁）
望遠鏡（八頁）
本週聖市物価表・本週為替相場（八頁）
日本近信（九～一五頁）　海軍新計画内容／新に脱稿した朝鮮王家の規範／哈爾濱の過激派支那兵に降伏す／大学教授の転職無理はない／衆議院予算委員会に入る／内務省の入国制限令／弾劾案／浦港に軍艦増派／日本政府厳重に独探を取締る／海軍中将秋山真之氏遂に逝く／日米間の銀行問題に協定成立／厳寒の為め米価一時的に奔騰す
最近信・雇入広告　南米社内木村（一六頁）
害虫に就て　其十一（一七頁）
＊一八～二二頁、未見
文芸欄（二三～二四頁）　懸賞応募俳句課題『陽炎』『舞踏』『青葉』／春の譜　春秋子／秋の譜　春秋子／みじか夜　姉小路京子／行く朝　繁野
ブレジョン殖民地之実況　創設者　星名謙一郎（二五～二七頁）
広告（二八～四四頁）
＊表紙裏、未見

第一一三号　一九一八年三月二三日

論説（一・二頁）　犯罪と社会
雑報（三・四頁）　聖市の堕落青年団／伯剌西爾一の果報者
最近電報（五頁）　シベリアの日本人虐殺／シベリアの騒乱／シベリアに於ける捕虜独兵／聯合赤十字隊の着満／伯林の不穏／独陸軍幹部の更迭説／西班牙の罷工／西船撃沈

世界大乱（六・七頁）　英人の引き揚げ／猶人の親独／コーカサス地方の講和反対／独将校の露軍指揮／露国に対する独逸の要求／二市の陥落／独軍前進／独探就縛／米紙の対日態度／英機の襲独／英外相の感謝と希望／仏市の爆発／仏軍の健闘
鉄筆録（八頁）
日本近信（九～一五頁）「春日」座礁／独探二名逮捕／米穀取引所政府の英断に反抗／朝鮮李太王殿下御来朝／国民党の態度／陸軍の大拡張／新威力の二号機／雪の害／女教員の激増／全国道路の統一／根本教育を改良せよ
海底に埋れた鉅億の富（一六・一七頁）
投書欄（一八・一九頁）　旅へ　エミリオ／帰国　野の人
農業雑録（二〇・二一頁）　豚に就て
文芸欄（二二・二三頁）　懸賞応募俳句／虹の光　姉小路京子／秋来る　君恵／人々　仙城四明
ブレジョン殖民地之実況　創設者　星名謙一郎（二五～二七頁）
広告（二四・二八～四一頁）
告示　在サンパウロ市帝国総領事館／奥付（裏表紙）

第一一四・一一五号　未見

第一一六号　一九一八年四月一三日

鉄言（表紙裏）
論説（一・二頁）　同胞と摂養
雑報（三～六頁）　公使館の移転／郵船南米定航／梅弁殖民地の現況／伊藤医師の開業認可／東洋の風雲愈急なり
本週聖市物価表・本週為替相場（六頁）
最近電報（七・八頁）　仏国飛行協会の成績／英国食糧に苦しむ／日本陸戦隊浦港上陸／日仏元首の交電／日本司令官の諭示／浦港の危険切迫／独逸の局部的前進／巴里砲撃続報／英国陸戦隊の浦港上陸／米国の内心／日本の対露策近状／米紙の暴論
日本近信（九～一五頁）　執行はせらるべき御儀式／久邇若宮御慶事／空中窒素固定法研究／常陸丸の行方／近衛家でも入札／日本の軍艦に来て欲しい
農業雑録（一六・一七頁）　豚に就て　其三／馬鈴薯栽培法

欧州空中戦の三ヶ年（一八・一九頁）
寄書欄（二〇・二一頁）野田代理公使に送る書　銀鈴
断雲（二一頁）
文芸欄（二二・二三頁）君を偲びて　青々屯／ティエテ河畔より　静々／出来事　影の人／バナナの香　三子
史談（二四頁）吉田松陰（二）
ブレジョン殖民地之実況　創設者　星名謙一郎（二五～二七頁）
広告（二八～四一頁）
告示　在サンパウロ市帝国総領事館／奥付（裏表紙）

第一一七～一三三号　未見

第一三四号　一九一八年（月日不明）

雑報（三・四頁）当地よりも救護班に／シベリア出兵に就て／米軍の渡仏月表／本週聖市物価表
外国電報（四～六頁）英軍好況／仏首相の戦線訪問／日本の出兵数／西伯利亜の聯軍指揮官／仏軍のモンチダール占領／英伊飛行隊の適地攻撃／露国の対日最後通牒／仏飛行隊の攻撃／フィッシヤ元帥の用兵／仏大統領の戦線訪問／羅馬に於ける米海軍次官／露都の疫病／長射砲の所在判明／英駆逐艦の沈没／聯軍の戦績
郷土と人物（六・七・九頁）高知
図版「飛べよ汝!!　レニン政府は汝に最後の通牒を発したり。」（八頁）
日本便り（九～一五頁）挙国一致内閣説／露領出兵問題復活／海軍要職の更迭／日本に露領出兵勧告／戦闘飛行術の練習／我が陸戦隊の昨今
戦陣録（一六・一七頁）一．いよいよ出征　二．輸送列車の窓
農業（一八・一九頁）工業的作物の繁殖二／家畜の飼方
文芸戦影（二〇～二三頁）沈没　銀鈴／熱血児　酔花生／平和　渋谷鵠之助／あゝただ天に　波江野南水／思はずとても　董子
諸君は何故に此絶好の機会を捕へぬのか？　星名・小笠原組合殖民部（二五～二七頁）
広告（二四・二八～四一頁）
告示　在サンパウロ市帝国総領事館／奥付

第一三五号　一九一八年八月二四日

論説（一・二頁）　市価に注意せよ

雑報（三・四頁）　九十一老南米へ／日本南米侵略

外国電報（四・五・八頁）　獨機の巴里襲撃／浦港近状／聯軍好況／米独捕虜交換／ル中尉の死体発見／出征米軍数／ロイ市占領／西伯利亜の各国代表者／独軍の戦死者／墺国内の状勢／独司令官の更迭／帰化独将校の服役／西伯利亜の経済援助

＊六・七頁、未見

本週聖市物価表（八頁）

日本便り（九～一三頁）　元帥官杖捧呈の御儀／臨時閣議の招集／陸海軍閥の争／馬質よりも馬数

家畜の飼方　（一四・一五頁）　豚二

戦陣録（一六・一七頁）　輸送列車の窓（続き）三、国境近き河畔

文芸・戦影（一八～二〇頁）　閉店　銀鈴／夢の使者　一平

サンタカーザ寄附者芳名並金額（二一～二四頁）

諸君は何故に此絶好の機会を捕へぬのか？　星名・小笠原組合殖民部（二五～二七頁）

広告（二八～四三頁）

告示　在サンパウロ市帝国総領事館／奥付（裏表紙）

第一三六号　一九一八年八月三一日

社説（一・二頁）　移民送るべき乎

雑報（三頁）　ウルグヮイ共和国独立記念祭／マラングヮペ号独艇に悩さる／砂糖の輸出／カーザ東京の拡張／サンタカーザ寄附金に就て

世界大乱（四・五頁）

広告　カーザ東京（五頁）

＊六・七頁、未見

外国電報（八頁）　日本の露国援助／支那馬賊日本軍を襲ふ／露国に於る日本軍／日本軍の満州到着／反過激派のシャジナ占領

日本便り（九～一五頁）　日本の民間飛行団体合併／日本の財界／内閣は何時倒れる／日支新協約観／是れ国家的憂患／元帥章の新制定／世界的の大発明／邦人の曲乗飛行家

戦陣録（一六・一七頁）　国境近き河畔（続き）四．白耳義へ進軍
家畜の飼方（一八・一九頁）　豚二（続き）
快漢アンダーソン（二〇頁）
文芸欄（二一～二三頁）　日記の一ふし　関勝子／初恋／朝
サンタカーザ寄附者芳名並に金額（前号続）（二六～二八頁）
諸君は何故に此絶好の機会を捕へぬのか？　星名・小笠原組合殖民部（二九～三一頁）
広告（二四・二五・三二～四五頁）
告示　在サンパウロ市帝国総領事館／奥付（裏表紙）

第一三七号　一九一八年九月七日

社説（一・二頁）　移民送るべき乎（其二）
雑報（三頁）　伯国独立記念祭／移民船博多丸の入港／在耕諸名士の来聖
外国電報（四・五頁）　西部戦線の近況／進撃続行／聯合軍の功績／英軍の前進／ヒンデンブルグ線破る／西露近況／レニン狙撃さる／其の詳報

サンタカーザ寄附者芳名並に金額（第十二回）（六・七頁）
本週聖市物価表／本週為替相場／広告・カーザ東京（八頁）
日本便り（九～一五頁）　救済調査会の設置／河内艦上の若宮殿下／戦時米国海運（業）情況視察の為め特派／第二回の聯合軍慰問使／日米間直接聯絡一般用無線電信局新に増設／米国新造船引受の各造船所／陸軍の新武器／巡査さんを優遇／太平洋の実権
文芸（一五頁）
家畜の飼い方（一六・一七頁）　豚二（続き）
戦陣録（一八・一九頁）　白耳義へ進軍（続き）五．武器捜索の悲劇
文芸欄（二〇～二三頁）　でたらめ　A生／春がたみ　松下徳／農夫／昼
諸君は何故に此絶好の機会を捕へぬのか？　星名・小笠原組合殖民部（二五～二七頁）
広告（二四・二八～四一頁）
告示　在サンパウロ市帝国総領事館／奥付（裏表紙）

第一三八号　一九一八年九月一四日

社説（一・二頁）　移民送る可き乎（其の三）
雑報（三・四頁）　伯国大統領の祝電／親愛なるブラジル／移民組合宮島医学博士を派遣せん
社告（四頁）　近日中社員木村隆亮氏を諸耕地視察の為め派遣致司候間御便宜御取計らいの程奉懇願候　九月　南米社
世界大乱（四～五頁）　聯合軍の大逆襲空前の大勝
広告・カーザ東京（五頁）
外国電報（六～八頁）　仏軍のテルグニェール市占領／仏軍の奮戦／英軍の損失／独飛行機病院を襲ふ／ボルシェヴーキ支那に宣戦す／独逸公報／英人危地を脱る／聯合国政府過激派政府に通達す／レニン氏の容態／日本軍カサロベックを占領す／日本騎兵隊クランスノヤルスキ進入す／日本軍イマンを占領す
世界の色々（八・九頁）
サンタカーザ寄附者芳名並に金額（第拾四回）（一〇・一一頁）
日本便り（一二～一五頁）　指頭の一弾のみ／世界に類なき赤色海綿／大将親任式／伊太利へ行く飛行将校
世界大戦のいろいろ（一六～一七頁）　潜航艇捕獲奇談／長距離攻撃新空雷
戦陣録（一八・一九頁）　武器捜索の悲劇（つゞき）六、銃殺せよ
文芸欄（二〇～二三頁）　落日　岩本義虎／自炊　石上太刀夫／相思／草枕／暮
諸君は何故に此の絶好の機会を捕へぬのか？　星名・小笠原組合殖民部（二五～二七頁）
広告（二四・二八～四〇頁）
告示　在サンパウロ市帝国総領事館／奥付（裏表紙）

第一三九号　一九一八年九月二一日

社説（一・二頁）　海外興業株式会社とは何乎
雑報（三頁）　伯国米国に留学生を送らん／米国の日本人と土地所有問題／伯国遣欧艦隊の活働／虎口を逃れたる汽船／日本人青年会の総会／小笠原氏の地方行き
外国電報（四～七頁）　米仏軍セントミエールに勝つ／米

軍メッツを砲撃す／パーシング将軍ベーカー卿を訪問す／セント・ミエール会戦／独軍又もや巴里を砲撃せんとす／独飛行機の巴里襲撃／英兵の損失／墺国講和を提議す／独乙白耳義に講和を申込む／日本軍釜山に上陸す／日本軍の偉功／日本軍シベリアに奮戦す／日本チェックスラブを承認す／寺内内閣瓦解か／本野氏逝去す／米国と講和提議

サンタカーザ寄附者芳名並に金額（第拾五回）（八・九頁）

＊戦後の日米親善策　金子堅太郎（一〇～一三頁）

広告　カーザ東京（一三頁）

日本便り（一三～一五頁）　新顔の殿様議員／要塞戦に有効なる掘鑿機／片眼部落

世界大戦のいろいろ（一六～一七頁）　交戦国空中戦優劣比べ

戦陣録（一八・一九頁）　銃殺せよ（つゞき）七．地下の武器密造

文芸欄（二〇～二三頁）　でたらめ数種

読者は何故に此の絶好の機会を捕へぬのか？　星名・小笠原組合殖民部（二五～二七頁）

広告（二四・二八～四一頁）

告示　在サンパウロ市帝国総領事館／奥付（裏表紙）

第一四〇号　一九一八年九月二八日

社説（一・二頁）　海外興業株式会社とは何乎（其二）

雑報（三～五頁）　一躍公使に進んだ堀口氏／サンジョアン耕地の失態事件に就て

外国電報（六・七頁）　聯合軍の得たる捕虜数／アイスネ及びサンムの戦闘／セント・ミエールに於ける戦利品／仏大統領の戦線訪問／独帝の訓令／露国独逸に労働者送る／日本軍勝つ／寺内内閣辞表を提出す

戦後の独逸処罰手段（八・九頁）

広告　カーザ東京（九頁）

日本便り（一〇～一二頁）　露領遠征軍幹部発表さる／良子女王殿下の守り刀を鍛つ／同女王殿下の御学友決定／遣伊飛行将校人選漸く決定す／物価騰貴状況

歌　聖市　小笠宗生（一二頁）

本週聖市物価表／本週為替相場（一二頁）

伯国日本人青年会第拾三回総会（一三頁）

文芸欄（一四・一五頁）　旅より　エミリオ

諸君は何故に此の絶好の機会を捕へぬのか？　星名・小笠原組合殖民部（一七～一九頁）
広告（一六・二〇～二九頁）
告示　在サンパウロ市帝国総領事館／奥付（裏表紙）

第一四一号　一九一八年一〇月五日

社説（一頁）　兇独の末路
雑報（二・三頁）　サンジョアン耕地失態事件の其後／第二回産業博覧会の盛況／聖市に物価制限令発布さる
最近電報（四～七頁）　大戦の終局近づく／土耳其の休戦提議／独逸の上下震駭（がい）す／墺匈国単独講和の下心
日本通信（七頁）　新内閣成立／遠征軍の活動
西部戦線（七頁）　カムブレイの占領
世界のいろいろ（八頁）
日本便り（九～一一頁）　今秋の大演習／正貨の現在額／対支投資額／露領出征聯合軍総司令官大谷陸軍大将の片影／百万円の寄附
サンタカーザ寄附者芳名並に金額（第十四回）（一二・一三頁）

文芸欄（一四～一六頁）　旅より（続き）　エミリオ
広告（一六頁）　弁護士スペンサー・ヴワンプレー
諸君は何故に此の絶好の機会を捕へぬのか？　星名・小笠原組合殖民部（一七～一九頁）
広告（二〇～二九頁）
告示　在サンパウロ市帝国総領事館／奥付（裏表紙）

第一四二号　一九一八年一〇月一二日

社説（一頁）　兇独の末路
独逸遂に屈す（二～四頁）
最近電報（五～七頁）　独逸愈々和を請ふ／独逸講和の哀願は青天の霹靂／聯合諸国の輿論は／独逸の軍神ヒンデンブルグ退く／独逸講和の報る聖市独人面影
日本便り（八～一二頁）　火薬爆発の大惨事／殺気立つ陸軍省／総長辞職問題／藤田男が十万円を／世界一長い無線電話／兒玉神社を
サンタカーザ寄附者芳名並に金額（第十七回）（一二・一三頁）
文芸欄（一四～一六頁）　旅より（続き）　エミリオ／長太息　土井晩翠

諸君は何故に此の絶好機会を捕へぬのか？　星名・小笠原組合殖民部（一七～一九頁）
広告（一六・二〇～二九頁）
告示　在サンパウロ市帝国総領事館／奥付（裏表紙）

第一四三号　一九一八年一〇月一九日

社説（一～二頁）　大戦之意義　其三
独逸の講和哀願（二～四頁）
日本便り（五～一一頁）　畏き大任を負せらる可き東伏見大将宮殿下／敵の根拠地ハバロフスク市を奪ふ／大谷将軍より勝報到る／東宮殿下御見学／直江津／新に陸海十大将／伊太利へ行く飛行将校の人選／練習艦隊環る
天長節祝賀会／転居・小笠原尚衛（七頁）
サンタカーザ寄附者芳名並に金額（第十七回）（一二・一三頁）
文芸欄（一四～一六頁）　小品数種
諸君は何故に此の絶好機会を捕へぬのか？　星名・小笠原組合殖民部（一七～一九頁）
広告（一六・二〇～二九頁）

告示　在サンパウロ市帝国総領事館／奥付（裏表紙）

第一四四号　一九一八年一〇月二五日

社説（一～二頁）　大戦之意義　其四
独逸の講和哀願（三～五頁）
西班牙風の大流行（五・六頁）
讃岐丸サントス着（六・七頁）
天長節祝賀会中止／転居・小笠原尚衛（七頁）
日本便り（八～一一頁）　三百万円下賜／大谷司令官伺候／海軍少尉に任命／桑港総領事決定す／御進級の四宮殿下／世界一の無線電信局／九元帥に賜はる元帥刀の制定／ウスリ戦局公報発表
サンタカーザ寄附金並に金額（前号の続き）（一二・一三頁）
文芸欄（一四～一六頁）　余と友　M生／僕が友　T生／俳句
諸君は何故に此の絶好機会を捕へぬのか？　星名・小笠原組合殖民部（一七～一九頁）
広告（二〇～二九頁）

告示　在サンパウロ市帝国総領事館／奥付（裏表紙）

第一四五号　一九一八年一〇月三一日

社説（一～三頁）　天長節を迎えて

讃岐丸着／流行感冒益猖獗／聖市は半商半休／サントス港は尚甚だし／リオ市は下火（四頁）

兇独の末路（三～七頁）

転居　小笠原尚衛／在聖同胞に告ぐ　伊藤庄吉（九頁）

日本便り（八～一一頁）　香取丸船客全部抑留／東京府の米廉価／三菱の新計画／日置公使渡米／某師団の出発／聖上御下賜金の分配／大阪の富豪寄附

サンタカーザ寄附者芳名並に金額（前号の続き）（一二・一三頁）

文芸欄（一四～一六頁）　雨の降りそうな日　アルフレッド／嘘／鰹船／夜の牛小屋

諸君は何故に此の絶好機会を捕へぬのか　星名・小笠原組合殖民部（一七～一九頁）

広告（二〇～二九頁）

告示　在サンパウロ市帝国総領事館／奥付（裏表紙）

第一四六号　一九一八年一一月九日・一六日

社説（一頁）　戦争の終結

戦争終結（二～七頁）

日本便り（八～一一頁）　日本出兵宣言／軍隊の出動／廉価販売の大声／浦塩に外交団／新総領事／中島大尉の研究所へ七拾五万円を投資／内務旅費増給／酒田本間家

サンタカーザ寄附者芳名並に金額（前号の続き）（一二・一三頁）

文芸欄（一四～一六頁）　余の知る興味ある人　久保生／余と友　香川KT生

諸君は何故に此の絶好機会を捕へぬのか　星名・小笠原組合殖民部（一七～一九頁）

広告（二〇～二九頁）

告示　在サンパウロ市帝国総領事館／奥付（裏表紙）

第一四七号　一九一八年一一月二三日

社説（一・二頁）　嗚呼小笠原吉次翁　星名生
休戦条約の遂行／小笠原吉次氏の計／聖市の流行感冒／前例無き平民内閣（三〜七頁）
日本便り（八〜一一頁）　憲政会の宣言／四殿下の御陞進／大阪朝日社長襲撃／原新内閣の親任式挙行／名古屋師団チタに到着師団司令部同市に設置
サンタカーザ寄附者芳名並に金額（前号の続き）（一二・一三頁）
文芸欄（一四・一五頁）　去る拾八日　K生／新婚の妹より姉え
諸君は何故に此之絶好機会を捕へぬのか　星名・小笠原組合殖民部（一七〜一九頁）
広告（一六・二〇〜二七頁）
告示　在サンパウロ市帝国総領事館／奥付（裏表紙）

第一四八号（一九一八年一一月三〇日）
社説（一・二頁）　日本人墓地之必要
講和会議に於ける日本　＊他、第一次世界大戦関係記事（三〜六頁）

雑報（六・七頁）　荒井金太氏転任／聖市の流行感冒／リオ市の大罹工／小笠原氏家族の殖民地入り／山科氏の渡米
日本便り（八〜一一頁）　前例無き平民内閣
サンタカーザ寄附者芳名並に金額（一二・一三頁）
文芸欄（一四〜一五頁）　余の思ひ　K生
諸君は何故に此之絶好機会を捕へぬのか　星名・小笠原組合殖民部（一七〜一九頁）
広告（一六・二〇〜二六頁）
＊奥付　未見

第一四九号　未見

第一五〇号　一九一八年一二月一四日
社説（一〜三頁）　伯国の富裁
最近電報（三〜七頁）　廃帝カイゼル自殺を謀る／廃帝カイゼルの裁判／聯合軍ライン河畔を占領す／聯合軍伯林に到らん／暗黒の伯林市／ウイルソン氏の仏国着予定／平和会議の開会日／諸国元首の米国行き／聖州の蝗害／クルップ会社の前途／聯合国祝賀会旗行列参列

の順序
聯合国祝賀会旗行列参加の順序　発起者・南米社など（七頁）
日本便り（八～一一頁）　政友会の意気込／独探活動／米船日本近海に難破／悲惨なる日本女工六拾万／米船で薩摩の守

カルダス便り　エミリオ生（一二頁）
サンタカーザ寄附者芳名並に金額（第二十五回）（一三頁）
投書欄（一四～一五頁）　好球児諸君に告ぐ
広告（一六頁）　米国医学士　伊藤庄吉、市街地売却　南米社
裏表紙（欠）

これらの項目をみて気づくことは、この時期すでに始まっていた第一次世界大戦の戦況など世界の動向を報じる記事が多くみられ、また農牧業に関する記事や文芸欄が存在することであるが、ここで一〇四号以後のブレジョン殖民地および星名、そして彼と同殖民地を共同経営することになる小笠原尚衛に関する記事を拾い出してみよう。まず一〇五号（一九一八年一月二六日）では「ブレジョン殖民地の近況」として同殖民地へ視察に出かけた星名がサンパウロに帰ってその様子を談じ、鉄道敷設が進み二月迄にサンパウロ市からブレジョンまでは鉄道の便にて到達する、殖民地内に二個の商店がある有様、該地方一帯の気候佳良なる事を明らかにしている。また「諸氏往来」では「小笠原尚衛氏は二十四日夜行列車にてブレジョン植民地に」とある。また一一二号（一九一八年三月一六日）の「ブレジョン殖民地の近況」では、さらに具体的に次のように報告されている。なお、ここで梅弁殖民地についても触れているが、一一六号（一九一八年四月一三日）でも「梅弁殖民地の現況」について報告がみられ、これによると去年八月末に入殖者の手に依って作物の栽培が始まったが、天然肥料に富み珈琲、棉花、麦、豆類、玉蜀黍其他諸種の農作物に偉大なる自然の恩敬に浴しつつあり、その他フェジョンや米作においてもその地力の優秀なるを発揮していると宣伝している。

ブレジョン殖民地の近況（第一一二号、一九一八年三月一六日）

殖民地要務を帯びてブレジョンに出張中の社主（星名のこと）は去る十四日帰聖せられたり其近況を聞くに

△鉄道の布設終了

ヴィヤード駅よりブレジョン駅に至る鉄路は予定の如く既に其布設を終了し毎日、土工列車の運転を開始したれば聖州何れの地方よりするもブレジョン殖民地までは鉄路に依って往復する事を得て入殖者の為めには多大の便宜を得る事となれり

△殖民地の現況

本年一月を以て発表したるブレジョン殖民地三千アルケールスの地区は今や大半売約済みとなり契約数約百家族を超へ其売却面積二千五百アルケールスを超へたり最初の入殖者としては福岡の人、草場、毛利氏等の家族五名去る二月初旬を以て入殖し毎日伐木開拓に余念なし本月中に更らに二三家族入殖者あるべし

△視察者の感想

二月中旬より三月初旬にかけてモジアナ、及びソロカバナ線より十余名の視察者あり何れも土地の肥沃なるには一驚を喫せられたる者の如く「コンナに肥沃の地はドオしても他所では見出す事は出来ません」とは異口同音の賛辞にして何等之れを誇大するの必要はなくて○○線某殖民地（暫らく其名を省く）に地区を購入し既に三年生の珈琲まで植へ付け終られたる某々十家族の如きは何れも是までの事業を他に譲りて新らしくブレジョンに其運命を開拓せんとて百五十余アルケールスを購入せられたる事業の如きはまだブレジョンを視察せられざる人々には如何にブレジョンが優勝なる所で有るかと言ふ事を推奨するのに是れ以上の証言は他に求められざるべし

△梅弁の入殖者

社主がブレジョンに滞在し居れる、を聞き梅弁殖民地の最初の入植者目崎松右エ門、稲田留蔵、平川寅蔵の諸氏は態々訪問に来られ何れも非常の希望を以て其感慨を語られ斯くの如き絶好の殖民地を世話せられたる社主の労を感謝し中にも目崎氏の如きは昨年八月二人の女児を携へて無人の地に移住しあらゆる困苦と戦ひ漸く今日の境遇を得たる事を具さに物語□□たる時の如きは之を聞きて□りたる社主始め何れも同情の涙にむせばざるはなかりしと云ふ

（以下略）

ところで、前掲の星名による署名記事「ブレジョン殖民地の創設」は、現存している一三四号からは「諸君は何故に此絶好の機会を捕へぬのか？」に変わっているので、その内容を以下に紹介しよう。この頃になると、小笠原尚衛との共同経営によって「星名・小笠原殖民部」の名で掲載され、新たに鉄道敷設や停車場あるいは商店の存在などを土地の販売材料にして、視察を勧誘している。なお、文中のリモエイロ（又はブレジョン）停車場というのは、アルバレス・マッシャード駅とのことである。注16

諸君は何故に此絶好の機会を捕へぬのか？（第一三四号以降）

世界の大戦は至る所に農産物の欠乏を来しまして其価の騰貴致しますことは何程になるか予知する事が出来ません設令（たとい）此大戦が明日結了致すことになりましても此所三四年間と云ふものは農産物の価格が今日より下落すると云ふ事はありません此れは伯国農務課長の告諭文が全国至る所の停車場に張り付けてあるのを御覧にな

れば其理由が委しく判ります、此千載一遇の好機会を捕へて其成功の基礎を固めるのは我在留諸君の当然の務めかと存じます私共が昨年来殖民地の計画に尽瘁致し居りますのも此理由で御座います

我ブレジョン殖民地は其選定当を得まして交通の便利、水質の佳良、地味の肥沃、地価の低廉なる事は何れの殖民地に比較致しましても一等地を抜いて居ると云ふことは今日迄の購買者、入殖者等の活きたる証拠が諸君を御満足致さしまする何よりの証人で御座ります

殖民地の基礎

私共は少なからざる資本を投下致しまして殖民地事業を経営致して居りますので他の類似の殖民地創設者などの如く無責任なる仕事を致し居るのではありません私共は諸君の御成功なさるのに十分の保証と其準備が有るのでござります

ブレジョン殖民地々価

壱アルケール　　現金払　六拾五ミルレイス以上

　　　　　　　　年賦払　七拾五ミルレイス以上

年賦払は十二ヶ月目毎に三回無利息

○専用停車場と市街建設

当殖民地はリモエイロ停車場其中央に位置し我同胞殖民者の専用停車場として将来の大発展を期し居れば斯くの如き有望なる殖民地は伯国内何れの所にもあることなし又同停車場に接近して市街を建設するの計画熟し居れば遠からず其詳細を発表すべし

○土地登記

登記は顧問の弁護士をして専ら其衝に当らして居りますので何等違法の点は在りませぬ夫れで地券の確実なることは現に購買者に交付して居る完全なる登記に依って立証せられ居れば何等の疑惑もありませぬ今日迄登記完了の分既に数十家族に達しました

○地区測量

御購買になりましたる地区は該地派遣滞在の測量技士に命じまして二ケ月以内に測量を完了致さす様の準備が出来て居ります

○殖民地の位置

当殖民地は此度の拡張に依りて八百十基米（キロメートル）の標木より八百二十一基に至る迄の鉄道沿線十一基米奥行十四基米全部を包有したる厖大なる面積を有しリモエイロ（又はブレジョン）停車場は其中央八百十四基・二六八の所にあり

○顧問弁護士

殖民地事業の拡張に伴ひまして益事務の複雑を感じますので此度聖市第一流の弁護士スペンサーハンプレー氏を顧問に傭聘致しまして法律上何等遺憾のなき用に凡ての事に注意致して居ります

○鉄道

リモエイロ停車場迄は毎週三回或は四回の無賃乗車往復しつゝあり

○商店

リモエイロ駅と殖民地内に鉄道会社付属の商店が二軒存在して居りますので唯今より入殖なさる諸君には何等の不便もなく其日より労働に全力を御注ぎになることが出来ます

〇土地の視察

若し何所かにて殖民地を求めんと欲せらるゝ諸君は必ず夫れを御決定なさる前に是非一度ブレジョン殖民地を御視察あらん事を御すゝめ致します旅費と僅かの日時とを惜んで土地の選定を誤る事がありますれば夫れは諸君一生の失敗の基となりますそれでブレジョンを御視察なるのにはソロカバナ線インディアナ駅までの切符を買ひそれより無賃の土工車に乗じリモエイロ（又はブレジョン）駅に達しますそこには私共の派遣して御座います事務員が居りますから万事の御世話を致します

大正七年七月　　星名・小笠原殖民部

さて、現存する『週刊南米』が発行されていた一九一八年当時は、前述のように『日伯新聞』と『伯剌西爾時報』の日本語新聞が発行されていた。このうち現存するのは『伯剌西爾時報』で、この新聞はサンパウロ市で発行されたため地方のニュースはそう多くないが、ここで星名および南米社に関わりがある記事を中心に拾ってみよう。

一九一七年では、一一月九日に「天長節祝賀会寄附芳名」の二〇名ほどの中に星名や小笠原尚衛などの名がみられる。[注17] 翌一九一八年になると二月二二日に、昨年北米テキサス州より渡伯した西原清東が、甘蔗（さとうきび）農園を開くために作人を募集する広告を出している。[注18] 六月七日には、星名の出した『週刊南米』に偽りの記事があったらしく、「松村総領事の帰朝と題する「南米」の記事は嘘」と題する記事と松村自身による以下のような広告が掲載された。

六月一日発行南米週報に小生今般本省よりの招電に接し愈六月二十日前後を以て北米経由帰朝云々の記事有之候処右は全然跡形もなき虚構の記事に有之候に付念為此段広告候也

大正七年六月　　松村貞雄[注19]

このためと思われるが、星名は警察に拘引されたという記事が六月二二日、次のように掲載された。「星名氏拘引さる　昼の日中事務所より　南米社長にしてブレジョン及び梅弁殖民地経営者と自称触れ出しの星名謙一郎氏は近頃如何なる罪咎のありしにや去る十七日は午後の三時頃当市ラルゴダセー九番の星名、小笠原事務所より警察署に拘引され種種訊問を受けたる後翌朝帰宅せりと云ふ[注20]」。

これまで見たように、『週刊南米』は一九一八年一二月一四日発行の一五〇号まで現存するが、南米社の名前もこの年までしか『伯剌西爾時報』に登場しない。星名はこの頃までに新聞をやめて、ブレジョン殖民地に本拠を移したものと考えられる。

4　小笠原一族の到来

星名と共同でブレジョン殖民地を経営しようとした小笠原尚衛は、すでに一九一七年八月に日本から来聖（サンパウロ）していたが、その一族が翌一九一八年に大挙してやって来た。小笠原尚衛は高知県出身、同じ高知出身の武市安哉の聖園農場第三次入植者として一八九五年北海道樺戸郡浦臼に移住、しかし毎年のように起こる石狩川の氾濫のため、一九〇二年名寄に行き、その後間もなく中川郡美深に行き、そこで宗谷線切っての農業経営をしていた。[注21]ところが、聖園農場第一次入植者で、星名と同じ東京青山学院出身で海外植民学校校長をしていた崎山比佐衛の南米移住事業に共鳴[注22]したのである。

彼の動向については、すでに『週刊南米』一〇五号の記事で、一月二四日の夜行列車でブレジョン植民地に向かったことを紹介したが、一三九号（一九一八年九月二一日）の雑報記事にも「小笠原尚衛氏は所用を帯びて十九日夜行列車にてブレジョン植民地に出発せらる」とあり、たびたび視察に訪れていたことが分かる。そしてその家族のことであるが、当時の『大阪毎日新聞』では、尚衛の父である九一歳の吉次（きちじ）をはじめとする一族が、ブラジルに出発するまでの様子を逐一紙上に掲載している。まず七月三日に「四十六人の大家族を率いて伯剌西爾へ移住　総大将は九十一の老翁　荒蕪地の開墾が道楽」と題する次のような記事である。

齢九十を超えたる老翁の身をもって四十六人の一族を率いて遠く南米伯剌西爾に移住せんとする小笠原翁（九十一）は予て自ら開墾命名せる北海道宗谷郡下名寄村を引払って一両日前上京、目下東京府下駒場農科大学側の仮寓にあり翁は往訪の記者を迎へて語る「私は生れ付荒蕪地を開墾する事が好きでして一昨年十二月の事今の植民学校の崎山氏が南米の我等の行く所へ行って見る気はないかと言はれたので遂に昨年一月愈々行く事に決し同年六月先づ倅の直衛（ママ）（四十九）を単独で伯剌西爾に遣はした直衛（ママ）は同国サンポール州サンポール市のブレッション植民地に仲間と共に七千五百町歩の土地を買うたから早く私にも来いと云うて来たので愈々一昨日住馴れた名寄村を後に上京した、で私は四十六人の子や孫や曾孫をつれて近日出発する積りです私の生国は高知県長岡郡西本山町字助藤で明治二十七年之

一家族四十七人借切列車で
長崎から南米にゆく小笠原九十一翁の一行

は既に得意筋へも同筆法で課税した實例が報ぜられ而もそれは「繼ぎ」と「繼ぎ外し」で多少の鞘をせしめた

素人 でも期間の少し長く延びたものに向つては悉く戰時利得として重荷を申しつかる「他の商内では皆が儲けてゆくのだか

西がドシ〳〵寄港船を徴發するといふ電報のあつた、めで紡績株が落ちたのは棉高の前途尚逆睹すべからずと觀たからである、此處暫くは政府の脚下頗る暗澹たる如くに株式市場も「安定」を失つて赴く所に迷ふであらうといふのが玄人の觀た所である

張郡内各町村の〇〇〇〇〇檢査を行ふ筈なるが二十六日夜同大尉の

支店長批難

長崎市上野屋旅館滯在の三井洋行香港支店長山崎總之助は二十四日藝妓五名と共に自動車にて道尾温泉に赴く途中長崎驛前にて野菜賣の老婆

南米が何ぢや

水一つ越した向ふぢやないか

ブラヂルへ移住する

小笠原吉次翁の氣焔

【三等一室を借切つて廿七日朝大阪通過】

九十一の老齢をもつて南米ブラジルに移住する小笠原吉次翁は廿七日午前六時半大阪驛を通過した、戎顔の翁を中心に老若取り交ぜ男十九人に女廿七人の

一大家族 は後部の三等車一室を占領し半月前に生れたばかりの嬰兒から十歳前後までの子供が十二三人もゐるので賑かなこと夥しい、一方には又岡林信次(七十)吉雄かなめ(二十)小笠原一馬(六十)其妻とよ(三十)などの老人株から

は耳は少し遠いが矍鑠たる元氣で車窓から半身を乗出し同じ列車で朝鮮に向はせらるゝ李王世子奉送の爲め其場に來合せた池上市長の手を掴んで念入の握手をしながら「有り難う〳〵」を繰返す、此時老翁の意氣に感激したと云つて封金を呈して行つた人が三名ある、又

車窓から 花輪を捧げた美人もあつた、翁は一々「有り難う〳〵」を繰返した上低聲ながら力強い調子で

を買つたと知らせて來たケニ俺一人で押し渡ると云ひ出したら到頭皆で行く事になつた、俺は十三の時から荒地を開くことばかり行つて來た、此年になつても鍬と鉞を持たせれば若い者にや負けんつもりぢや、南米々々と云ふが一體南米が何ぢや、水一つ越した向ふぢやないか」と萬丈の氣を吐きフト前歯の缺けた歯並をニツと見せて「ちやがノ、實は東京で餘り御馳走攻めに逢うたので生れて初めて腹を痛めた、それで今日は着物で來ましたのぢや、俺の洋服姿はハイカラぢやケニ、ハヽヽ」と哄笑、一行は一人殘らず

基督教の 洗禮を受けてゐるといふ、かくて又一頻り有難う〳〵を繰返し阿爺さん萬歳の聲に送られて長崎に向つた、九月五日長崎出帆の

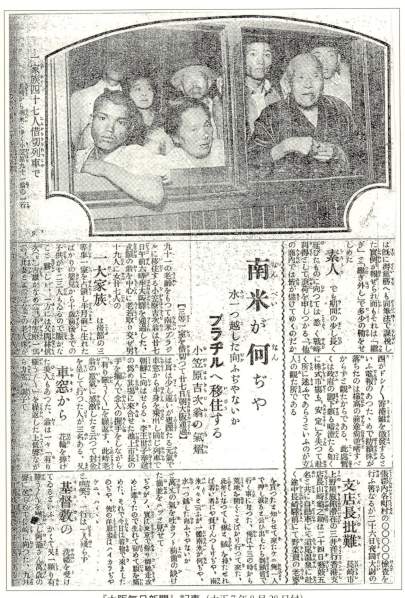

『大阪毎日新聞』記事（大正 7 年 8 月 28 日付）

れをやるには北海道が最も良いと云ふので付近の十家族と共に移住し十箇年の後石狩小月形で裏臼村と云ふのを造ったその後従来居た宗谷郡名寄村を開墾して今は三千の戸数となって居る今回愈々伯剌西爾に移住する事ですから先方に渡って一鍬たりとも一鋤たりとも入れて死にたい、私の家族は皆草取りをしない日は其日が面白くないのです」と極めて元気な挨拶振りであった。[注23]

また東京滞在中の七月二六日には丸の内の鉄道協会で江原素六（麻布学園創設者、クリスチャン）、床次竹二郎（鉄道院総裁）、澤柳政太郎（成城学園創立者）、濱口雄幸（高知県出身、後に総理大臣）らの主催のもと送別会が行われた。[注24] そして八月二八日には、前日に大阪駅を通過する際のことを写真入りで詳細に報道している。[注25]

一行は、九月六日に長崎出港の讃岐丸にて出発した。[注26] これに対しブラジル側でも『伯剌西爾時報』九月一三日の記事で、九一歳の小笠原吉次が一族四五名を率い讃岐丸にて長崎出発サントスに向かったとある。[注27] そして一〇月二五日サントスに入港、契約移民千三百余名の外に、小笠原一族四六名や宮崎医学博士と蜷川法学博士も渡来、小笠原一族は二七日にサンパウロに入り小笠原尚衛氏宅にて休養し、かねて設定されたブレジョン殖民地に移住というのが『週刊南米』の一四五号（一〇月三一日）にも報じられた。しかしながらちょうどこの時期、サンパウロ市で流行性感冒が猖獗を極め、州政府は公園、学校、劇場等閉鎖を命じてサンパウロ市での天長節祝賀会も中止するほどであった。日本でもこのスペイン風邪が大流行し、新劇の島村抱月が一一月五日に病死している。これがもとで小笠原吉次は殖民地へ出発前の一一月一七日にあえなく亡くなってしまった。彼の死について『伯剌西爾時報』一一月二二日にも「小笠原九十一翁逝く」と題して報じているが、[注28] ここでは『週刊南米』一四七号（一九一八年一一月二三日）の「小笠原吉次氏の計」と題する記事を次に掲載する。ここでは脚気がもとで亡くなったと書かれている。さらに同号の星名自身による格調高い追悼文も書かれているので、その一部も併せて紹介したい。

小笠原吉次氏の計

日本朝野の諸名士より異例の同情を浴せられて去る八月長崎港を出発し一族四十六名を引き連れて当国ブレジョン殖民地に移住す可く渡来せられたる小笠原吉次氏は船中に於いて脚気に犯され十月二十五日にサントスへ到着せられたる其の後も病勢捗に敷きもあらず当市令息尚衛氏の自宅にて静養中なりしが如何せん九十一歳と云ふ老齢に気候の変化も手伝ひし者と見え高岡医師の治療も其効なく去る十七日午前三時、溘焉眠るが如くに逝去せられたり

翌十八日小笠原邸に於いて盛大なる告別式あり在留者多数の列席ありて午后三時半にはかの共同墓地に埋葬せらる痛惜に堪えざるなり

嗚呼小笠原吉次翁

九十一歳の高齢を以て一族四十六名を引卒し「モーゼ」の希然望と「ピユウリタン」の信仰とを抱いて当国に移住し来られたる小笠原吉次翁は去る十七日未だ明けやらぬ聖州の涼しき気を最後の呼吸として此の世を去られた

吾人は情としては翁の長逝を悼むも併かもその死が時と所とを得て具さに崇高なる使命を完了せられたる者であると云ふ事に考え及ぶ時には無量の感慨を以て微妙なる天意の配剤を讃美せずには居られない

（中略）人生誰が虚死（犬死のこと——筆者注）なからんや唯だ其死する時と場所とを得るに苦むと古人は嘆じたが翁は九十一歳の高齢を以って具さに人生を尽し最も適当なる時と場所とに於いて其凛々たる生涯を終えられたと云ふ事は之れは我が民族に対する微妙なる天の摂理と感嘆するより外はない

翁今や亡しと雖も其精霊は滂薄（満ち広がっていること——筆者注）として長へに我民族の上に靉靆（雲の日を覆うさま——筆者注）し直接其遺鉢を受くる四十有余名の子孫は我伯国に於ける同胞発展の基礎とならんとす我が民族発展史のあらん限り翁の名は永久に記憶せらるべきものである（星名生）

小笠原吉次の死後、小笠原袈裟次および尚衛兄弟の名で亡父の永別紀念として、伯国日本人青年会と日本人児童教育費に寄附をした。[注29] そして悲しみも冷めやらぬ小笠原一族は『週刊南米』一四八号（一九一八年一一月三〇日）の雑報記事によれば「過般渡来せられたる小笠原袈裟治氏の家族一行二十八名は二十八日午前六時の汽車にてブレジョン殖民地に向け出発せられたり尚残り余りの一行も不日（近日のこと——筆者注）同地に向け出発の予定なり」とある。

❖注

1　①『在伯日本人先駆者伝』（パウリスタ新聞社、一九五五年）、三～四頁。②岸本丘陽「先駆移民の巨歩を遺した石橋恒四郎氏」（『曠野の星』第四九号、一九五八年八月）、四七～四八頁。なお山縣勇三郎の生涯については、江田霞「——ある明治人の生涯——山縣勇三郎（1）～（26）」（『海外移住』第二九五・六号～三二三号、一九七二年一月二〇日～一九七四年五月一日）が詳しい。

2 前掲注1の①、四七二頁。および『コロニア五十年の歩み』（パウリスタ新聞社、一九五八年）、六二頁。

3 前掲注1の①、二五〇頁。

4 鈴木貞次郎『埋もれ行く拓人の足跡』（一九六九年）、一八九頁。なお同書の一九〇頁では、「星名がサンパウロ市に移ってきた年代は多分千九百十三年の終わりか千九百十四年の初め頃、即ち西欧大戦爆発の前後であった様に覚えている」とあり、少し食い違っている。

5 前掲注2『コロニア五十年の歩み』六二頁および市瀬義介「奥ソロカバナ・ブレジョン植民地の開拓苦闘史（五）」（『週刊日系』八九号、一九六四年一一月一日）。

6 輪湖俊午郎『流転の跡』（一九四一年）、一二七〜一二八頁。

7 前掲注6『流転の跡』一二八〜一三〇頁。

8 前掲注4『埋もれ行く拓人の足跡』一九〇〜一九一頁。

9 『伯剌西爾時報』第一七一号（一九二一年一月一四日）。

10 前掲注6『流転の跡』一五〇頁。

11 『伯剌西爾時報』第二一八号（一九二一年一二月九日）。『東京朝日新聞』一二三〇二号（一九二〇年九月一四日）〜一二三二五号（同年九月二七日）。『実業の日本』第二四巻第一一号（一九二一年二月）〜第二四巻第三号（同年六月）。

12 『植民』第四巻第五号（一九二五年五月一日）。

13 天理大学五十年誌編纂委員会編『天理大学五十年誌』（天理大学、一九七五年）、八四頁。

14 鹿野久市郎「灯篭考証」（大阪毎日新聞学芸部編『変り学読本』河原書店、一九三六年）、七四〜七九頁。

15 詳しくは拙稿「星名謙一郎と天理外語の鹿野久市郎――大正期のブラジル日本語新聞にみる」（『アメリカス研究』第二一号（二〇一六年一一月）参照。

16 宮下良太朗編『拓魂――アルバレス・マッシャード五十年史』（アルバレス・マッシャード連合日本人会、一九六八年）、三六頁。引用文中にあるアルケール Alqueire は面積の単位で二・四二ヘクタール（サンパウロ州）。またミルはミル・レイス Mil-reis で当時の通貨単位。一〇〇〇レアール（レイスは複数形）と同じ。半田知雄『移民の生活の歴史――ブラジル日系人の歩んだ道』（サンパウロ人文科学研究所、一九七〇年）七八九・七九二頁などによる。

17　『伯剌西爾時報』第一一号（一九一七年一一月九日）。
18　『伯剌西爾時報』第二五号（一九一八年二月二二日）。
19　『伯剌西爾時報』第四〇号（一九一八年六月七日）。
20　『伯剌西爾時報』四二号（一九一八年六月二一日）。
21　『聖園教会史』（日本基督教会聖園教会、一九八二年）。
22　前掲注21、三四七～三四八頁。および吉村繁義『崎山比佐衛伝』（海外植民学校校友会出版部、一九五五年）一二四～一二五頁。
23　『大阪毎日新聞』大正七年七月三日号。
24　『大阪毎日新聞』大正七年七月二七日号。
25　『大阪毎日新聞』大正七年八月二八日号。
26　『大阪毎日新聞』大正七年九月七日号。
27　『伯剌西爾時報』第五四号（一九一八年九月一三日）。
28　『伯剌西爾時報』第六四号（一九一八年一一月二二日）。
29　同前。

❖参考文献

［ブラジルの日本語新聞・雑誌］

『週刊南米』一九一八年。復刻版あり、不二出版、二〇一七年。

『伯剌西爾時報』一九一七～二一年。

『曠野の星』第四九号、一九五八年八月。

『週刊日系』八四号、一九六四年。

〔日本の新聞・雑誌〕
『大阪毎日新聞』一九一八年
『東京朝日新聞』一九二〇年九月一四日～九月二七日。
『実業の日本』第二四巻第三号（一九二一年二月）～第二四巻第一一号（同年六月）。
『植民』第四巻第五号（一九二五年五月一日）。
『海外移住』第二九五・六号～三二三号（一九七二年一月二〇日～一九七四年五月一日）。

〔書籍〕

大阪毎日新聞学芸部編『変り学読本』河原書店、一九三六年。

輪湖俊午郎『流転の跡』（一九四一年）。

『在伯日本人先駆者伝』（パウリスタ新聞社、一九五五年）。

吉村繁義『崎山比佐衛伝』（海外植民学校校友会出版部、一九五五年）。

『コロニア五十年の歩み』（パウリスタ新聞社、一九五八年）。

宮下良太朗編『拓魂――アルバレス・マッシャード開拓五十周年記念誌』（アルバレス・マッシャード連合日本人会、一九六八年）。

鈴木貞次郎『埋もれ行く拓人の足跡』(一九六九年)。

半田知雄『移民生活の歴史――ブラジル日系人の歩んだ道』(サンパウロ人文科学研究所、一九七〇年)。

天理大学五十年誌編纂委員会編『天理大学五十年誌』(天理大学、一九七五年)。

『聖園教会史』(日本基督教会聖園教会、一九八二年)。

[拙稿]

「星名謙一郎と天理外語の鹿野久市郎――大正期のブラジル日本語新聞にみる」(『アメリカス研究』第二一号(二〇一六年一二月)。

第七章
ブラジル時代後期

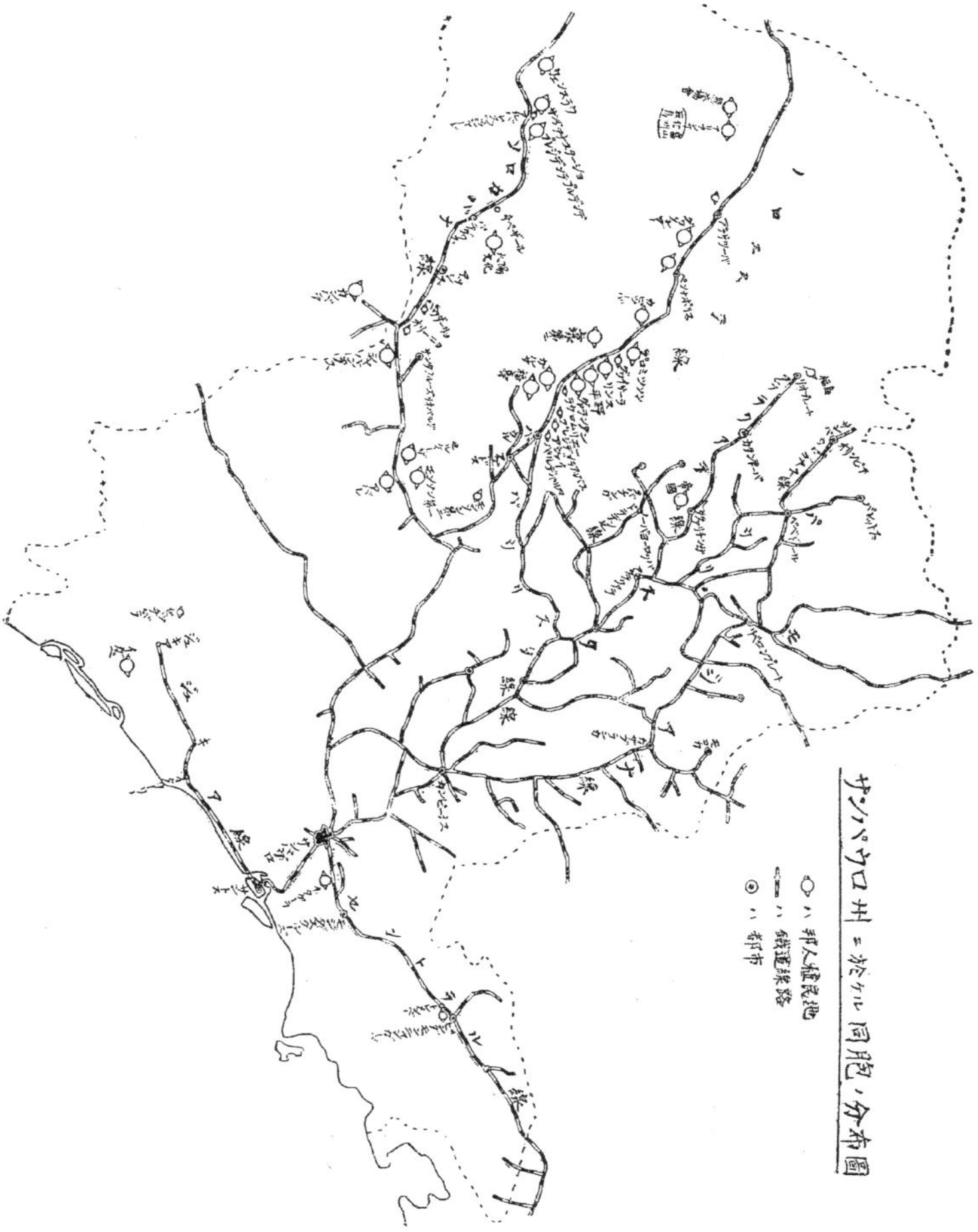

サンパウロ州に於ける同胞の分布図
八重野松男『今日のブラジル』（ジャパン・タイムス社、1929 年）542 頁。

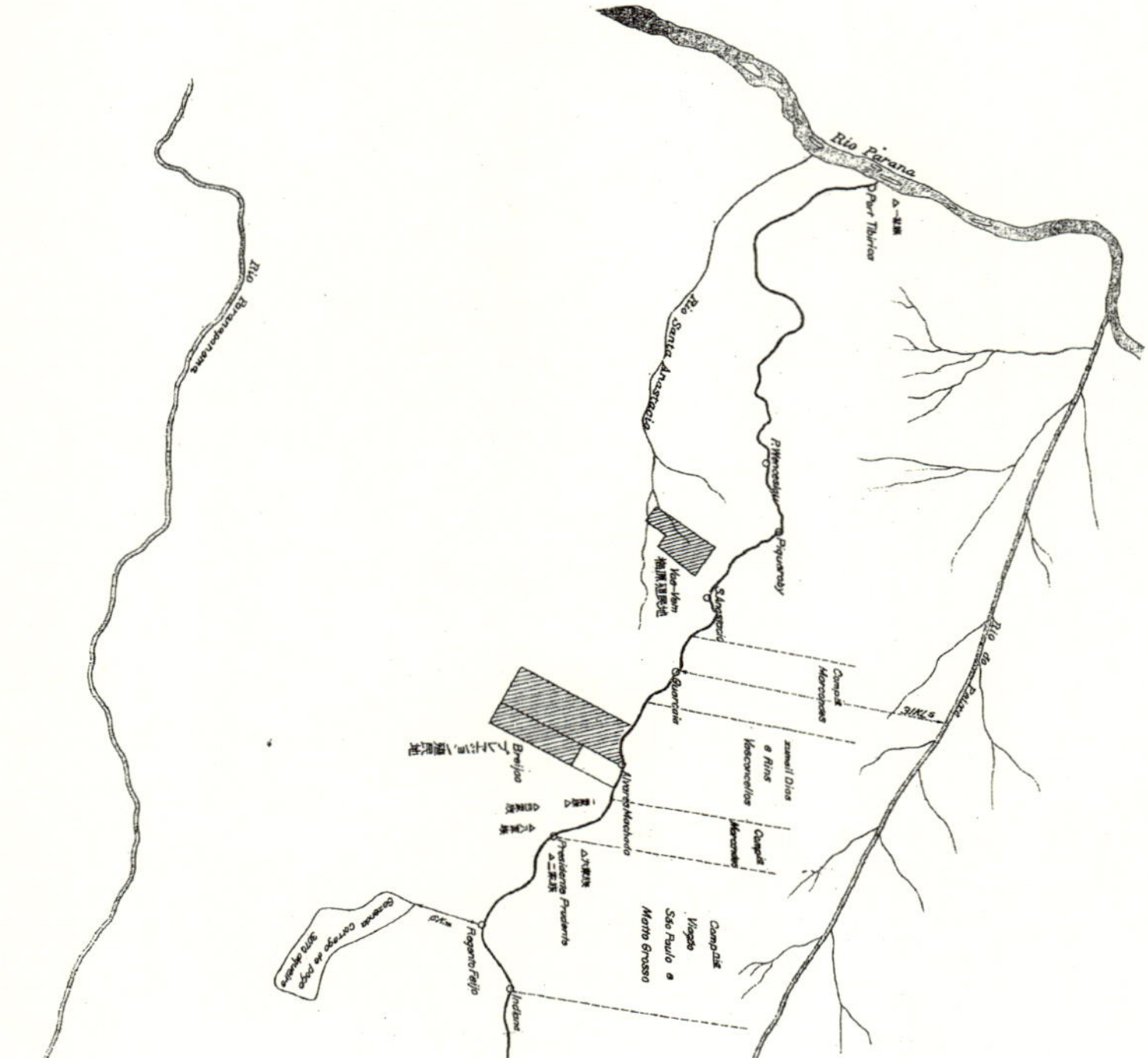

『移民地事情 第四巻』（外務省通商局、1923 年）

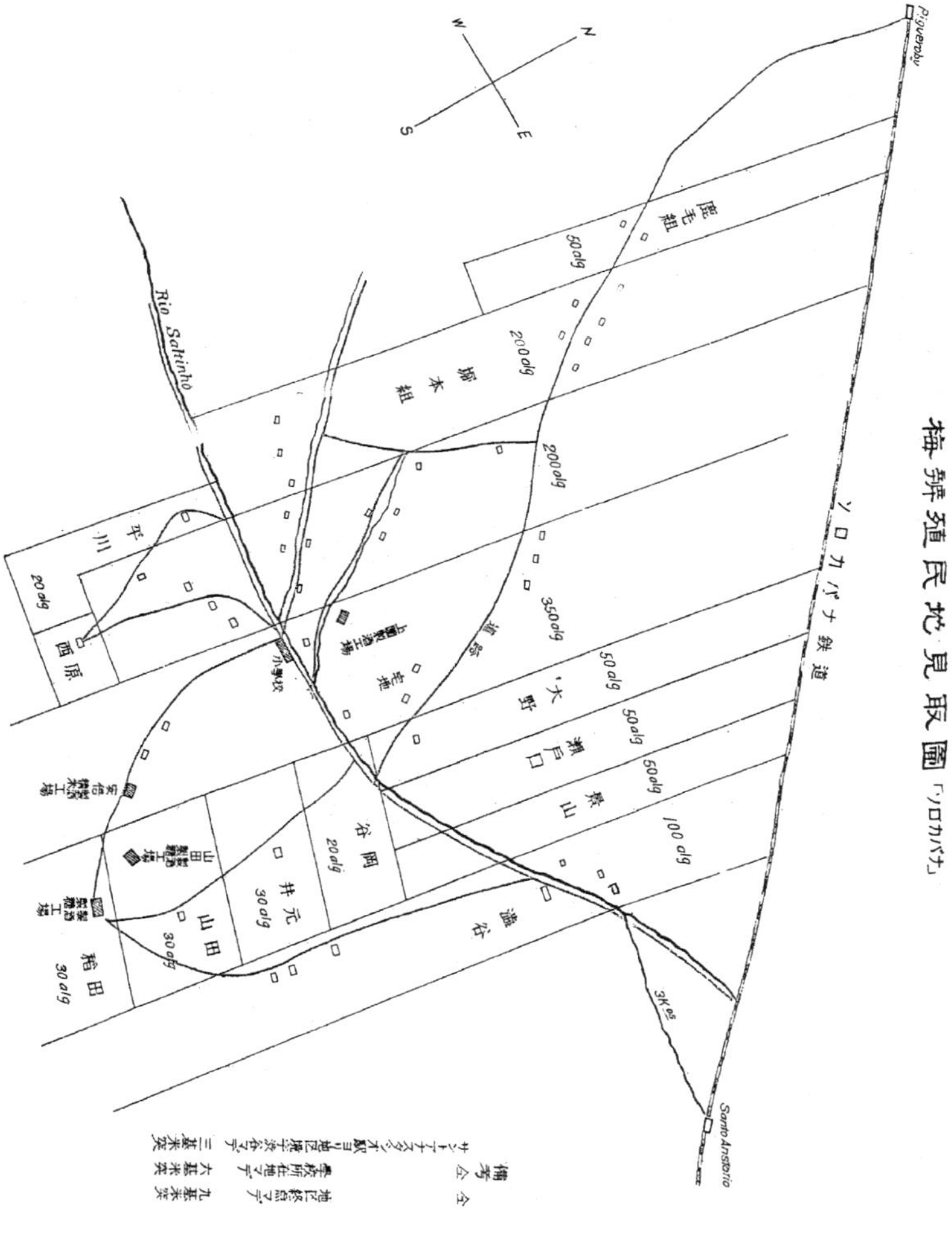

『移民地事情 第四巻』（外務省通商局、1923 年）

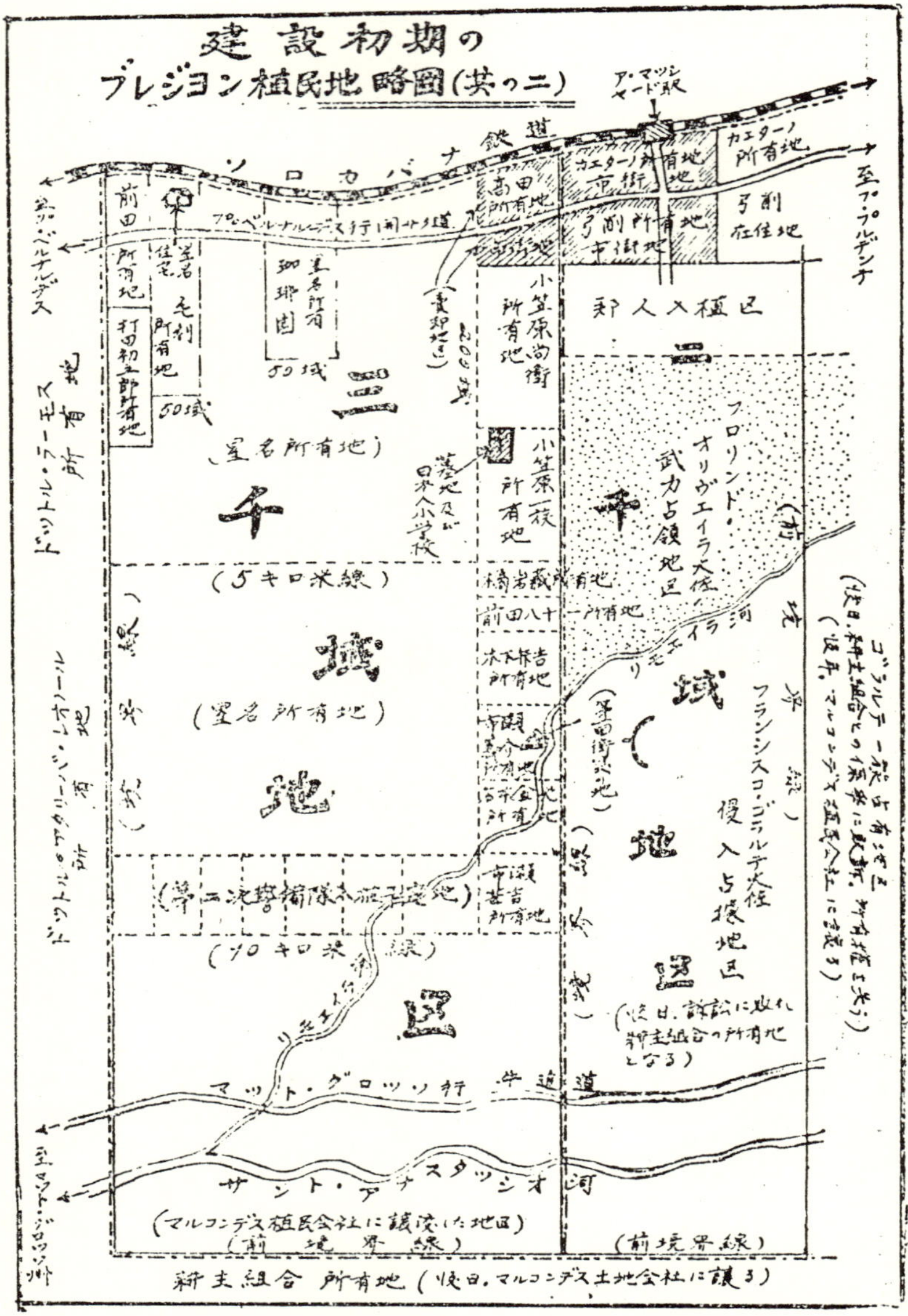

市瀬義介「奥ソロカバナ・ブレジョン植民地の開拓苦闘史（8）」
（『週刊日系』93号、1965年1月15日）

はじめに

前章における『週刊南米』の記事によって、星名が経営した二つの殖民地の売り出しのことや、一九一八年頃の状況などを若干うかがい知ることができたが、ここで改めて両殖民地のあらましを他の資料を用いて述べておこう。

梅弁（ヴァイベン）殖民地（一九五頁地図参照）は、土地名 Vai-Vem を模して星名が「梅弁」と命名したもので、ソロカバナ線サント・アナスタシオ駅（一九三頁地図中サンタアナスターショ）西方三キロから九キロの地に展開する九五〇アルケールの土地を斡旋した。これは松村総領事が持ちかけた話を星名が引き受けたものといわれる。当時の在伯日本人は松村総領事の勧誘などもあり、コロノ生活から独立農へと転進しようとしていた。一九一五年に平野運平がノロエステ線沿いのドウラードス川の対岸地を開拓したのは有名であるが、梅弁殖民地はこれに次ぐ二番目の日本人の殖民地といわれる。それは一九一六年という説[注1]もあるが、先の新聞記事によると一九一七年の七月頃であろう。

ブレジョン殖民地よりさらに二〇キロ奥にあった梅弁殖民地（一九四頁地図参照）には、先発隊として福島県人神尾仁太郎、同安斉亨、愛媛県人稲田留蔵、同幸野好栄、広島県人三島兄弟らが自ら購入した土地を開墾すべく、一九一七年六月に当時ソロカバナ線の終点であったインジアナ駅から七一キロの険路を突破して入植、次いで福島県人斉藤金太郎、同紺野安吉、同宍戸源徳らが入植して開拓を始めた。一九一八年には長崎県人渋谷駒平、広島県人目崎松右衛門、愛媛県人澄沢皆衛、鹿児島県人上園伝蔵、福島県人本田朝生らが入植して二〇家族となった。入植後間もなく大霜害にあったが屈せず、綿花栽培が当たって一息つき、一九一九年に多数の入植者を迎えて、ようやく殖民地を形成するに至った。さらに同年にはこれまでの米、綿花に加えてコーヒーの栽培が、愛媛県人山田秀雄、広島県人西原好次郎によって試作され、その後の発展の基となった。また一九一九年には日本人会、一九二〇年に梅弁小学校が開設された。[注2]

またブレジョン（Breijao）殖民地（一九六頁地図参照）については、ソロカバナ線アルバレス・マッシャード駅（一九三頁地図参照）付近の土地約三〇〇〇アルケールを梅弁殖民地の場合と同様、コンパニア・ファゼンディロスから買い、ブレジョン殖民地と名付けて売り出した。この時、前述のように日本から小笠原尚衛が大金を懐にして土地を買うという触れ込みでブラジルにやってきたが、小笠原は星名と合資でこの殖民地を開拓することとなった。[注3]

ブレジョン殖民地の最初の購入者は小笠原尚衛の二〇〇アルケールである。一九一八年二月に福岡県人の毛利哲夫兄弟が先駆し、次いで福岡県人井手磯太郎、熊本県人西村栄吉らが入植した。同年一一月には小笠原一族六家族が移住してきた。一九一九年には三重県人井関清太郎、前畑久五郎兄弟、福岡県人高田伊三、福島県人本田虎之助らの入植を見て、同年度末には三〇家族による同殖民地の開拓が始まった。これより以前、一九一七年には千葉県人向井捷次郎、長崎県人渋谷駒平が星名の下に測量隊として入植しており、鹿児島県人徳田八十八は鉄道工夫としてこの地にいた。入植当時、鉄道はインジアナ駅（一九四頁地図参照）までしかなく、町もインジアナ駅の町のみで、食料など生活必需品を求めるのも、徒歩二日野宿して、五〇キロの山道をインジアナ町まで通ったという。開拓当初は綿花、米を試みたが成績はよくなかった。コーヒーも大霜の害にあい全滅。バタタ

（ジャガイモ）の栽培も失敗した。しかしその後、殖民者の増加と農事改良により、ブレジョン殖民地は再び活気を呈するようになった。[注4]そしてブレジョン（第二）小学校は一九一九（大正八）年一二月に開設され、一九二六（大正一五）年までに第四小学校まで完成している。[注5]なお、この殖民地については『拓魂――アルバレス・マッシャード開拓五十周年記念誌』（一九六八年）が詳しい。

1　二つの殖民地経営（一九一九〜二三年）

星名および二つの殖民地関係の記事については、唯一この時期のもので現存する日本語新聞『伯剌西爾時報』によって一九一九年からみていくが、同年九月から翌一九二〇年八月までの号が欠けているのは全く残念である。

まず一九一九年二月一四日には「小笠原尚衛氏愈々当地を引き上げブレジョンへ向け十一日夜出発」、そして仲間の「福留繁昌氏小笠原氏と同行」[注6]とあり、本格的な入植が始まった。この直前の二月六日には、前出の日本人殖民地（平野殖民地、一九三頁地図参照）を開いた平野運平が病死している。この後、三月九日と六月二五日にブレジョンから小笠原尚衛が用務を帯びて出聖[注7]（サンパウロ市）とあるが、星名はこの時期、登場しない。

この頃、星名が妻のヒサ（久子）に宛てた手紙が唯一残されている。一〇月三〇日付のものであるが、年は残念ながら記されていない。文面からおそらく一九二〇年のものと考えられる。変体仮名交じりで読みにくいが、内容は以下のようである。

長々御無沙汰致しました。益々ご無事の様子安心致申され候。六、七月頃一寸帰朝致度存じ申され候所、こちらを留守にしておくわけもいかず、とにかく今年は帰ることが出来ません。先般、菊地恵次郎氏が帰られる時に、帰ろうとも思ったがそれもやめました。この前の手紙で菊地氏から珈琲一俵送って遣るように通知、既に御受取りの事と存じます。（中略）菊地さんが当地出立の際に、珈琲を買い付けるから、ついでに一俵買ってもらって、その代金として当国の金を渡してある、其その残金が日本金にして七十円ほどあるので、それをそちらへ届けてもらうように話をしたのですが、届いたかどうか案じています。それから、またそちらへ送金しようと思っていたのですが、この頃為替相場が大変不利益になったので、回復してから思っている間に、年の暮となりました。日本金が手許にありますので、この便で送りますから、届いたら子供に正月を楽しましまして遣ってく

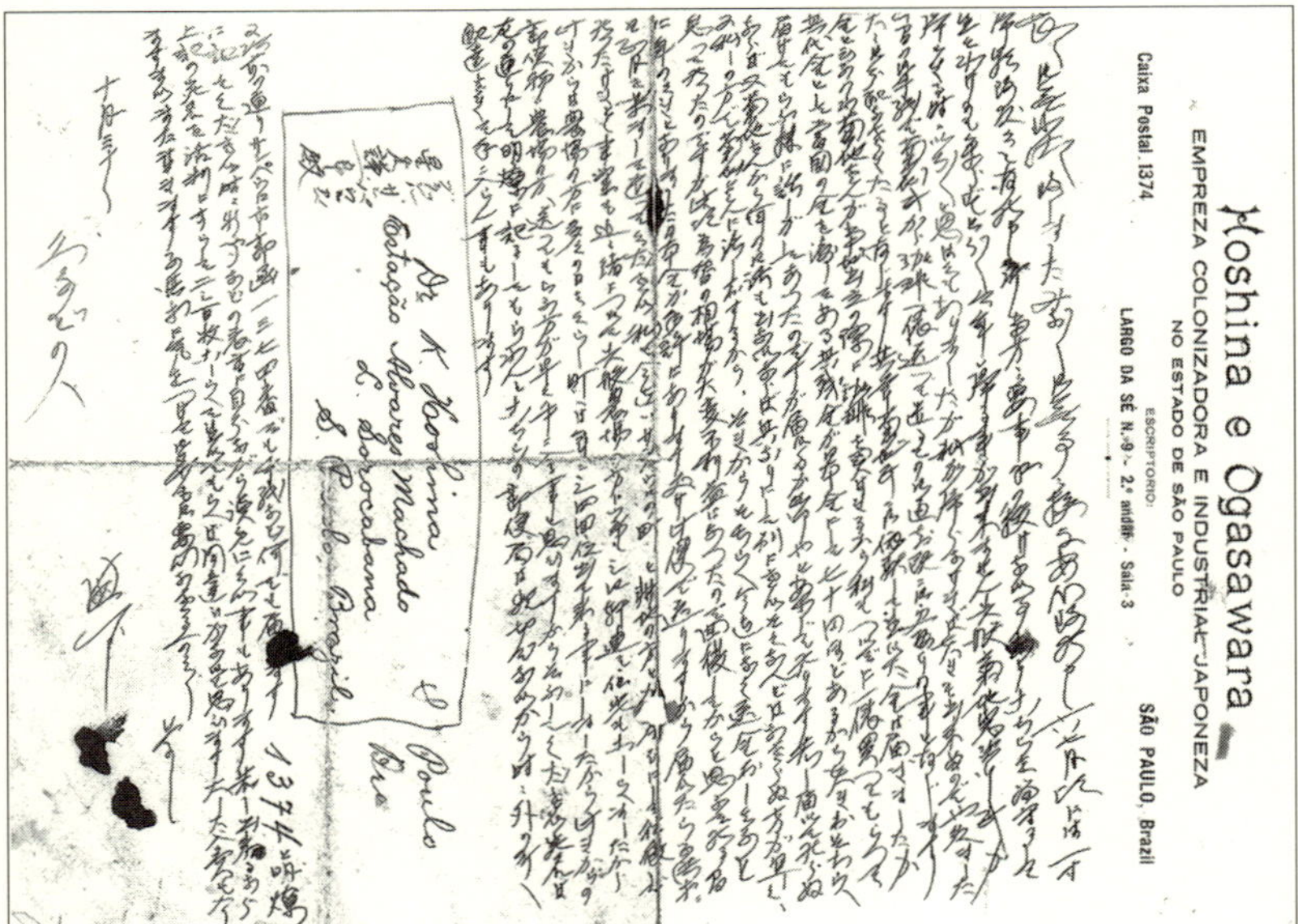
Hoshina e Ogasawara
EMPREZA COLONIZADORA E INDUSTRIAL JAPONEZA
NO ESTADO DE SÃO PAULO
ESCRIPTORIO:
LARGO DA SÉ N.º 9 - 2º andar - Sala 3
Caixa Postal 1374
SÃO PAULO, Brazil

「手紙」星名謙一郎から久子へ（故江上幸子氏所蔵）

ださい。私も今迄はサンパウロの町と耕地の方を往復しておったけれども事業も近々緒に就いて先般農場の方に家も三四軒立て住宅もこしらえましたから、これからは農場の方に多くの日をくらし町へは年に三四回位出て来ることにしましたから此れからの郵便物は農場の方へ送って貰う方が早く手に入る事と思いますからそうしてください。（中略）子供らに気をつけて。御身も御要心なさるべし　十月三十日　久子どのへ。

彼が一度、日本に帰ろうとしたが果たせず、家族を気遣う言葉があふれている。文中の菊池恵次郎は、愛媛県八幡浜の出身で星名の郷里に近い。同郷の誼もあって星名は菊池に依頼したのであろう。ちなみに菊池の本家である菊池清太郎も八幡浜であるが、清太郎の長女の恭子は、一九二五年に末光千代太郎の妻となっている。つまり星名ヒサの甥の嫁にあたる。菊池恵次郎は一八七五（明治八）年生まれで明倫館（宇和島にあった中学校）、熊本の第五高等学校を経て東京帝国大学法学部卒業、大阪の石炭商である今西林三郎商店（夫人の実家）の支配人として入社した。一九一八年に日本を出発してブラジルに渡航、上塚周平のイタコロミー（上塚第一）殖民地を援助した。約一年滞在の後、帰国して東洋乾板株式会社を創立して社長となりフィルムの国産化を図った。一九三四年に富士フィルムと合併し重役をつとめたが、一九三五年に死去している。注8

ブラジルにかかわったのは、上塚と熊本の高校時代および東京帝大を通じて先輩で、彼を援助するためであった。上塚が一九一七年に再渡航した際にも菊池が渡航費などを出し、神戸の埠頭まで見送った。注9一九一九年二月末に「シヤトル丸」でリオ港に到着した菊池は、早速三月四日に上塚と共にリベロンプレート（一九三頁地図参照・モジアナ線）に二人の親友である副領事の三隅棄蔵を訪ねた。注10そこで菊池は七五コントス（日本円にして三万五千円）を援助金として上塚に渡したという。注11その後、菊池に関してサンパウロと上塚のイタコロミー（ノロエステ線プロミッソン・一九三頁地図参照）殖民地を度々往復する記事が『伯剌西爾時報』に見られ、七月一一日には「ノロエステ近況」と題する項目で、「上塚植民地　同線中新らしく而かも最も活気と盛況を極めつ、あるは当植民地なり、一つに上塚周平氏の徳に因るものならん、而かも同氏の旧友菊池法学士あり、上塚氏の徳と多趣多芸にして温良の君子菊池氏とに依って未来を期する同植民地は或は同地方第一位の理想郷たらんか。[注12]」と報告されている。しかし一九一九年九月以降の一年間は、同紙が現存しないので登場しない。彼は一年間イタコロミーにいたとある[注13]ので、殖民地事業の発展と生活安定の様子を見届けて一九二〇年の四月か五月頃に帰国の途についたのだろう。

さて、『伯剌西爾時報』は一九二〇年一一月、帝国練習艦隊が日本から来て、その歓迎費寄附者の名前を多数掲載したが、その中に「サントアナスタシオ駅　梅弁殖民会」と「アルバレスマッシャード駅ブレジョン殖民地」の約四〇名の名前が挙がっており、小笠原姓の三人や前畑、高田などの名もみられる。[注14]一九二一年一月には、長尾喜樹がサンパウロ市からブレジョン殖民地に入植する旨の広告が掲載されている。[注15]長尾は『伯剌西爾時報』と関わりのある人物である。また同年九月七日、香山六郎により『聖州新報』が創刊された。『伯剌西爾時報』にも、「『聖州新報』生る　予て準備中なる『聖州新報』は本月七日バウルーに於て第一号発刊を見るに至れり、印刷は金属版にして六頁の体裁良き週刊新聞なり」[注16]と報じられている。

一九二一年八月二四日、天長節の日に、先述の梅弁小学校の開校・歓迎式が多羅間バウルー領事を迎えて催されたことが、翌九月に梅弁日本人殖民会の名で広告記事として掲載されている。[注17]その記事の中で「此地の厳父とも云ふべき星名謙一郎殿は歓迎者の一人として感慨無量である事を述べられた。」とあり、また「学校費として多羅間星名両名殿より各一百釬（ミル）宛長尾喜樹殿より三十釬寄贈せられた御厚意を深く感謝して置」さらに安斉、三島、渋谷、目崎、澄沢、上園、本田など先に入植者として紹介した人物が寄附者として名前が挙がっている。一方ブレジョンの方も日本人会ができ、一〇月二一日の記事で、「ブレジョン日本人会で役員が定まった アルヴァレス、マシアード駅を中心に附近在住する邦人一般の希望に依り福利を増進し親睦を計るの目的を以て去月十八日『ブレジョン日本人会』の創設を見たが近頃一般選挙にて当選したる役員左の三氏である　会長　小笠原尚衛　副会長　井関清太郎　常任幹事　福留繁昌」[注18]と報じている。両殖民地ともこの頃、ようやく定着の兆しが見えてきたようなニュースである。

ところが翌一九二二年正月に、ブレジョン殖民地で大惨事が起こった。ブレジョンは殺人事件が多く起こったことで有名になったが、これはその最初である。これらの事件については市瀬義介「奥ソロカバナ・ブレジョン植民地の開拓苦闘史」に詳しいが、ここでは当時の新聞記事を見ていくことにする。一月六日の記事では次のように報じられている。「ブレジョンの大悲劇…邦人三名殺害さる　一日ブレジョン植民地伊関清太郎宅に於いて主人年賀の為め外出中妻女は折柄来合はしたる伊東某の妻と談話中嘗て伊関方にて三日間雇用した黒人酩酊して入り来れるに退去を迫りしもきゝ入れず却って乱暴をもしかねまじきにその旨夫に通知せり清太郎は伊東高田の両人と共に急ぎ帰宅しその無礼をなじり二言三言争ふと見るや黒人は矢庭に隠し持ったる短刀を抜く手もみせず清太郎の腹部にぐざと突き立て其場に即死せしめ逃ぐる伊東高田をも刺殺し居合したる伯人二名をも殺害してそのまゝ犯人は足跡をくらましたり」[注19]。次週の第二報で事件の詳細が述べられており、それによると殺害されたのは三重県人伊関(ママ)清太郎、高知県人伊藤猛人、福岡県人高田伊三とブラジル人一人であった。三人の死亡広告にはいずれも友人総代として星名謙一郎、小笠原尚衛などが名を連ねている。またブレジョン日本人会からは次のような内容の死亡広告が出された。「副会長伊関(ママ)清太郎、会員高田伊三、伊藤猛人等三名儀去一月一日夜突然何等理由なきに一兇漢伯国人の為め重傷を受け種々手当を尽し候も遂に薬石其の効なく明る二日午後死去三日午後ブレジョン殖民地共同墓地へ仏式埋葬仕候…」[注20]。そして副会長の井関が亡くなったこともあってか一月二二日にブレジョン日本人会では定期総会が行われて一五〇人が会し、副会長の補欠および会計の選挙の結果、副会長に井手磯太郎、会計に高田市次郎が選ばれた[注21]。さらに運動倶楽部もできて、それを発起し準備金を寄附した人の名前が掲載されている[注22]。

その頃、日本力行会は二代目会長の永田稠(しげし)が一九二〇年に第一回南米視察旅行で来伯するなど、移住地建設の準備を進めていた。そして一九二一年より海外巡回図書館を企画し守屋安吉をブラジルに派遣して、日本語新聞に配本希望者の募集を広告したところ、六七ヶ所の図書分配先が二一年末から二二年一月初めにかけて決まり、その名前が掲載された。梅弁殖民地、ブレジョン殖民地もその中に含まれている[注23]。また、『伯剌西爾時報』のブレジョン方面の取次ぎ（購読申込、料金払込）を長尾喜樹に依頼する広告がこの頃みられる[注24]。

一九二二年二月五日より、日本から『遼東新報』主幹の難波勝治がブラジルにやって来た。難波はサンパウロ州に三ヶ月滞在して、コーヒー園などに活動する日本人の農業状態をつぶさに視察し、さらにパラナ州まで赴いた。六月二三日にリオ港出帆の神奈川丸にて帰国したが、この間の彼の動静について度々『伯剌西爾時報』紙上に取り上げられた[注25]。難波は帰国後の翌年に『南米富源大観』を著すが、それを読むと彼は梅弁およびブレジョン殖民地を訪問し、両殖民地について詳細に報告している。

難波は四月二一日から二七日まで梅弁殖民地に滞在して見学したが、「綻(ほころ)び初(そめ)し梅弁」なる項目では、以下のように述べている。当時、このソロカバナ線最北端のこの殖民地は、サンタマリア、ソブラド、および下組の三区に分割され、総計五七家族二五〇名の住民が約一一〇〇アルケールスの土地を買い入れて、独立農を営んでいた。目下の日本人会長は渋谷駒平で、聞くところによると彼は一九一一年にブラジルに渡航し、サンパウロ市付近に土地を購入して農業を営んでいたが、一九一六年にその所有地を売却し、翌年に星名謙一郎等と奥地に進入して、コムパニア・ド・ファゼンデイロの代表者ラモスより三〇〇〇アルケールスの未墾地を買入れてこれを転売した。その一部が梅弁殖民地になったとある。彼は日本人中の大地主で、約二四〇町歩の土地を所有し、小作人五家族に開墾耕作させ、雑貨と農産物売買の代弁業を営んでいるという。[注26]

ブレジョン殖民地については、まず小笠原吉次や次男の尚衛を中心とする小笠原一族について触れ、続いて「殺伐な境界争」の項目で、殖民地を売り渡した地主間の係争によって入植者に不安の念を起させている様子を記述している。それによると、梅弁と同じく初めコムパニア・ド・ファゼンデイロの代表者ラモスから、小笠原、星名両名の手に買い取られ、これを小区分して売り出されたが、それ以前の持主だったゴラルテからファゼンデイロ会社に譲渡したのはその地域ではなく他の方面だったとの抗議が出て、買主などはどちらの意見に従ってよいか判らぬことになった。両者の裁判沙汰はすでに三年にわたり未だ確定していない。梅弁の方は最後の裁決を待って各自が去就を定めることになっているが、ブレジョンでは同じ土地が別々の人に売り渡された結果、開拓が進むにつれて入植者同士の間に境界争いが生じた。そのうち最も激しかったのは弓削九郎次を代表とする共有地で、弓削がラモスから直接買取った地面にゴラルテから譲り受けたと称するブラジル人カイタアノが蚕食して来たため、ここで闘争が起って互いに鉄砲の打ち合いが始まった。対峙したのは弓削側の七家族とカイタアノに雇われた日本人小作者で、結局日本人同士が命を的に鎬（しのぎ）を削り、一九一九年から一年七か月この闘争が継続した。バウルーから多羅間副領事が出張して、日本人間の妥協だけはようやくついたが、ラモス対ゴラルテの訴訟沙汰は決着していない。殖民地は一一区に分割して第一区のカイタアノを除くほかは全部日本人の手によって経営されている。一九二一年当時、土地所有者七四家族、面積一三二〇アルケールス、（約三二六八町歩）、他に四八家族の借地農作者がある。[注27]

次に「鰐魚（がくぎょ）の星名君」と題する彼を紹介する項目がある。ブレジョン殖民地は順序から言えば、星名が踏査選定した土地買入に出資者として小笠原が参加したので、最初に星名、小笠原組合植（ママ）民地と銘打って一般に売り出した。総面積一万二五〇〇町歩で、約四分の一が入植者の契約済みとなっているが、元の売主ファゼンデイロ代表（代表者ラモス）対ゴラルテの訴訟事件が勃発したのと、小笠原側の資力が続かないために、この時点で星名のみの名義で残余の土地を処分することになった。星名については彼の経歴が述べられた後、次のように評されている。「君の行蔵に付いては世間各種の批判がある、君は日本官憲にも植民間にも余り好かれて居ない、併し兎に角一個敢為の闘士として、尋常人の企及し難い活動力を有し、誰いふとなく『ジャカレの星名』と綽名（あだな）されて居る、ジャカレは葡萄牙語（ポルトガル）で鰐魚（わに）の義、色の黒い獰猛な君の面構へが、此名を得せしめた理

左から２番目の白馬上にいるのが星名謙一郎（故江上幸子氏所蔵）

由らしい」。四月二八日アルバレスマッシャード駅に着いた筆者の難波は、六日間長尾喜樹の案内で隈なく殖民地の各方面を訪問している。長尾喜樹はサンパウロ市で商業に従事していたが、二、三年前に妻とその妹を連れてブレジョンに土地を購入し、第五区の組長として雑貨商と開墾を兼営していると紹介している。注28

　さらに「青年組の気焔」と「山路を踰(こ)へて」の二つの項目では、難波と星名が直接に会って行動を共にしている箇所のため、少し長いが以下に引用することにする。

「青年組の気焔」

　五月一日午前九時第十区を訪問すべく準備して居ると、白馬に跨った星名謙一郎君が来合して同行する事になった、同君の先導で志賀、福富両君と三人が其後に続き、幾度か岡を踰え渓を渉って数哩(マイル)の深林に辿り着く、鳥声稀に樹根縦横に交錯する山道の朝駆(かけ)は、何ともいへぬ愉快さで、行く行く星名君の説明する樹の名、草の名、土壌の善悪など、知るも知らぬも皆な興味深い、石橋豊

ブレジョン第二小学校（中央の子供の後ろが星名謙一郎）（故江上幸子氏所蔵）

富君の家前を過ぎて二時頃井出岩太郎君の家に到着したが、其処には昨日小学校で面会した連中が、既に一杯機嫌で歓声を揚げる、ソルテイロ（独身者）が待合す間に火酒（ピンガ）を嘗めて居たらしい、井出君夫婦は至極温厚な人物で花の様な可愛らしい娘さんの持主である、木村、朝妻、小川、薮内などの元気者がテーブルクロスを拡げて料理を運ぶといった爍（はしや）ぎ方、鶏肉の刺身同じく丸焼き、扨（さ）ては豚肉の煮たのを山と盛って、先づ一献と火酒を侑（すす）める、火蓋を切ったのが朝妻喜世志君、何か徴兵に関する日本の法律が気に喰はぬとあって、蛮声を張上げて万丈の気焔を吐く、坪田君は教育に付て、木村孝太郎君は欧州の芸術界に付て、これ亦質問を連発する、終には『星名君平素の手段は悪辣だ、青年を指導すべき誠意がない』など、陪賓格で納まって居た同君の棚卸しが始まる、星名君も負けずホロ酔機嫌で答弁する、『星名のジャガレを左様いぢめな』と私が半畳を入れると、万歳と皆が嬉しさうに拍手する、『ジャガレはひどい』と星名君が苦笑しながらつぶやく、私が更に『併し諸君、斯うした奥山住居で日本民族の発展を図るんだ、必ずしも毀誉褒貶に拘束されて居ては何事も出来ない』といふと、『左様だ』と星名君は大きく首肯く、『毀誉褒貶ではない、毀々貶々だ』と誰やらが叫んで又万歳、罵倒の間に自ら卒直な情味があって、私は非常に面白く感じた、其うち志賀君得意の安来節が出ると、木村君は葡萄牙語で俗謡を唄ふ、星名君も唄ふ、小川君も唄ふ、終には火酒の献酬が始まったので、今晩の約束たる第二区行きに遅れてはと、私と志賀君は腰を上る、一緒に行かうと総立ちになって馬を詮索したが、人の数の方が多いとあって、二人乗りが両三頭出来た、老木枝を交へて真暗な山路を、鼻歌交りに辿り行く、馬こそいい迷惑である、志賀君の尻馬に乗った坪田君は、大坪流の免許を有し、曽て武徳殿の晴の場所で喝采を博した程の名人だけに、時々足先で悪戯をして志賀君に胆を冷やさせた。注29

「山路を踰へて」

九時過ぎ第二区の集会所に着くと、一旦集った人々が帰ったとかで比較的寂しい、併し十区からの同行者が多かったため、狭い土間は一ぱいになり、討論会とも懇親会とも付かぬ会合を終って、高田市次郎君の宅に落着いたのは彼これ十二時過ぎ、翌朝八時星名君が訪つれて、今度は僕の家に来いといふ、又も三四名の青年組と一緒になって、十二時過ぎ第十一区に到着した、星名君は専ら養豚を遣っているが、目下の頭数三百余、年内に七百頭許に殖やすつもりだといっていた、広く木柵を立て廻して、細い谷川を挟んだ二十余町歩の土地を逍遥し、自慢の種豚を見せたのち、英国製の連発銃で鳥を打って料理させ、山奥には珍しくビールを酌み交はした、私は星名君と種々露骨な意見を闘はしたが、『最初日本を飛び出してから三十五年、時には十万弗以上の金を儲けた事もある、併し事志とちがって幾たびか蹉跌し、老来此山奥に入込んで居るが、大を成すや否やは疑はしい』と、淋し相なことを星名君はいふ、『植民事業は長い歳月を要するから、好い部下を養成することが肝腎だ、君には其れがあるか』と私が尋ねると、『未だ一人も出来て居らぬ、夙くから気付いては居るが、僕の気性では何しても大をなし難い』と答へる、『毀誉褒貶は問ふ所でないが、人に懼れられるより最少し懐かれる様にしては何うか』と老婆心を呈して置いたが、私は心窃に星名君将来の成功を祈った、世間の批評は余り香ばしくないが、学問もあり経験もあって、パイオニアとしての勇気才幹を具へている闘士だけに、経営振りが却々研究的であると感じた、午後四時別れを告げて長尾君方に帰ったが、翌日午後三時数日間の親切な待遇を家族に謝して、福富重政君を訪問し、中山、薮内等の諸君と夕食を共にしたる後福富君の案内で八時半グルカイアに向って、思い出多い植民地を後にした、ブレジョンは問題の絶えなかった場所ではあるが、事業の発達ぶりは非常に好い、[注30]（以下略）。

前項目中の木村孝太郎は『在伯日本人先駆者伝』（パウリスタ新聞社、一九五五年）などによると、京都の山科出身で一九一四年渡伯、最初リオの鉄道会社の農学校で修業、農産物販売店で働いた後にサンパウロに来て、星名の『週刊南米』で渡邊孝が退社した後の編集長であったという。二年後、星名が殖民地を創設した時、未払い給料の代償としてアルバレス・マッシャード駅に土地を貰って入植した。また、坪田信雄は滋賀県出身で東京外国語学校を一九一三年三月に卒業、前出の鹿野と同じ年にブラジルに渡っている。文中の大坪流は馬術で、武徳殿は京都にあった武道場である。彼は小笠原尚衛の長女と結婚し、ブレジョン第一小学校の教師であった。

ブレジョン殖民地の状況について、この年サンパウロ総領事の藤田敏郎がソロカバナ線の視察から戻った後、旅行中に一番強く感じたこととして次のように語っている。「ブレジョンに於ける小笠原一族の元気なのには意外だった、ブレジョンは地券が不確実だと云っても、それは或一部の話で全体から云へば将来に望みを有ちつゝ現在に努力して相当収穫を上げているから、小笠原一族のやうな北海道鍛の腕前所有者には勢ひ元気旺盛にならざるを得ないのでもあらうが、其の元気さと云ったら実に当るべからざるものがある、又其の他にしても此の地は概して青年の元気が盛んで、角力も行れば（や）ボール遊びも行る（や）と云ふので屋内に引籠って悪い事をするなどの余裕がないやうであるが青年は之でなくてはならぬ」[注31]と語り、先の引用文と同様、全体の発展ぶりを評価し、とくに小笠原一族に注目している。

また、この一九二二年にリオデジャネイロでブラジル独立一〇〇周年の大祭典があり、祝賀のため日本から練習艦隊が来航した。その百年祭祝賀費と歓迎費の寄付者が八月から九月にかけて度々『伯剌西爾時報』に掲載されているが、その中に梅弁殖民地殖民会およびブレジョン殖民地の高田市次郎や井出磯太郎、朝妻喜世志など入植者の名前が多数掲載されている。[注32]

一九二一年末にサンパウロにやって来た同志社大学神学部卒業の小林美登利[注33]は、翌二二年から同市でキリスト教の伝道活動を開始して、九月七日に聖州義塾の設立宣言をしたが、二三年一月一日に彼は日本人の発展地としてのソロカバナ線の視察旅行に出た。『伯剌西爾時報』に「宗教論壇」というテーマのもと紀行文を寄せている。それによると彼は二日ブレジョン殖民地に着き小笠原氏宅に宿泊、三日は同氏の案内で殖民地の視察をしたが、土地の肥沃なことは到底サンパウロ市周辺にある者の想像も及ばず、現に一五〇家族の入植者のうちほとんど一家族も他に移転したものがないと評している。夜は小笠原一族のうち最も熱心な信仰を有する小笠原與吉宅でキリスト教的集会をなし、男女四〇名が集まった。元来当地はキリスト教徒の建てた殖民地として期待していったが、実際はその実質を認めず遺憾であるとしている。翌四日はブレジョン第一小学校で教育講演会が催され各区の学務委員を含む三〇名の代表者に向って、彼は児童教育の根本方針

ブレジョン殖民地内リモエイロ（ラ）河畔にて星名謙一郎（左から２人目）
1923年９月撮影（故江上幸子氏所蔵）

について所信を述べ、その後再び小笠原與吉宅の親睦会に臨み、翌五日未明ブレジョン停車場から去っている。[注34]
また平野運平など笠戸丸移民より一足さきにやって来た通訳五人男の一人で当時、総領事館通訳生であった嶺昌（みねまさる）も二三年一〇月から一一月にかけてソロカバナ線奥の日本人集団地を歴訪し、『伯剌西爾時報』に「ソロカバナ線一帯は同胞の新発展地」と題してこの地方のことを報告している。その中で、「梅弁殖民地とブレジョン殖民地はごく近所で、合せて三百家族足らずで三千アルケーレス余の地主となっている。これら殖民地は砂質壌土で豊沃である。一昨年頃は馬鈴薯を植えたようだが今は下火、主として棉花次に玉蜀黍、米、豆、甘蔗薯を植えている」[注35]などと述べている。

さて、小笠原一族の中心である尚衛は、同年六月四年振りにサンパウロに出て伯剌西爾時報社を訪れ、「十五家族一門の基礎も愈々定ったので一と安心だと語った」[注36]と一族の順調な定着ぶりを明かしており、九月にも出聖（サンパウロ市）したが、[注37]一一月になって「小笠原尚衛氏　ブレジョン殖民地の同氏は五年間苦辛を嘗めた同地を引上げ星名氏とも手を切って今回中央線に入るべく出聖」なる記事と一〇月付の次のような二つの広告が同時に掲載された。[注38]

広告　小生共去る千九百十七年以降星名小笠原組合の名義を以て当州に於ける殖民地事業経営罷（まかり）在候所今般熟議の上同組合を解散し小笠原尚衛は其権利一切を星名謙一郎に譲り渡し爾今以後星名謙一郎名義を以て従前の通り殖民地事業経営可致候間此段関係者諸君に謹告仕候

千九百二十三年十月　　星名謙一郎　小笠原尚衛

広告　小生今般中央線ビンダモンニャンガーバ附近平原に転住致し農牧の業に従事し弘く高く、より清き意味に於て使命の為に半生を捧ぐべく候此段廣告候也

大正十二年年十月卅日　　小笠原尚衛

また、『伯剌西爾時報』とライバル紙の関係にあった『聖州新報』もこの頃から手書きのものが現存するが、同じ一一月九日の紙面に前記と同じ星名・小笠原連名の広告とより詳しい次のような記事がみられた。[注39]

星名小笠原両氏の別れ

北海道殖民の経験を以って居る小笠原尚衛氏と北米テキサスの米作地に経営を有する星名謙一郎氏とが組合ってソロカバナ線ブレジョンに殖民地を経営して以来既に七年世間では鰐魚に熊が甘々とやられたと妙な噂ばかり立て、いたが今度此組合は何の紛擾なく平和裡に小笠原氏の権利一切は星名氏が引受ける事で両氏は別れた。

ブレジョンのあの肥沃な土地を捨て、セントラル線のあの痩せ土地に移った小笠原氏は愈お困りであらうと云ふ噂もある。

この頃、世間では鰐魚こと星名に、熊こと小笠原がだまされたという評判が立っていたようだが、これらの記事をみる限り、とくに問題なく星名が権利を得て別れたように思われる。なおこの年、日本で関東大震災が起こり、『伯剌西爾時報』紙上に「母国大震災義捐金寄附者芳名並に金額」が数回にわたたって掲載された。その中に

多くのブレジョン殖民地ならびに梅弁殖民地の住民が名を連ねている。[注40]

2　同仁会の設立、田付大使の訪問、革命戦争（一九二四年）

一九二四年はブレジョン殖民地などでさまざまな出来事があったが、主なものは項目で示した三つである。その三つの前に、まずは「唯一発で美事に夫の仇を打つ」と題する『聖州新報』のみで報じられた殺人事件がある。星名の経営するソロカバナ線ブレジョン殖民地に一昨年頃からしきりに侵入して土地横領を企てていた測量技師シャンポリーニであったが、近頃星名の会社とシャンポリーニとの間に立派に話がついていたにもかかわらず、二月七日朝、星名の地区に外人カマラード（日雇い）が現れ伐木し始めた。そのカマラード達と星名側の防禦団が衝突した。二名の外人のうち一名が森の茂みに隠れてしまい、そこから撃たれた一弾が石本清作の右胸を射貫いて彼はその場で絶命した。騒動の翌八日朝、星名とシャンポリーニが当該デレガード（警察署長）らを連れて検死に来た。シャンポリーニが一人で石本宅の周りをうろうろしていた時、石本の妻・数江が死体の傍にあったカラビナ（騎銃）を取り上げ、家の外に出て一発ズドンと放ってしまった。シャンポリーニは致命的な重傷を負いながらも、近くの森の中に逃げ込んでしまったが、この話は近頃の傑作だと評している。[注41]

同年二月に在伯日本人同仁会が発足した。これはブラジルに住む日本人の衛生医療のために、日本の内務省から三万六千円が外務省を通して送られて来たが、これを有効に使う目的で衛生に関する団体を組織したものであり、将来的には病院の設立と地方にも医薬供給所を設置するとある。二月二六日、日本倶楽部で発企会が開かれ、三〇名が出席して満場一致で設立を決定し、理事七名が選ばれ理事長には企業組合「東京シンジケート」によるイグアペ殖民地の経営を行っていた青柳郁太郎が就任した。この同仁会をもじって三月二八日の『聖州新報』紙上では、老人会と理想的同仁会というものの顔触れを発表している。いずれも理事が七名で前者の理事長は西原清東、後者は齋藤総領事で、星名はいずれも理事の一人として選ばれている。[注42]

さて、ブレジョン殖民地では青年倶楽部の活動が活発となり、『伯剌西爾時報』に次のような二つの記事がみられた。まず三月二一日には「ブレジョン植民地では一時中止の姿となっていた青年倶楽部が頃日復活して、運動部の外に新たに講演部、文芸部、図書部が設けられ、去る三日にはテニスの紅白試合があって勝は白軍に帰し、又十日にはブレジョン第一小学校と連合して講演大会を催ふし、生徒並に植民者の出演あり次で生徒のカマラーダ劇（葡語）、青年のカチューシャ（復活）及び田舎者の東京見物等上演され、（以下略）」[注43]、そして四月一一日には「去月三十日午後一時ブレジョン青年会では同地第一小学校に於て第二回講演大会を開催坪田、星名、長尾、木村、伊藤、坂東、朝妻諸氏夫々雄弁を振ひ四時半閉会したが中々盛んだった」[注44]とあり、既出の坪田信雄、長尾喜樹、木村孝太郎、朝妻喜世志などが登場している。現在、サンパウロ人文科学研究所にはブレジョン青年会の機関雑誌『青葉』が数号残されているが、その内の第一巻第四号にこの時の講演の題目が記されており、星名は「同仁会設立ヲ笑フ」と題して講演しているのが分かる。そして同誌に「同仁会の真相」というタイトルのもと巻頭論文として掲載されているので、少し長いが次に全文を紹介しよう。[注45]

同仁会の真相　星名謙一郎

聖市の御歴々が発起人となり内務省よりの下付金を見せ金とし伯国在住者より零砕の寄付金を募集し、之を資金として病院でも建築し、着々在留同胞の疾苦を慰藉せんとの趣旨にて同仁会といふものが成立ったといふ事である。

聞いた丈けでは近頃奇特の至りで或る時機に適した思ひ付きかの様に点頭(うなづ)かされないでもないが翻って在留者多数の現状を知り抜いて居る吾等には這般(しゃはん)設立せられたる同仁会なるものには何等の感興も惹かず、従って何等緊急必要をも認めない而已(のみ)ならず却ってその設立を高唱しこれに附和雷鳴する人々は何等か自らの為に陋(いやしい)心が其の間に伏在して居るのではないだらふかとも疑はれるのである。が余はそれ程迄に発起人諸君に不信を措き度ないから、然らば其等の人々は何物かの傀儡になっているのでは無からうかとの疑が起る。この点は如何にも怪しいものだと思ふ。同仁会の設立が数年前契約移民全盛の時代に思付かれたものなれば、吾等は発起人諸氏の大慈悲を感銘した事であらふが今日はそふでない。同仁会の必要が珈琲耕地に契約して居る同胞のためといふのなら、一応の理由もないではないがそれにしては、他の最も優勢なる独立農業者を無にしたものである。而してその独立農業者を当てこんでその懐中より血と汗との資金を絞り出させんとは余り虫のよすぎる計画ではないか。今日誰が最も多く同仁会の設立の必要を感じて居るかと云へばそれは移民会社である。伯国珈琲耕主の需に応じて日本政府の認可したる奴隷、而してこれが桂庵をなし一名何程宛といふ頭を刎(は)ねてこれを生活の資となし居る移民会社員は珈琲耕地に売付けたる契約移民がその医薬の便を欠いて如何に苦痛して居るかを知悉し居る筈である。先年ガタパラ耕地に於ける虐殺事件の如きは、未だ耳新らしき事件ではないか。かりに今日斯の如き事が再現したとしても吾等先住者は移民会社を当にしてこれを見殺にする筈はないが、万一あんな事が起ったとしたら其時一番に移民会社員の良心に刺激にを与へるものは同仁会類似機関の設置にあらねばならない。さふ考へて見れば移民会社の存在する限り同仁会の如きものはなくてはならぬ緊急事業の一つであるのである。

日本政府の当局者も外国に移民を送出すといふ事に付きては、これに伴ふ医薬といふ事には始終その必要を認めて居る。昔ハワイ移民を送出した時代には頭別二弗当ての税金を徴集して特別監督医を任命し各々二三耕地を担当したものであった。それが伯国では今日迄何等施設せず又さしずもせずに放擲して居ったのを此度、何かの風の吹き廻しで三万六千円宛出る様になったものらしい。これは伯国移民といふ事に苦慮せられた。その隙につけこんだ移民会社一流の慣用手段に利目があった次第ではなからふか。それでなければ今日迄捨て置いたものを俄に気が付いたもの、如く而も其他在住者のために他に一層緊急な事業があるにもか、はらず突然三万六千円といふ金を衛生的設備のためにせよと言って送ってくれる様な事もあるまい。勿論総領事等に言はせると、あの金はそんな込入った性質のものでなく又移民会社等いふものは全然眼中になく只在伯同胞全体のために使用するものだと弁解せらる、であらふが、それは耳を掩ふて鈴を盗むといふ様なものではあるまいか。知って言はれるならば横着、知らずして言はれるならばあらふ。名は在伯全体でも其実同仁会の設立によって、その恩恵に浴するものは移民会社との関係ある契約移民を措いては他に非らざればなり。外務省の者に伯国在住者の真相を知れといふのは無理かも知れまいが当国駐在の領事や総領事はその管下在留者の実状を知悉してもらはねば困る。今や所在植民地にある吾同胞はその時時寸分に向上発達する有様は実に意想外である。彼等の創業時代は既に経過し今は建設時代にあるのである。昨年迄は自ら斧や鍬を以って働きいたるものも今年よりは数人或は数十人を催使する脳力労働者と変って居る。一ヶ年日本金一万円以上の収益を上げて居るものは至る所指を屈するに暇がない程出来て居る。ここ数年の間には、実に隔世の感を起さすことであらふ。所在独立農業者の大多数は今日既に経済的に強固不抜の基を造って居る。最早や他の助力や他の恩恵に依らざるとも独立独歩をするに何等の防げなき迄に漕ぎつけて来た。一朝病気にかかっても一コントや二コントやの手施料を支払ふには何も苦にしない様になって来た。今日迄虐げられた多年の報いは漸く循環し来りて今は多福なる生活の安定を楽しむ様になって来た。茲に同仁会が出来て彼等在住地のそれぞれに出張所が出来たとした所で彼等は自分等の金を出して自分等の医者を傭ったといふに留りそれによって何等の恩恵を蒙る事は出来ない。同仁会の医者だからと言って自分の生活を費してまでも安い施術料では済されまい。結局は同仁会の医師にかかる事によって却って高価の薬代を支払はせらる、様な破目に終わるだらふ。それも今年来年の内でも出来ると言ふのならまた幾等かの効果も現はれやふが今后二三年に至って出現しよふといふ同仁会の病院や、はたその出張所が何程の効果も持ち来たらすか考へる丈でも馬鹿々々しさの至りである。今同仁会は既に発起せられた是から直に事業に着手するものと見るも病院なりを建て終る迄には先づ二三年の時日を見越さねばなるまい。その時代になれば這般日本より派遣された留学医師等も開業する様になり、また在来の無免許医の中にも開業を許されるものも出る様になるであらふ。詰り今日の北米やハワイの様に邦人開業医は自然の要求に応じて至る所、門戸を張り病院の二ツや三ツは聖市の真中に出現する事は毛頭疑いなき所である。その時機に及んで腕に覚えのある良医は誰が同仁会の聘に接して其所に籠城するものがあらふか。又ハワイ北米の先例に見ても何処に在留者の寄附金にて維持せらるゝ病院が見出さるゝや。

上如の理由によって若し内務省より下附の見せ金を基礎として病院でも拵(こしら)へるといふのならばそれは契約移民にのみ必要であって所在の独立農に対しては断じて必要でない。有って無益とまで言はぬも血と汗とより得た彼等の懐中を投げ出さしてまでも設立せねばならぬといふ程には必要でない。必要と言ふならば唯、移民会社にのみ在って存する。同仁会の設立が一営利会社の便宜を扶助するに足るものとすれば吾等在住者は何の理由によって之を扶助するの必要があらふ。契約移民を世話しその疾病を看護するは移民会社の職務の一つである。彼等在伯十年の身の上はその緩急に応じて移民会社が之れが責任を負ふて居る筈である。

余の観察する所によれば這般内務省より下附する事になった三万六千円といふものは移民会社より外務省に泣きついて出して貰ったものだと思ふ。総領事等はこの辺の消息は充分知っていなければならない筈である。諺に「問に落ちずといふに落る」這般聖市に於て同仁会設立に関し総領事齋藤和君は七名とかの理事を指名したそふだ。この七名といふのは何れもが移民会社員を中枢として人交ぜもして居らない。その人々等は発起だと名乗って吾独立農業者より資金を吸収せんと計画しつつあるのである。何たる厚顔の事であらふ。吾等独立農業者のあるものはその有福なる懐中より幾等かの喜捨する人も出来るであらふ。されど同仁会の趣意書を丸呑にして血と汗との結晶を移民会社援助のために挙出するものは一人もあるまいと思ふ。余は如何に善悪に解釈しても今回同仁会の設立に関しては其の裏面に何等かの陰影が伏在して居るものだと疑惑を拭き去る事が出来ない。只其の結果を後日に見る事とし今は所在独立農業者特殊の批判に任ずる事として置く。

終りに臨んで一言書加へて置かふ。それは余は発起人諸氏の名誉を尊重して同仁会なるもの、事業を病院建設に限った事である。其他の事業に就ては全然無意味であるからである。今同仁会定款第八條を見るに第一に救急医薬及医科機械を無料にて配布するとある。こんな事の不可能なる事は弁解する丈が愚である。それから第二の助産婦及看護婦の養成に努むとある。これは実に奇想天外、流石はお歴々の名案かなと余は今日迄長生きしたるの甲斐ありし事を専心感謝して居る。其故は余等在伯四万の在留者は本国に於ける年々七十余万の出産過剰による生活の圧迫によって南米にまで押出されて来たものである。斯くして炎天の下粒々辛苦一日も早く生活の安定を得んと焦って居る何の余裕があって産婆の養正にまで喜捨するの隙があらふや。

さなきだに多産の日本民族、此の上産婆でも潤沢に出来たら如何に広大なる伯剌西爾の原野も忽ち黄色人種の鮨詰を見る事になるだらふ。発起人諸氏の口吻を借りて言へば排日問題は眼の前に勃興する事請合いなのだ。あたら名案には相違ないが是にはサンガー婦人でも傭聘する事としてもらい度い。夫れから第三は二新聞を補助するための印刷物の配布の注をなすべし。其他二三に就ては読者の倦怠を思って之れで擱筆する。

（ルビは筆者）

要するに、彼は同仁会の設立には賛成しないという立場である。また星名は、五月二日に同じ『聖州新報』で「日伯の懺悔文を評す」と題するほぼ一面の巻頭文を書いている。[注46] これは『日伯新聞』が四月一八日発行した同仁会設立の経緯を述べた文章に対する批評である。『日伯新聞』の原文をそのまま引用してそれに注釈を加えている。手書きの紙面で長いため、ここでは省略するが星名の主張する立場は前文と同じである。バウルー（一九三頁地図バウル）にあった『聖州新報』は星名らのいる地方に比較的近くて親密で、一九一九年より三浦鑿が社長となっていたサンパウロ市にある『日伯新聞』とは対立関係にあった。三浦が同仁会の理事に就任したこともあって、星名がこれに反応して批評を加えたものと思われる。

『聖州新報』の五月三〇日には、「病院建設に就て」という論説が巻頭に掲載されている。これは同仁会の病院建設計画の向こうを張って、ノロエステ（北西）日本人会長の上塚周平が発起者となって北西方面に病院を建てようという計画を明らかにしたものである。[注47] これと同じ日、対立紙である『日伯新聞』には「上塚氏の書記官招待　二十三日（サンパウロ）市内コンデ常盤旅館で上塚周平星名謙一郎石橋恆四朗坂井田南舟山根寛一木村清八の六名が主人役となって折柄滞在中の内務書記官富田愛次郎氏を午餐に招待し席上、上塚周平氏より内務省下附の三万六千円問題を解決して呉れろとの話があり書記官はアッサリとそれは総領事の権限に移って居るのでとの答弁があり午後三時頃散宴したりと」[注48]という記事がみられる。この時に上塚や星名、そして星名と『週刊南米』の頃からの知り合いで当時リンス駅（一九三頁地図参照）に商店を有していた山根寛一らは揃ってサンパウロ市に出ていた。[注49]また石橋、坂井田、木村の三人は当時サンパウロ市にあって、石橋は『農業の友』を、坂井田は『南米評論』を発行しており、さらに木村は上塚周平と同じ熊本出身の特に親しい間柄で、日本人町であるコンデ街の主ともいう人物であった。[注50]彼らはいずれも反日伯・三浦派と思われ、三浦が彼らの動きを紙上で明らかにしたものであるが、席上では病院建設についての話も当然あったのではないかと想像される。

六月八日にノロエステ線リンス市で病院建設の相談会が開かれた。その模様が「北西日本人会の病院建設相談」という六月一三日の『聖州新報』の記事にみられるが、その概要を星名が登場する箇所を中心に次に紹介しよう。

列席者は八〇名近くで主にノロエステ線各駅の代表や委員であった。ソロカバナ線の星名や前日本貿易会社リオ支配人の粟津金六らも来賓として出席した。午後二時半に開会し、開会の挨拶が上塚会長より述べられ、次に星名謙一郎翁に何か御意見を…と求めた処、五十八歳と云ふ高齢であるも人間の成熟せる頑健な丈軀やをら立上り会場を一睨し次の如く述べられた。

「私はソロカバナ線ブレジョン殖民地に棲む本姓を星名謙一郎と申すもの世間では私を鰐魚（ジャカレー）申します。又大悪徒、大悪漢の名を与へられて居る不良老人であります。此大悪漢の申す事でも諸君の御清聴を得ば真に結構で御座います。私は先第一にソロカバナ線邦人を代表致しまして茲にノロエステ諸君の御発展を衷心嬉ぶ次第であります。今日の盛宴にこのジャカレ迠が列席致します事に到りましたのも全く諸君が是拾年の苦節を通して来た独立独歩の賜であります。由来聖市のお役人様方からは田舎の殖民者等は無能と見られ低能と取扱はれて居りました事は衷心遺憾に堪へないものでありました。虐げられたる人々の集り、我々は飽迄も自治の必要を痛感させられました。茲に於て吾々は此際も自治的にこれを建設し経営していかねばなりませぬ。全く諸君は自治でやる…他力をあてにしてはなりませぬ。是迄の困難なる拾年もそうであったがノロエステ諸君の知識力は自治的に全部をなし、且充分にして余りあるものであります。是迄の困難なる時代であったら兎に角、今日は財力必らずしも豊でないまでも喰って着て尚余裕ある今日である。内務省の下附金如きは此際ノロエステ諸君にとっては呉れよう呉れまいと何等の痛痒を感じせしめないと信ずる。諸君は此際彼の金の如きを決して「あて」にしてはならない。お互はやる可き事をやってのければいいのだ。下附金は先方より使用を申し出ずるが当然で、当方より分与を申出ずる如きは拾年の苦節を保ち独立自営今日を来せるノロエステ在住諸君の決してなすべからざるもの。若し彼の金がなければやって行けぬとあれば…止むを得ぬ、病院建設如きもやめて自治で出来るまで待っているがよい」と自立を強調した。

その後、病院建設の議事に入り、議長の山根寛一は株案と寄附案を提出し、一同に諮った。三時間に亘る論戦の結果、株案派の敗北に帰した。そして上塚実行委員会長をはじめとする実行委員が指名され、病院長に笹田正数ドットル（ドクター）を、粟津金六をノロエステ日本人会常任幹事に招聘する事とし、最後に「北西日本人会員は現在の組織及定款による在伯同仁会に加入せず」との決議をなして同仁会とは一線を画することになった。雑談の後、九時に散会。星名は鈴木貞次郎と自動車でプロミッソン駅（一九三頁地図参照）の鈴木宅に引き上げた。[注51]二人は旧知の間柄である。翌日からの主だった人達の動きは「六月十日会」と題する次の記事に詳しい。

九日早朝鈴木貞次郎氏の案内で星名翁、笹田、粟津諸氏を賓に上塚氏等一行はペンナポリス（一九三頁地図参照）奥のアンダーバの大瀑布を見物に行く事になって居たが上塚、笹田、粟津氏一行は寝すごしてしまった。午后より自働車を駆って上塚、笹田、粟津、目黒、桑野、香山諸氏はプロミッソン駅コルゴ・アヅールの鈴木貞次郎氏宅を訪ひしも不在、上塚氏宅へと引上げた。

翌日早朝瀧見帰りの星名、鈴木両氏を笹田、粟津、目黒、香山諸氏の一行と駅に会すや忽ちノロソロ会が始まり、お君さん宅を占領した。自働車は上塚氏を又迎えに馳せ茲に六月十日会が開催された。此会の席上に於て星名翁はソロカバナ線を代表するものとして宣言された。

在伯のお互は独立農的立場から在聖市設立の在伯日本人同仁会にソロカバナ線在住一同も加入せざる様努力すべしと。[注52]

お君さん宅とは間崎三三一（まさいち）・君子の家のことと思われる。間崎は第一回の笠戸丸移民の一人で上塚周平が一九一八年、プロミッソン駅にイタコロミー殖民地を創設する際に協力して入植し、[注53]上掲の実行委員にも鈴木などと共に指名されている。またノロソロ会とはノロエステ線・ソロカバナ線合同の会という意味であろう。ソロカバナ線の代表は星名であり、ノロエステ線と歩調を合わせソロカバナ線の在住者も同仁会に加入しないようにとの合意がなされた。そして前年ブラジル開業医試験に合格した笹田正数は早速六月八日付で『聖州新報』にリンス駅での開業広告を掲載し、[注54]星名は一一日にバウルーを通過してブレジョン殖民地に帰っている。[注55]

さて、次に田付大使によるブレジョン殖民地への訪問である。ブラジルでは日本公使館が大使館に昇格したのは一九二三年五月一日のことである。初代の特命全権大使として田付七太が任命され、八月一六日リオデジャネイロに着任したが、その二週間後に日本で関東大震災が起っている。さて翌一九二四年二月に大使一行はサンパウロ州奥地の日本人視察を行い、さらにソロカバナ線方面の巡視の話もあったが打ち切られた。そしていよいよ六月頃に大使がブレジョン殖民地をはじめソロカバナ線方面にやって来ることになった。『聖州新報』五月二三日にその予告と歓迎準備の記事がすでにみられる。

ソロカバナ線と田付大使
本月末かに田付大使がソロカバナ方面の邦人殖民状態を視察さる、といふので同方面の有志者等は歓迎準備中である。
殊にブレジョン殖民地星名氏の処では今年は昨年より一層綿も豊作だし、昨年より倍以上も栽培して居るので豊年が豊年ならぬ様にスバラシイ景気、一万円成金が七八人出来た由である。それで大使の来らる、と云ふので綿の真盛の畑中で男女の真裸の盆踊をご覧に入れようとか、大歓迎準備中の由。[注56]

そして「田付大使一行を歓迎する為め星名謙一郎氏は前週サンパウロ市迄出張ウイスキー半打（ダース）食器類二コントス余を仕入れ家も造作を直して用意しおれりと」[注57]。六月二五日午前、田付大使は大谷通訳官を伴ってサンパウロに到着し、午後は州大統領を訪問、夜は総領事館舎の晩餐会に臨んだ。二六日午後六時半の汽車でソロカバナ線ブレジョン殖民地方面に向け出発、それより順次帰途、沿線各地の日本人集団地を視察する予定とあり、[注58]七月四日の『聖州新報』および『日伯新聞』記事によれば、およその日程は次のようであった。
サンパウロ市発ソロカバナ線に向った大使は、途中セルケーラセザル駅に降り、ソロカバナ線で日本人入植地としては最古の第一モンソン殖民地（一九三頁地図参照）を視察、自動車を駆けて、セ・セゲールに戻り、そのままアルバレス・マッシャード駅なる星名のブレジョン殖民地へ到り一泊、それよりサントアナスタシオ駅バイベン殖民地に行き一泊、それから半日がけのソロカバナ線の終点なるエピタシオ駅に到り、パラナ河畔に立って自然を味わい、帰りは綿の花さくアバレー市（一九三頁地図参照）およびバウルー市に立ち寄るかも知れずとある。[注59]ブレジョン殖民地での大使歓迎の様子は、七月一八日の『聖州新報』で以下のように詳しく報じられている。

ブレジョン殖民地に於ける田付大使大歓迎の模様

田付大使当地御巡遊の噂あり、以来既に一ヶ月殖民者は六月二十九日愈当駅着と定まるや昼夜歓迎の準備に掛り、委員の活動、青年や融資の芝居下稽古、隠し芸の練習といふ如く、時ならぬ活気呈しました。

歓迎委員長星名謙一郎氏は同二十七日御出迎のため出発しました。翌二十八日プレジデント・プルデンテ駅着、同地日伯人の大歓迎を受け、二十九日午后九時愈当駅へ御着になりました。殖民者一同御出迎へ委員は一同を代表して御挨拶なし同夜は一同散会（夜間四名の同胞は武装して特別列車護衛）、翌三十日殖民者一同駅近出迎へ、午前十時自働車にて、第一小学校へ御案内、当日のプログラマは左記の通りでありました。

第一第二小学校生徒は道の両側に整立して伯国々歌を合唱して御出迎へ。次で歓迎式

一．星名謙一郎氏歓迎の辞　　二．君が代合唱　　三．大使御訓話

大使は殖民者一同が熱誠なる歓迎に対し御丁寧なる御言葉は殖民者一同をして感銘せしむ。次で母国の人口過剰より説き、北米に於ける移民絶対禁止問題に及ぼし南米特に伯国移民の必要、先進移民者たる同胞の覚悟、後進者指導の任務、伯国は養家で日本は実家である、養子となりたる伯国在住同胞は養家のために尽すべきで

あると訓戒し、当国に於ては北米に於けるが如き、絶対移民禁止は憲法を改正せざれば不可能であるから安心してよいと教へ、其他将来のとるべき方針等に付いて教訓をされ、一同を感動せしめたり

四．校長を大使へ紹介し、同氏より歓迎の辞ありたり

五．星名氏殖民地の沿革変遷

六．坪田信雄氏の教育概況

七．木村孝太郎氏生産概要

八．伊藤庄吉氏衛生状態

九．老農実験談　小笠原袈裟次氏　十．青年会代表者朝妻氏の辞

十一．生徒代表者岡林時子嬢の辞

次で昼食後余興に移る

テニス、角力、芝居等ありて大使は頗る御満足せられ午后十時頃帰館されました。

七月一日

多羅間領事は前夜着せられ、本日は大使に大谷通訳官と共に随行殖民地御巡覧星名氏方にて朝食、それより

星名謙一郎（右）、田付七太大使（中央）、
多羅間鉄輔領事（左）（星名倫氏所蔵）

マットグロッソ街道方面視察帰途、模範殖民者の評ある良永氏方にて夕食、種々の余興ありて午后十一時頃自働車にて帰館

七月二日

第二小学校附近の殖民地御巡覧後、第二小学校内に於て送別の式を挙ぐ

一、星名氏の謝辞

二、大使の御挨拶

三、新来移民をしてコーヒー園に契約労働せしめ、契約年限を全うし得るや否やについて、各自が過去に於ける実験を基として、数氏の演説ありたり。

余興に移る

数氏の隠芸

最後に青年会員の芝居　カチウシャ劇は中々の上出来で大使、多羅間領事を始めして沢山の花ありたり。

夕食後散会帰館

午后十時半当駅発バイベン殖民地視察のため出発せられました[注60]

大使一行は六月二九日夜から七月二日夜まで丸三日ブレジョン殖民地に滞在（特別列車に宿泊）したことになる。小学校での歓迎会の席上、星名は殖民地の建設の苦労を述べるに当たり、万感胸に極まって嗚咽したという。殖民地内は星名と小笠原袈裟次が案内した。[注61]この時のブレジョン殖民地は綿の豊作と高値で、大使の歓迎は文字通りお祭り騒ぎだった。しかしそのとき革命が勃発して天国から地獄への急転回になってしまった。

田付大使が去った後、サンパウロに革命が勃発して大変だという知らせが次々と入って来た。イジドーロ将軍によって起された革命によって、交通は遮断され綿の取引も出来なくなり値段も下落した。六月二〇日頃から政府軍に追われた革命軍によって略奪暴行が行われ、殖民者は恐怖のどん底に落された。九月一二日の『聖州新報』によれば、星名の経営するブレジョン殖民地および梅弁殖民地地方がどうやら未だに革命軍の根拠となっているようだとして、「ソロカバナ線奥地の戦況」と題し「九月五日プレジデントプルデンテ駅及サンタアナスタシオ駅より二キロの処にて官革両軍激戦を交へたりと。官兵は南兵と云はるゝリオ・パラナ両州の兵で指揮官はリオグランデ軍隊のエミリオ・ルシオ・エステベ中佐。昼夜十六時間に亘る小銃戦で革軍兵数一千名近くと目されしが戦利あらず退却せりと。官軍は多量の食料品を獲得せりと。（以下略）[注62]」と、政府軍の優勢を伝えている。

いっぽう『日伯新聞』のほうは「ブレジョン近況」と題し「最近由出聖せる某氏の談に依ると、革命軍がバイベン、ブレジョン方面を通過の際、全地方は内外人ともに多少の掠奪や徴発は免れなかったが、バイベン殖民地では星名謙一郎が自衛上、邦人の若い者やカパンガ（用心棒）を集め革命軍に向って発砲せる為め報復的に襲撃され、其の為め附近の日本人は何れも食料や馬車やポルコ（豚）などは大概奪ひ去られた由。因に革命軍は本月初旬ポルトチビリサよりパラナ州マットグロッソ州に無抵抗の退却を全ふし、革命軍が居なくなって二三日もすると官軍が無暗と発砲を始め却って危険であったとか。尚バイベン殖民地邦人間では星名が発砲抵抗したからこんな目に遭ったのだとて一同星名方へ談判を持ち込みゴタゴタ揉めておる由。[注63]」（句読点・括弧内筆者）と星名のやり方を批判している。さらに「ソロカバナ線邦人被害」として、「九月四日革命軍がソロカバナ線から退却する迄の約四十日間、邦人殖民集団地なるブレジョン、バイベン方面に居残った為に、同地方では日本人でカロサ（荷馬車）やブーロ（ろば）を掠奪された者が多く、ブレジョンだけでもカロサ二十台、ブーロ九十余頭程を持出された、バイベン方面はさらにひどく、なかには損害十コントスに上るものあり。概して官軍の方がタチ悪く、強姦せられたのも少なからず」（括弧内筆者）[注64]と報じている。そして一二月ついに二つの殺人事件が起こった。『聖州新報』一二月一二日号によると以下の通りである。

邦人三名撃殺さる　強盗及兵隊から　ブレジョン殖民地で

十二月二日午前十一時頃ソロカバナ線ブレジョン殖民地第十一区の打田某留守宅に押入った三人連の盗賊は井出磯太郎宅をも荒した。其引挙の途中にて加治彦太郎養子白土眞十郎に出会ひ彼の懐中より現金一コント五百ミルを強奪した後、彼をその場で銃殺しプルデンテ方面に遁走したるもの丶如く。

此惨事件ありて殖民者一同警戒しつ丶ありしが越えて六日午前十時五名の官服をまとひし兵士等第二区大寶土五郎宅に現れ武器を一切引渡す様申渡し家宅を捜索し出したので家の妻子は驚いて家を駆け出し隣家に急を知らせた。隣家の高田市次郎は舎弟の梅蔵とソレといふのでレボルベ・カラビナ（騎銃）を提げ応援に飛出した処、大寶の宅につかぬ手前の途上、兵士から狙ひ撃ちにされ、市次郎は鼻腔から後頭部へ、梅蔵は下腹部を孰れも貫通され倒れてしまった。此兵士等はサントアナスタシオ駅方面より来れるもの丶如く、やがて又プルデンテ方面より来れる十四五名の兵士の一隊ブレジョン殖民地にうろつき廻り居るので邦人側の心情は此二件の惨劇にイヤが上に亢奮（こうふん）し居り、血気の一団は無情なる此等兵士相手に一合戦、撃ち合をと望み居り事態容易ならず星名謙一郎氏は極力鎮撫につとめ居らる丶由。（以下略）[注65]。

同日の『日伯新聞』には、これらの事件は官兵によるもので、ソロカバナ線の奥には革命軍の追討に赴いた官軍の一部がなお残っており、官兵は給料の不渡りが多く、そのために民家を掠奪して歩くのだとしている。[注66]また『伯剌西爾時報』では、後の事件は民家が所有する武器を没収のため軍隊から派遣された兵士等が家内を捜索中に家人が噂の強盗団と思い込んで急報し、高田兄弟が武器をもって駆けつけたのを、言葉が充分通じないなどのことから日本人が軍隊に反抗するものと誤解を招いて射撃され、また銃声に驚いて駆けつけた者も検束されたと報じている。[注67]これらの事件で白土眞十郎と高田梅蔵が亡くなり、高田市次郎は重傷を負った。高田梅蔵の死亡広告には友人として星名らの名前もみられ、二人とも殖民地共同墓地に埋葬された。[注68]なお、白土眞十郎の金を強奪し銃殺した盗賊はその後、同地の警察の手に捕われたとある。[注69]

3　お玉さんの死（一九二五年）

一九二五年に入って最初の頃は比較的平穏で、これといった事件らしいニュースはみられない。『日伯新聞』によると一月、同仁会の講習会がサンパウロ市の海外興業支店内で開かれ、各地から講習生が集まった。講師は同仁会理事で、前年の一二月にブラジルの医師開業試験に合格した高岡専太郎らである。[注70]また、同会による広告記事で「毒蛇咬傷用注射並に注射液」の各地への配布先として、ブレジョン殖民地の山下定八や梅弁殖民地の本田朝生などの名が挙がっている。[注71]一方、この頃から活字印刷になった『聖州新報』の九月に、ブレジョン第二小学校教師の伊井栄次による、次のような内容の署名記事が掲載された。彼が殖民者から推されて、同仁会主催の衛生講習会に出席のためサンパウロ市に出たが、たまたま一緒に暮らしている友人に通訳を依頼され、やむを得ず一日欠席したところ、翌日理事でもあった三浦に咎められた。さらに三浦は『日伯新聞』紙上で本人だけでなく、この度の講習生に対する非難文を書き立てた。こうした事は、在伯邦人の衛生を念ずる同仁会の趣旨からも精神的に不衛生であるまいか、と伊井はいうのである。[注72]

さて、先に記したブレジョン日本人会は、この頃自然消滅したようで、この年ブレジョン殖民地に二つの日本人団体が結成された。まず一つが同志会で、『伯剌西爾時報』は「ブレジョンに同地方最大の同胞団体　青年処女の補修教育、図書雑誌の購読、講演、娯楽其他を目的として去十日ブレジョンにブレジョン日本人同志会が組織された。同会は従来同地の第二小学校及後援会に属した動産不動産は勿論、其に関する権利義務一切を継承したもので、該地方に於ける最大の同胞団体だと。尚同会役員は次の通りである。会長坂東喜内、副会長高田市太郎、常任理事伊井栄次（以下略）」[注73]と報じている。そして次の自治会は『聖州新報』の次の記事である。「ブレジョン殖民地に自治会なる　伊藤庄吉氏を会長　ソロカバナ線ブレジョン殖民地は地勢上二区に分かれ二千アルケール組と其他となっている。二千アルケール組の方では先来同志会を組織し伊東（ママ）喜内会長に推され居たる処、今度は他の区殖民者中にも会の組織なり自治会と命名。去る八月卅一日発会式をあげた由、此方は伊藤庄吉氏を会長に挙げたと。同志会、自治会此二会は団結してその中日本人会を創めんかの下拵えもあるとか。両会の顧問星名翁に相談中の由である」[注74]。これらが後に合体していく。

星名といえば自身の名前で七月、日本語新聞三紙揃って同じ土地売却の広告を出している。「珈琲地売却　最後の壱千弐百アルケールス」と題して、場所はソロカバナ線プレジデント・プルデンテ駅を去る事一キロ半の所より始まり鉄道と沿い幅一キロ半奥行二〇キロメートルの処女林、価格一千コントス、持主はイズマエル・ディアス・シルバで、星名が売却を委託されたとある。この場所はアルバレス・マッシャード駅の手前（サンパウロ市側）にあり、当沿線に於ける最後の地区と宣伝している。[注75]また、『聖州新報』で虞石生なる者による「人の半面」と題する当時の有名人を紹介するコラムが何回かにわたって掲載されたが、星名も西原清東や上塚周平らとともに取り上げられている。これは入植当初の話であるが、二つの面をもつ星名らしいエピソードなので次にそのまま紹介する。

ジャカレーとアダナの星名翁

ソロカバナ線ブレジョン植民地とバイベン植民地の創設者星名謙一郎氏——彼は本年五十九歳だ。昨年も五十九歳といっていた——在伯世間の一部では彼をジャカレーとアダナしている。

何でジャカレーとアダナがつけられたか、彼の容貌がジャカレーに似ているからだ——ともいひ彼の性質がジャカレーの如く獰猛であるからとも物知顔の人は他に向って説明している。彼の居る植民地の人々からは一向に親しまれて居らぬ……危険視されるといふよりもむしろ触はらぬ神にたゝりなし……と敬遠されている傾きである……といって彼はそんなに冷酷な老人であらうか。

殖民者の一部では冷血なヂイと云っている、全くジャカレーの名にそむかぬ性質のやうに吹張している……が、星名翁にはかうした半面がある。

時は千九百十六年ブレジョン殖民地創設の当年だ、ケと呼ぶ一家族親子四人があった、インデアナ駅から羊腸たるピカーダ（細道——筆者注）を開け創めての吾が土地に這入り型ばかりの掘立小屋を建て伐木を始めた。

雨季上りの秋だ一般殖民先発者が経験した様にケ一家族もトウトウ熱にかゝった、親子四人風吹かば倒れる仮小屋の中に枕を並べた、始めの中こそ病状の軽いものが快よい折に起て流から水をくんだ飯を焚いた皆が寄って淋しそうに食う日は快い日であった、皆の病状は一日一夜と悪化したが隣の人の森迄は一里だ、わづか蓄えの食料も欠れかける十日目モー誰も起て飯炊く元気もない……死なば死ね……と、或る朝だ、物音がする……遠くに……馬の足音だ……ノソリノソリと近づく……病人等の眼は怪しく光り戸口の人影を追ふ、黙然として静に表れたは土地売主の星名さんだ、ホヽ……ホシナさん……よく来て……皆やられてます……と微かにケが頭を上げる其切那だ、ア是れやいかん――と叫んだ星名氏は直ぐ表に飛出してしまった。ヒラリ馬に跨ると、鞭あてゝ森の途へ消えて仕舞ったそうだ。

病人は夢ぢゃないかと四人顔と顔とを見合せたそうだが……夢ぢゃなかった……折角来た人しかも星名氏が……一言の挨拶慰問の言葉もなく、アーこりゃいかんと直ぐ又去ってしまふなんて――余りに冷酷も程がある、――彼は鬼か蛇かそれとも悪魔か……若し多少足腰でもたったら馬の背後から斧でも投げかけてやったらうに……と四人は彼の無情さに悲憤の涙を流しつゝ啜り泣いていたそうな。

斯くて彼らの病状はその時の失望から増ゝ疲労重態に陥ったやうだ……四人はもう泣く元気もない。其午後又発□呻吟（しんぎん）している三時間四時間、その枕元に又夢□□うに人声や馬の足音が……ガヤガヤ響いて来たと思っている間に――何でも七八人の外人が色々なものを担いで表戸口にやってきた背後から先刻の星名氏が流るゝ汗をふきふき馬から下りた姿が戸の破目から細君の眼にチラッと入ったそうな。

星名氏の命令で其外人等はケ氏の小屋の横に直ぐこじんまりしたサペ（茅――筆者注）葺きの小舎を建て上た、君等はこんな小舎にいたら死んでしまうより外ないと、家が建ちあがるや否や彼は病床のケ等四人を其新屋に移してくれた、そうして幾何かのマンチメント（食料――筆者注）や薬をおいて其夜彼は別れて行った。

…………

今から考えると其当時の姿が一幅の絵のやうに脳裡にうつります、その日の星名さんは全く鬼となり仏と見えましたね、あのジャカレーヂイさん……世間でとやかく云ふ程私共はあの人を冷たくない人……どうかするとほんとうにあたゝかい人と感じますよとケさんは語った。

顔見ればジャカレーとアダナのそれの様だ、星名氏の半面にこうした話がかくれている。

鬼人か聖人か。ジャカレー翁は今も玉を抱いている。注76

最後の文にあるように、この頃お玉さんという三六歳の女性と同棲していた。お玉さんの本名は毛利豊、福岡県早良郡出身で、同郷でメキシコから流れて来た草場助治と結婚していたが、草場が一九一九年一二月に亡くなった後、星名と同棲を始めたらしい。注77星名にとってお玉さんの存在はどのようなものであったかについて、この頃二人を近くで見ていた市瀬義介は次のように記述している。

星名の日常生活は吾々が想像したより遥かに質素なものだった。ろくな家財道具もなく、食もつも粗食にあまんじてゼイタクなものは一切口にしなかった。時折、聖市へ出て、日本品を求めて来るのが楽しみだったようだが、そんな時はお玉さんを相手によくチビチビ杯を傾けていた。これが彼のせめてもの慰安らしかった。吾々用心棒も、時折お招伴に預って、お玉さんのもの馴れたお酌で杯を傾けることもあったが、人をそらさないお玉さんの接待でついホロ酔機嫌になり、心の憂さを忘れて、「一丁星名にねじこんでやる」と気負って来た抗議の機先を制せられてしまったものだった。

こんな点は全く、お玉さんという存在は、殺伐な用心棒と、強気の星名との間に立つ酢いも甘いも噛み分けた苦労人の仲裁役といってよかった。そして、常に吾々に慰めとはげましの温かい言葉をかけてくれる良き姉御でもあった。[注78]

ところがこの年一一月七日、数名のブラジル人無頼漢の襲撃を受け、それがもとでお玉さんは射殺されてしまったのである。この事件について日本語新聞三紙とも詳しく報じているが、そのうち『伯剌西爾時報』の記事は以下の様である。

物騒なブレジョン　星名氏宅襲撃さる
　腹部貫通傷を受け　お玉さんの最後
　屡々刃傷沙汰やピストル騒ぎの演ぜられるブレジョン植民地はさても物騒な事よ、去る七日未明に同地方邦人植民の開祖として有力家な星名謙一郎氏は、けたゝましく吠え立つる飼犬の声に目を醒まし、きゝ耳を立てると何やら囁き合ふ人声の聞ゆるに、寝台から飛び下りピストルで武装して庭先へ降り立ち、戸の隙間からまだ明けやらぬ暁の闇をすかして窺ふと誰とも知らぬ四五人の人影あり葡（ポルトガル――筆者注）語にて語り合ひつ、同家襲撃の相談らしかったのに星名氏は、威嚇の為にピストルを一発々射した刹那、門前の黒き人影の中からピストル二発之に答へて家内へ射ち込んだ一発は同氏の左腕を傷つけ、他の一発は寝台のかげに身をかくしていた同棲のお玉さんの背部から腹部へ貫通し『やられたッ』と叫んで倒れるのを見た氏は、弾のかぎり戸外へピストルを乱射し怪しの一団を逃走せしめた後、付近の誰彼を呼び起こして助力を乞ひ、血に染んで倒れていたお玉さんに応急手当を施し、午前八時の列車に投じて出聖（サンパウロ――筆者注）し、ウンベルト一世病院へ入院せしめた四十時間余の汽車の旅中も入院後も、お玉さんは元気よく、九日高岡ドツトル（医師――筆者注）も立合って手術した後も経過極めてよかったが十日服薬後容態急変し医師の来診する間もなく絶命し、十一日午後二時同病院出棺アラツサ墓地へ葬送した、先年イピランガ紅灯界に嬌名をうたはれ、沈溺者間に第一人者として随気の涙を流さしたお玉さんも、かうして悲しい最後をたどって逝った、尚ほ此襲撃は遺恨か物奪りか判明せず伯国人ばかりでなく、日本人も交っていたらしかったとも云ふが、屋外から寝所をねらって射ち込んで二発とも命中せしめるなどから見て、余程よく家内の様子を知っている者達の所為らしいと、尚同地方には革命軍脱走兵のなれの果てが多数徘徊し又はカマラダ（日雇い――筆者注）等になり農業は知らず武器を有し気が荒いので、該地住民は非常に危険を感じている。[注79]

事件の概要は以上であるが、『日伯新聞』には星名から直接聞いた話が載せられており、以下の如くである。

午前四時頃犬が無暗に吠へるので只事でないと眼を醒しピストルを用意して入口の方に行くと足元に何かけつまついたものがある、お玉が其所に腹這ひに伏していたのだ、お前こんな所にいてはイケぬ、働きの邪魔になるから早く寝台の下にでもかくれておれと言ひ付けて尚も容子を窺ふと無頼漢は数名らしく『ドトール（医者――筆者注）はいないだらう』とか『警察からインチマソン（呼出し――筆者注）に来たのだから開けろ』とか愈々おれを殺しに来たものだらうとオドカシに一発くれた所直ちに応発してド、ンと二発来た一発は左腕に当ったらしくやられたナと思ったがそれから後約二十発も放したら賊は逃げて仕舞ふた、その内お玉が『ヤラれたヤラれた』と悲鳴を挙げるので燈火をつけて見ると腹部貫通だ、到底助からぬ命と思ひ『コリャ傷は重い何とか云ひ置くことがあるなら早く云へ』と云ふと『こんな事で死ぬるものですか何でもありませんよ』と中々諾(ママ)かない、それでも因果を含めて遺言をさせてサンパウロに連れて来た二十八時間の汽車旅行中も至って気丈で別に苦痛を訴へる風もなかった最善を尽くして此始末だから致方もない云々[注80]

星名の傷は大したことはなかった。一一月一一日付で星名によって新聞紙上に死亡広告が出され[注81]、二一日遺髪はブレジョンに帰り、二三日殖民地内に星名の手で懇ろに埋葬された。[注82]

4　ブラジルの日本人野球

星名はブラジルで日本人に野球を広めたことでも知られている。彼が実際にいつ、どこで野球を始めたかは不明であるが、彼がハワイやテキサスに在住してい

星名謙一郎（前列右）、鈴木貞次郎（前列中央）、山根寛一（後列右から２人目）、大野基尚（後列右から３人目）
大野基尚『ブラジルにかけた虹』（東洋書房、1961 年）より

たこともあって、野球に対する知識は当時としてはかなりのものであったと思われる。ブラジルでの日本人野球の始まりについて、一九二三年の『聖州新報』に次のような回想記がみられる。

同胞野球界雑感　リオ　大野生

ブラジルに野球の始まったのは今を去る八年の昔、サンパウロ市に於て星名翁等の唱導により一団体の組織されたるを以て嚆矢とし爾来曲折を経たるも漸次発達して今のミカド倶楽部となったのである。此の古き歴史を矜る(ほこ)ミカドは剛健の意志を練り稍もすれば沈滞せんとする在留民心に溌溂の生気を注いだ。笹原、西郷、斎藤ありし当時のミカドはリオに遠征して米人チームを粉砕し邦人団を一蹴し、正に南米の覇者の威を振ふに到った。（以下略[注83]）

大野は既出の通訳五人男の一人である大野基尚で、この頃リオデジャネイロにいたのだろう。星名とは旧知の間柄で、彼の著書『ブラジルにかけた虹』（一九六一年）には、星名のことも詳しく記述している。また、第一回の笠戸丸で渡航しブラジル野球界の草分けの一人であった矢崎節夫の回想談が『ブラジルに於ける日本人発展史　下巻』（一九四二年）に掲載されている。ミカド倶楽部が結成されるまでの経緯と当時のサンパウロにおける日本人の様相が詳しく述べられているので、かなり長いがそのまま引用しよう。

大正五年（一九一六年――筆者注）の初め、その頃サンパウロ市に住んでいた星名さん（星名謙一郎のこと）が、一日私を訪づれ、市内アンタルチカ公園の運動場で、北米人が毎土曜日野球をやっているが、若し日本人でやる人々があったら、先方は欣んで一緒にやらうとの話であった。星名さんは既に五十歳前後の年輩だったが、曽て永く北米にいたこともあり、英語が堪能で其の上仲々の元気者であったから、こんな話を私に持ちかけたのであらうと思ふ。そこで私は早速好球同志に呼びかけた所、栗山・長谷川兄弟（兄の方は故人）・松隈・赤尾（現在日本）・小此木（帰国後死亡）の諸青年が集まったので、北米人と対抗試合をやった。これがブラジルに於ける邦人最初の野球である。此の時の試合は大敗に終わったが、鬱勃たる志を抱いて天涯に雄飛したものゝ、何分移民初期時代の事とて、何等慰安の道もなく、徒に其の勢力を浪費していた頃であったから、単なる此の野球而かも其の技至って未熟であったに拘らず、皆非常な喜びで、初めて元気な世界へ出た様な気がしたのも無理はない。今でもそうであるが、ブラジルではその時代から蹴球（サッカー――筆者注）はやったが、野球は北米人だけであった。

以後毎土曜日になると、野球組は彼等の為に特別仕

1916年９月24日スダン球場３組に分けて試合する青柳郁太郎が始球式をする。（移民40年史香山六郎編より）
後列＝（左より三人目）熊坂清四郎、（二人おいて）川上末喜、（二人おいて）長谷川末記、星名謙一郎、（一人おいて）、多羅間鉄輔、（一人おいて）梅田久吉、田口実
前列＝菅平吉、長谷川庄太郎、（一人おいて）斉藤龍雄、明穂（実）、矢崎節夫、森本（日本貿易）

『ブラジル野球史　上巻』（伯国体育連盟、1985年）より

立せられた電車に乗って、市内サンベント広場から、其の頃まだ郊外に属していた現在のアンタルチカ公園へ颯爽たる姿を現はした。北米人はサンパウロ市の電動力会社ライトに働いていた関係から、同会社が彼等の為に特別電車をも供給してくれた訳である。斯うして相当永い間、北米人の御厄介になって、唯一の慰安とする此の野球を続けていたが、何時までも彼等の道具を拝借することは面目ない所から、何とかして日本人を以て野球団を組織したいとの希望が山々であったが、当時貧弱な日本人社会に於ては、野球道具一組さへ捻出することすら容易でなかった。そこで星名と私が相談の結果、一夜松村初代総領事を訪問し、青年連の希望を開陳した所、早速快諾され、且青年の集り故青年会を組織せよとのことであった。青年の喜びと感謝思ふべしである。

斯うした事で出来たのが、『ブラジル日本人青年会』で、最初の幹事は多羅間鉄輔（当時総領事館在勤）、熊坂清四郎（元藤崎商会支配人、現在日本）、弘中強介（当時東洋移民会社員、現在日本）、伊藤庄吉（医師、現在満洲）及私の五名であった。会費月額一ミルレイス也で、野球場は近年まで使用されたコンデ坂下のスダン広場だった。伯国日本人青年会の野球始球式が行はれたのは、大正五年九月二十四日で、当時在伯中の青柳郁太郎氏が、パナマ帽で颯爽たる姿を球場に現はし初球を飛ばせた。

其の頃在伯同胞の人口は一万五、六千で、サンパウロ市に於ける邦人も恐らく三、四壱百に過ぎなかったであらう。而かも其の大半が、コンデ街の地下住ひと云ふ有様だったから、これ等邦人男女が、スダンの広場に集まり、太陽の光線を惜しげなく全身に浴び、一切の階級意識を忘れ、海外にある日本人として同じ喜びを満喫したものである。爾来野球は毎日曜行はれ、漸次盛大になったが、大正七年（一九一八年――筆者注）青年会幹部が更迭してから、新役員に不満を抱く者続出し、遂に野球部に属する会員の脱退を見るに至り、後青年会も解散して仕舞った。併し同年末に笹原憲次（死亡）、渡邉孝（死亡）其の他熱心なる運動家が集って、今度は『ミカド運動倶楽部』を組織し、野球の外にテニス、陸上競技（主としてマラソン）の一部を加へて、寥々（りょうりょう）たる邦人社会に話題を与へていた。[注84]

一九一六年というのは星名が『週刊南米』を始めた頃である。彼が実際に野球をやった記録はないが、その後もミカド運動倶楽部や伯国野球リーグ協会に寄附をしたことが新聞広告にみられ日本人の野球を応援していたことが分かる。例えば次のような二つの記事である。

今回の多羅馬（ママ）カップ並に鮫島氏寄贈の優勝旗争奪野球試合につき左記各位から当倶楽部へ左記の寄附金を頂戴いたしました

一金五十ミルレース　星名謙一郎殿（その他数名）

大正十三年十月二十八日　ミカド運動倶楽部[注85]

伯国日本人野球団リーグ戦寄附者芳名

仝（ブレジョン）金二十釺（ミル）星名謙一郎殿（その他多数）

大正十四年九月　伯国野球リーグ協会[注86]

先の一九二四年の試合はミカド倶楽部とレジストロとの間で三試合が行われ、後の一九二五年も同じ両チームの間で行われた。なお多羅間杯（カップ）は先の引用文中にもあった多羅間鉄輔が大カップを寄贈したことによるものであり、鮫島直哉は笠戸丸移民の一人で大工から建築業者へと成り上がった人物で、大優勝旗を寄贈した。ともにサンパウロにあるブラジル日本移民史料館に現存しているという。[注87]

また、星名が暗殺された一九二六年にも寄附した記録が残されている。その一つが七月二三日の広告記事で「故笹原憲次君建碑」に寄附した人物中にみられる。[注88] 笹原憲次は静岡県出身で、慶応大学を中退後、欧州経由で一九一五年ブラジルにやって来た。サンパウロで野球を始め、既出のように「ミカド運動倶楽部」を発足させ、投手として活躍した。一九二三年に海外興業株式会社（海興）に入り、レジストロ殖民地で青年達にスポーツを指導したりして、当時のスーパー・スターであった。一九二四年と二五年には自分が育てたミカド倶楽部と対戦した。しかし一九二六年六月六日に脳溢血のために急死。その後、彼の追悼会や追討試合が行われ、墓碑建立の寄付がなされることになった。この墓碑は一九二七年、一周忌の前日にレジストロ殖民地に竣工した。[注89]

そして星名が殺される一〇日前の次の広告記事である。「第三回野球リーグ戦寄附者芳名　金二十ミル　星名謙一郎殿（他多数）[注90]」。すでに日本人間の年中行事となった伯国野球リーグは、レジストロ軍が出場しない代わりにアリアンサ軍が初遠征し、ミカド軍と三戦している。[注91]

❖注

1　『コロニア五十年の歩み』（パウリスタ新聞社、一九五八年）、六二頁。および鈴木貞次郎『埋もれ行く拓人の足跡』（一九六九年）、一九四～一九五頁。

2　中村東民『ソロカバナ邦人発展史「極光林」』（ソロカバナ情報社、一九六四年）、九二頁。

3　前掲注1に同じ。
4　前掲注2、八〇頁。
5　青柳郁太郎『ブラジルに於ける日本人発展史　下巻』（同刊行委員会、一九四二年）、三七九〜三八一頁。なお、アルバレス・マッシャードの社会学的調査結果については、島澄「地方小都市日系コロニヤ――ソロカバナ線アルヴァレス・マッシャードの事例」（泉靖一編『移民――ブラジル移民の実態調査』、古今書院、一九五七年）。
6　『伯剌西爾時報』第七五号（一九一九年二月一四日）。
7　『伯剌西爾時報』第七九号（一九一九年三月一四日）、および第九四号（一九一九年六月二七日）。
8　愛媛新聞社編『愛媛県百科大事典　上巻』（愛媛新聞社、一九八五年）、三四〇頁。八幡浜市誌編纂会『八幡浜市誌』（八幡浜市、一九八七年）、一一九一頁。
9　竹崎八十雄『上塚周平』（上塚周平伝刊行会、一九四〇年）、二八三〜二八五頁。
10　『伯剌西爾時報』第七八号（一九一九年三月七日）。
11　前掲注9、三一五頁。鈴木貞次郎「イタコロミ植民地の思出」（『農業のブラジル』三巻八号（一九二八年九月一五日）。
12　『伯剌西爾時報』第九六号（一九一九年七月一一日）。
13　前掲注9、二九一頁および三二六頁。なお、半田知雄編『ブラジル日本移民史年表』（サンパウロ人文科学研究所、一九七六年）三六頁には、菊池は一九二〇年四月八日に同じシャトル丸で帰国とある。
14　『伯剌西爾時報』第一六二・一六三号（一九二〇年一一月一二・一九日）。
15　『伯剌西爾時報』第一七二号（一九二一年一月二一日）。
16　『伯剌西爾時報』第二〇七号（一九二一年九月二三日）。
17　『伯剌西爾時報』第二〇八号（一九二一年九月三〇日）。
18　『伯剌西爾時報』第二一一号（一九二一年一〇月二一日）。

19 『伯剌西爾時報』第二二二号（一九二三年一月六日）。
20 『伯剌西爾時報』第二二三号（一九二三年一月一三日）。
21 『伯剌西爾時報』第二二五号（一九二三年一月二七日）。
22 『伯剌西爾時報』第二二七号（一九二三年二月一〇日）。
23 『伯剌西爾時報』第二二六号（一九二三年二月三日）。
24 『伯剌西爾時報』第二二六号（一九二三年二月三日）、第二二七号（同年二月一〇日）、第二四〇号（同年五月一二日）など。
25 『伯剌西爾時報』第二四三号（一九二三年六月二日）、第二四五号（同年六月一六日）、第二四七号（同年六月三〇日）など。
26 難波勝治『南米富源大観』（大阪屋号書店、一九二三年）、二七七～二七八頁。
27 同前『南米富源大観』、二八〇～二八四頁。
28 同前『南米富源大観』、二八五～二八六頁。
29 同前『南米富源大観』、二九一～一九四頁。
30 同前『南米富源大観』、二九四～二九六頁。
31 『伯剌西爾時報』第二七〇号（一九二三年一二月八日）。
32 『伯剌西爾時報』第二五三号（一九二三年八月一一日）、第二五五号（同年八月二五日）、第二五六号（同年九月一日）、第二五八号（一九二三年九月一六日）。
33 小林美登利については、拙稿「村井保固と小林美登利の聖州義塾」（『THE MORIMURA』第五二号、一九八六年）参照。なお、小林は『聖州新報』や『日伯新聞』を保存していた。現在、これらのマイクロフィルムによって当時のことを知れるのは小林のおかげといってよい。
34 『伯剌西爾時報』第二七七号（一九二三年一月二六日）、第二七九号（同年二月九日）。

35 『伯剌西爾時報』第三一九号（一九二三年一一月一六日）。
36 『伯剌西爾時報』第二九七号（一九二三年六月一五日）。
37 『伯剌西爾時報』第三〇九号（一九二三年九月七日）。
38 『伯剌西爾時報』第三一八号（一九二三年一一月九日）。
39 『聖州新報』第一〇八号（一九二三年一一月九日）。
40 『伯剌西爾時報』第三一七号（一九二三年一一月二日）、第三一八号（同年一一月九日）、第三一九号（同年一一月一六日）、第三二〇号（同年一一月二三日）。
41 『聖州新報』第一二〇号（一九二四年二月一五日）。
42 『聖州新報』第一二六号（一九二四年三月二八日）。
43 『伯剌西爾時報』第三三六号（一九二四年三月二一日）。
44 『伯剌西爾時報』第三三九号（一九二四年四月一一日）。
45 『聖州新報』第一二八号（一九二四年四月一一日）にも同様の文章が転載されている。
46 『聖州新報』第一三一号（一九二四年五月二日）。
47 『聖州新報』第一三五号（一九二四年五月三〇日）。
48 『日伯新聞』第三七五号（一九二四年五月三〇日）。
49 『伯剌西爾時報』第三四五号（一九二四年五月二三日）。
50 日本移民五十年祭委員会編『物故先駆者列伝』（一九五八年）、五二一〜五三頁。
51 『聖州新報』第一三七号（一九二四年六月一三日）。
52 同前。
53 『在伯日本人先駆者伝』（パウリスタ新聞社、一九五五年）、八頁、および『コロニア五十年の歩み』（パウリスタ新聞社、一九五八年）、事業紹介欄二頁など。

54 『聖州新報』第一三七号（一九二四年六月一三日）。
55 同前。
56 『聖州新報』第一三四号（一九二四年五月二三日）。
57 『日伯新聞』第三七五号（一九二四年五月三〇日）。
58 『日伯新聞』第三七九号、『伯剌西爾時報』第三五〇号（一九二四年六月二七日）。
59 『聖州新報』第一四〇号、『日伯新聞』第三八〇号（一九二四年七月四日）。
60 『聖州新報』第一四二号（一九二四年七月一八日）。
61 宮下良太朗編『拓魂――アルバレス・マッシャード開拓五十周年記念誌』（アルバレス・マッシャード連合日本人会、一九六八年）、七〇～七一頁。
62 『聖州新報』第一五〇号（一九二四年九月一二日）。
63 『日伯新聞』第三九〇号（一九二四年九月二六日）。
64 『日伯新聞』第三九一号（一九二四年一〇月三日）。
65 『聖州新報』第一六二号（一九二四年一二月一二日）。
66 『日伯新聞』第四〇一号（一九二四年一二月一二日）。
67 『伯剌西爾時報』第三七四号（一九二四年一二月一二日）。
68 『伯剌西爾時報』第三七四号（一九二四年一二月一二日）、『伯剌西爾時報』第三七五号、『日伯新聞』第四〇二号（同年一二月一九日）。
69 『聖州新報』第一六四号（一九二五年一月一日）。
70 『日伯新聞』第四〇七号（一九二五年一月三〇日）、なお高岡専太郎については押切宗平『高岡専太郎――ブラジル移民の赤ひげ先生』（無明舎出版、二〇〇八年）が詳しい。
71 『日伯新聞』第四一五号（一九二五年四月一〇日）。

72 『聖州新報』第一九五号（一九二五年九月一一日）。
73 『伯剌西爾時報』第三九八号（一九二五年五月二九日）。
74 『聖州新報』第一九六号（一九二五年九月一八日）。
75 『日伯新聞』第四三一号、『伯剌西爾時報』第四〇五号（一九二五年七月一七日）、『聖州新報』第一八八号（同年七月二四日）。
76 『聖州新報』第二〇二号（一九二五年一〇月三〇日）。
77 松林昇治郎『風化する拓人の記録　上巻』（一九七七年）、および「日本人墓地の過去帳」国立国会図書館ブラジル関係資料。
78 市瀬義介「奥ソロカバナ・ブレジョン植民地の開拓苦闘史（一三）」（『週刊日系』九八号、一九六五年五月）。
79 『伯剌西爾時報』第四二三号（一九二五年一一月一三日）。
80 『日伯新聞』第四四八号（一九二五年一一月一三日）。
81 同前。
82 『聖州新報』第二〇七号（一九二五年一二月四日）。
83 『聖州新報』第一一一号（一九二三年一一月三〇日）。
84 青柳郁太郎『ブラジルに於ける日本人発展史　下巻』（同刊行委員会、一九四二年）、五六三～五六五頁。
85 『日伯新聞』第三九五号、『伯剌西爾時報』第三六八号（一九二四年一〇月三一日）。
86 『日伯新聞』第四四〇号、『伯剌西爾時報』第四一四号（一九二五年九月一八日）。
87 『ブラジル野球史　上巻』（伯国体育連盟、一九八五年）二八頁および三七頁。
88 『日伯新聞』第四八一号、『伯剌西爾時報』第四五八号（一九二六年七月二三日）。
89 前掲注87、四七頁および五四～五六頁、五九頁。
90 『伯剌西爾時報』第四七七号（一九二六年一二月三日）。

91　前掲注87、五七頁。

◈参考文献

【ブラジルの日本語新聞・雑誌】

『伯剌西爾時報』一九一九～二六年。
『聖州新報』一九二三～二五年。
『農業のブラジル』三巻八号（一九二八年九月）。
『日伯新聞』一九二四～二六年。
『週刊日系』九三号（一九六五年一月）、九八号（一九六五年五月）。

【書籍】

難波勝治『南米富源大観』（大阪屋号書店、一九二三年）。
『移民地事情　第四巻』（外務省通商局、一九二三年）。
八重野松男『今日のブラジル』（ジャパン・タイムス社、一九二九年）。
竹崎八十雄『上塚周平』（上塚周平伝刊行会、一九四〇年）。
青柳郁太郎『ブラジルに於ける日本人発展史　下巻』（同刊行委員会、一九四二年）。
『在伯日本人先駆者伝』（パウリスタ新聞社、一九五五年）。
泉靖一編『移民――ブラジル移民の実態調査』（古今書院、一九五七年）。
『コロニア五十年の歩み』（パウリスタ新聞社、一九五八年）。
日本移民五十年祭委員会編『物故先駆者列伝』（一九五八年）。
大野基尚『ブラジルにかけた虹』（東洋書房、一九六一年）。

中村東民『ソロカバナ邦人発展史〝極光林〟』（パウリスタ情報社、一九六四年）。

宮下良太朗編『拓魂――アルバレス・マッシャード開拓五十周年記念誌』（アルバレス・マッシャード連合日本人会、一九六八年）。

鈴木貞次郎『埋もれ行く拓人の足跡』（一九六九年）。

松林昇治郎『風化する拓人の記録　上巻』（一九七七年）。

『ブラジル野球史　上巻』（伯国体育連盟、一九八五年）。

愛媛新聞社編『愛媛県百科大事典　上巻』（愛媛新聞社、一九八五年）。

八幡浜市誌編纂会『八幡浜市誌』（八幡浜市、一九八七年）。

押切宗平『高岡専太郎――ブラジル移民の赤ひげ先生』（無明舎出版、二〇〇八年）。

［その他］
国立国会図書館ブラジル関係資料。

［拙稿］
「村井保固と小林美登利の聖州義塾」（『THE　MORIMURA』第五二号、一九八六年）。

第八章
星名の最期とその後

はじめに

大正時代が終わろうとする直前の一九二六年一二月一三日に、星名はアルバレス・マッシャード駅でピストルで撃たれ、悲惨な最期を遂げてしまった。彼が六〇歳の還暦を迎えたばかりのときである。一時帰国するような話もあったが、果たせなかった。本章では最期の年となった一九二六年の出来事とその後について記述する。

1　三浦鑿(さく)との対立

一九二六年に入って、星名と三浦の対立が表面化した。事の起こりは二月一九日発行『日伯新聞』の「風教の破壊を如何せん」と題する巻頭記事らしい。この中で要するに三浦は田付大使が着任以来、いかがわしい人物を糾合し、これらの人間を立てたり引き回したりしたのでは邦人社会の風教如何せんやと田付大使のやり方を批判し、その例として星名某を挙げ、三浦が彼を立てない理由として、一般邦人社会が不純だと認めている事実に即しているからと主張している。注1 田付大使が星名の経営するブレジョン殖民地を訪問したり、さらに後述のように八五低資の準備のため、この年の初めにバウルーで二人が会ったりするのを三浦は快く思わなかった。それで彼等を牽制するためこの文章を書いたものと思われる。それで星名は、これに対する反論と質問状を一か月後の『聖州新報』に掲載した。

公開状　在ソロカバナ　星名謙一郎

三浦鑿に与へて善心に立ち帰るを勘むるの書　附たり　質問三ヶ条

此書面はモット以前に書こうと思って居たのだが、要務が多かったので、漸く今日筆を採る事が出来たのだから遅くなった罪は赦してくれ玉へ。

サテ、二月十九日の日伯第四五九号に「風教の破壊を如何せん」と見出して置いての社説は慥かに（確かに――筆者注）読んだ、マサカ君の口から、風教問題を聞こうなどとは夢にも期待して居らなんだので、実は世態の変遷の余り急激なのに愕いた訳だった。

だんだん読んで行く中に、星名某云々の記事があって、風教上在聖市智識階級の風上にも置けない人間かの様に叩きつけてあった、

我輩は夫れを読んで桀の狗が堯に吠へた（主人に忠義をつくそうとして、相手かまわず乱暴することをいう――筆者注）程にも考へなんだが、アノ文意では察する迄もなく星名某とは斯く申す我輩のことであろふかと思う、ソンなら君は何故星名謙一郎と明瞭に書かなかったのか、勿論我輩には君の様に行く処々で偽名使用するの必要もなく、ソンナ器用も出来ないから、君が何と書こうが差支へはない様なものの、子供の時から通って来た星名謙一郎は南米でも日本でも只一ツより外ないのだから、君自身に引き較べて書いて貰っては困る。

君の書き振りに依ると「其星名某とは十年此方の知合いで、時には酒も一所に呑み又碁を打つ事もある」としてある、それはその通りであるが、君と我輩との間柄唯知り合いだと言ひ放す関係ではないじゃないか。

思ひ出しても見玉へ、時は千九百十七年の五月半ばで有ったろう、君がサントス市で落魄（らくはく）のドン底に陥入り着るに衣物もなく、被るに帽子もなく、足指の現れたる破れ靴を穿ち、其日其日の営養にも事を欠いて乞食の如くふるえて居った時に、之に同情を寄せて拾ひ上げたのわ（ママ）、斯く申す我輩ではなかったか。

我輩が君をそんな境遇から拾ひ上げたのも、何も一時の酔興から仕た訳ではなかった。何だか一癖ありげな若者で、正道にさえ進ませば立身も出来るであらうと云ふ所へ眼をつけたのである。袖振り合はすも他生の縁と云ふ事もあるに、ウントストーンでも奉捨した君から他日糞よ味噌よと吠えつかれようとは何たる因果であらうか

それから君をサンパウロに連れて来てからも人中へ出るにも着物も無いと云ふので、翌日は君を同道してサンベント二十五番の洋服屋で新調の一着も出かしてあげた（ママ）、その足で二三軒隣の角の帽子屋で麦藁帽も新調して被らしたではなかったか

其時君は我輩に対して何と遠吠へしたか（其時の君の言葉は日伯新聞社長三浦鑿君の名誉のために此処に発表することを保留しておく）が以上の如きイキサツが有にもか、わらず、図々しくも済し込んだ顔をして「十年此の方の知合だなんどとトボケルのが余りに人を犬連れにして居るではないか。

文才君の如きにして、何とか外に言葉の綾もあるだらうに、只「十年此方の知合ひ」と書かゝれたのでは、知らぬ人には対等の友人か何かの様に思はれて、折角我輩が君を拾ひ上げ眼識の片鱗をも彷ふつさす事が出来ないのでは、我輩としてうかばれないではないか。

又君としても我輩に対しあらゆる毒筆を弄して誹譏讒謗（ひきざんぼう）（悪口をいう――筆者注）した所で心の収まる訳でもあるまい、

ダガ何も君を拾ひ上げ出世さしたからと云って夫れをお鼻にかけて恩をきせるとでも思はれては迷惑ぢやが諺にも「一夜の宿、一飯の恩」と云ふ事もある、一飯の恩に感じて百年の命を惜しまなかったのは大和武士の意気地として称揚されたもの

畜生でさへ三日間飼って遣った恩は忘れないといふのに、六ヶ月も八ヶ月も飯を食はして遣った人間？に裏切られたと云っては、浮かばれないのも無理ぢやないだらう。主人に弓を引いた明智光秀の最後は云ふまでもなく近くは張に背をむけた郭松齢はさらし者になったじゃないか、主人や恩人に対し不義をする者に栄へたためしはない。

君もナル程と気がついたなればモウ是れからは我輩の悪口などわ書かぬ事にし、前非後悔して一日も早く善心に立帰り、世の為め、人の為めに功徳を積むの覚悟が肝心じゃろふ。

何程君が我輩を大悪人大姦物と宣伝しても、我輩は矢つ張君を拾い上げた時の心事を忘れてしまふ事は出来ない、いくら大統領まで出世しても、お母さんの目からは矢張り頑是ない「テツデイ」とより写らん、我輩としては今君が食ふことに困らぬ迄に漕ぎつけ、一人前の新聞記者と成り上がった其出世を祝福こそすれ、決して憎いとは思って居らんので、又今度逢ふた時には、一所に酒も呑ふし、又碁も教えてあげよふから、夢再び愚にもつかぬ出鱈目のネツ造説を製造したりして、我輩の心を痛めさせない様に頼む、それからモ一ツ書き添へて置かなければならぬことは君は「星名は物も解って居り土地も沢山持って居るが行が悪いから立て、遣る訳に行かん」と吠えついて居るが、我輩が今日迄、君等一味の徒党と往来しないと言ふのは、我輩自身は之を一種の誇りを感じて居るからである。君等一味徒党の輩と往来をせないと云うのわ（ママ）、男子の名誉を完ふする者なりとの自信があるからである、抔中の蛇影既に転倒す、君再び下らぬことを筆にして藪蛇をだすな。

夫れから最後にモ一ツ書き添えて置かなければならぬ事は、モトモト此手紙を書いた同機は「風教の破壊を如何せん」と云ふ君の論文（?）から発したのであるから、試みに左の三問を君の机上に呈して君の風教論に対しての批判を得たいと思ふのである。

質問第一

娼売婦の産み落した混血児を自分の種なりと早や合点し、其の母子を引張り込んで之れと同棲し白昼其の混血児の手を引きつゝ良家の家庭に出入りして恬として恥ぢざる者ありとすれば、君はこれを風教の破壊とは思はざるや

質問第二

お露なる女性がサントスに現はれ始めて娼をひさぐの時、其の丁年（成年——筆者注）に達せざる事を嗅ぎ出し、彼女の弟寛次なるものを欺き、父の柳行李より旅行免状を盗み出さし夫れを証拠として警察へ訴へるぞよと脅迫して、金銭を巻きあげたる男ありて其の男は後日新聞記者なりとすまし込み、白昼風教論を振り廻すと聞く、君は此の男を何と評するや

質問第三

日伯新聞を経営するのに他人に勘財するは恕するとするも、之を強請したり脅迫するに至りては既に常軌を逸している、況や之に応ぜざる人に対してはあらゆる毒筆を弄し、官にある人々には其職責に符会して之を誹謗し、商人に対しては其人の信用に影響する無根の風説なんど撒布し、其の悪辣なる遣り口最近に至り深刻を極む。

斯くの如き事は純良なる殖民地の風紀を紊乱し、思想の健固ならざる青年の心事を蠹毒するものにして、社

会に流す害毒は白昼白刀を擬して強盗するよりも甚しい、之をしも君は風教の破壊とは思はざるや

以上

まだ十五ヶ條の質問があるが余り長くなるから此度はこれでカク筆するが、文中君の気に触った所があったら腹を立てない様に頼む。繰り返して云ふ、我輩は決して君を憎いと思ったりして悪気で之の書を書いた訳ではない、心の中には君の出世を表彰しようと云ふ意味も含んでいるのであるから、悪く取っては困る

昔矢矧の橋の上の乞食は其の顔が猿に似ていたので終りには天下を取って太閤様となった、今はサントスの非人が其顔がチンに似ているので新聞社長に成り上る位は何でもない事、若し此の書をして君を立志伝中の人と為らしむる事を得ば君以って瞑す可く、我輩丐んぞ瞑すとせざるを得可けん哉

恐々頓首

大正十五年三月十日[注2]

星名の言い分は、三浦がサントス（一九一頁地図参照）で貧乏のどん底にあったのを一九一七年五月半ば頃に拾ってやったのに恩を仇で返すな、そして新聞で出鱈目の誹謗中傷をするそっちこそ風教の破壊だということだろう。これを掲載した『聖州新報』には同日「本稿締切間ぎわに星名謙一郎翁から日伯社長三浦へと公開状が本社へとゞいた、泣き面らに蜂とは訴えると脅された本社側でなくアノ男の身の上だ、陽気の性でなく陰気の報いだ」、さらに翌週の三月二六日に「星名翁の三浦日伯社長に与えた公開状は在伯日本殖民始まって以来唯一の名文であるとの専ら噂だ星名翁でないと出来ぬ芸でもある」[注3]などというコラムがみられ、『聖州新報』の社主である香山六郎は星名を持ち上げて応援している。それまでにも三浦は『聖州新報』を批判しており、星名 vs 三浦

の対立は、香山＝田舎住いvs三浦＝サンパウロ市住いの対立でもあった。これに対し、三浦は星名の三つの私的な事柄を含む質問に答える形で、翌週の『日伯新聞』に次のような記事を掲載した。

星名謙一郎に答ふ　三浦鑿

元新聞記者をして居たゞけに今度は本名を名乗って出たのは流石だ、田付や香山のお先棒を勤むることを無上の光栄と心得、何でも彼でも出鱈目を云へば義理が済むとする手合へ一々答弁をして居ては水平社員を相手にするやうなものでカナワない、聞けばある人を出迎の為め出聖して目と鼻との間にをるそうなか、活字で来たものだから今回に限り活字で質問だけを答へておく、後は一切受付ない。

第一、全くその通り僕の妻は淪落の女であった、世の中には女をたぶらかして鉄道往生までさせる者さえあるが、僕は人間が人間の子を助けるのが当然と女を引取ったまでである、而して今は忠実な僕の内助者として働いて呉れてをる、而もこれは僕の私生活で公的には関係はない、君のやうに貞淑の誉れ高き女房（君の妻は京都同志社舎監であるね）を持ちながら之に合はす顔がなく逆さまに女房から三下半を叩き付けられたのとは訳がちがふ、帝大在学中の君の息や女子大学在校中の君の娘などは女房が細腕でステンタ（扶養する――筆者注）しているのではないか、それは何の為である。

第二、サントスの邦人から頼まれお露と其親とをカデイヤ（拘置所――筆者注）から出してやったのは事実である今の州代議士ピアスボイノ氏が其当時の警察署長で、昨年もボイノ氏に会った時其の話をして笑ひ合ったものである、お露もその姉も今は人妻になってリンス駅にをり、其親も妹も寛治も皆リンスにをる、何時でも本人どもに聴いて来ればよい、何なら本人どもを連れて来ればよい。

第三、は答弁の限りに非ずだ然し香山ではあるまいし君の不浄金をセビリになど行かない。デ君が僕を拾ひ上げたの何のと云ふのは真赤なウソで、当時雑誌『南米』をやって居た君が今の植民地をやる為め旅行せねばならず、留守が無いので困るからとサントス漁村に眠って居た僕に辞を卑ふして頼んできたのではないか、而して僕が留守をして代って論文を書いてやった（確か三週間と記憶する）からこそ旅行も出来、小笠原と共同で植民地もやれる様になったのではないか、当時は今の海興の渡邊孝君が一緒に居たから能く解ってをる、タッタ八九年前のことをモウ忘れたのか、六十そこそこで老碌するやうぢや大したアク党にもなれないね。

其後松村総領事から君の布哇時代のことを聞かされ（松村君は態々布哇総領事館から君の身元調べを取寄せたものである）間もなく西原清東氏から同じく君のテキサス時代のことを聞かされ、成程念の入った男だなと合点した迄である、立派な女房や子供を持ちながら之に会はす顔のないのも決して故なきことではない、それから後の事は世間周知の事実で、其所にも此所にも生きた証人が居り犠牲者がをる、言はぬが花であらう。

だが然し君の細君は、何も知らぬ子供達は、それでも今尚君の帰ることを待ってると云ふではないか、帰ってやりなさい、伯国でどうジタバタしてもモウあかん、漂然として妻子に帰るが人間と云ふものだ。

ハテ悟らねぬ浮世じやなあ。注4

三浦を拾い上げた件に関して、彼は『週刊南米』をやっていた星名が殖民地建設のために旅行せねばならず、サントスにいた自分に頼みにきたので、留守の間論文を書いてやったというのである。ということは三浦が新聞記者になるきっかけを星名が作ったことは確かである。そして彼は星名に、そろそろ歳だから家族のいる日本に帰ったらどうかと勧めている。また二年前の同仁会設立の際もそうであったが、星名一味の動向を探る次のような記事が翌週の『日伯新聞』に掲載されている。「あの此の間星名謙一郎、阪井田南舟、大野基尚、笹田正数などと云ふ連中が常盤（旅館）でジャンタ（集会）をして居ました」[注5]（括弧内および句点筆者）。しかし新聞紙上での二人の攻防は、これ以後見られない。この頃「八五低資」決定というビッグニュースが飛び込んでくる。

2　「八五低資」問題

当時のブラジル経済は、ことにサンパウロ州の経済はコーヒーによって支えられていたが、実に不況にあえいでいた。その主たる原因は、一九二四年に起こった先述の革命戦、そしてサンパウロ州を襲ったイナゴの群、また運悪く一九二五年の大旱魃と打ち続く天災に遭遇して、日本人農家は営農資金に貧していた。そこで一九二五年六月に上塚周平が起こした、日本政府からの低利資金借款運動の奥ソロカバナ線の代表推進役として星名は参加したといわれている。いわゆる八五低資と呼ばれる日本政府からの救済資金は八五万円である。ところが、日本政府に嘆願して低利融資の道を開く話の始まりは田付大使がブレジョン殖民地を視察した際、同行した多羅間領事と星名の三人で話し合って決まったという説がある。[注6]またこの話を持ち出したのは実はノロエステ線リンスにいた山根寛一で、[注7]ソロカバナ線の星名と共に立案し、ノロエステ線の上塚周平がその話に乗って三人が田付大使に嘆願書を出したと香山六郎は言う。以下、香山の回想録に三人の相談内容が書かれていて興味深い。

星名と上塚・山根の三人は管轄官庁を通して手続きを済ましてからリオ首府にとセントラル鉄道線の汽車に

ゆられて寝台車もなく椅子に座っていた。ペトロポリスの駐伯日本大使館にノロエステ・ソロカバナ両線邦人植民（コーヒー土地持ち）への干魃被害の救済資金として母国政府の低利資金下付の直接口頭嘆願に悲壮な決意を陳情したのであった。星名、上塚、山根の三代表が上府する前、三人はバウルー市の聖報（聖州新報――筆者注）で請願の内談で案を練った。上塚氏は立案者ではなく、山根氏が星名氏と共に立案者であった。

星名氏は上塚氏へこの低利融資の促進には日本で政界や政府筋へも内々了解を得てその方面を動かしてゆく要があるでしょう、上塚君は誰か現政府に知己友人はないかと話し出した。その時上塚氏の顔は紅潮してかがやいた。当時日本は政友会内閣で大蔵大臣に高橋是清がなっていて、その大蔵参事官に上塚司がなっていたのであった。僕の従弟の上塚司が大蔵参事官していますよと語り出した。高橋是清子爵は若い頃メキシコに日本植民地を建設して植民には苦心した人だそうだ。上塚君、それはもってこいだ、君の従弟の参事官に低利資金の融資に奔走させ、高橋大臣から先ず内諾してもらい給え、ぜひやってくれ給え、その方面の運動もやっていれば田付大使の表面運動と表裏会議となり成功するぞと星名氏は熱を出し、上塚、山根の二氏も早速上塚司に運動開始することを誓った。[注8]

実際にこの運動が功を奏したかは明らかではないが、上塚の人脈をうまく利用しようと提案した星名のアイデアはさすがである。いずれにしてもこの話に星名が最初から深く関わっていたことは間違いない。ちなみにこの文中で高橋是清が移民したのはメキシコではなくペルーであった。上塚司は高橋の秘書官で、高橋が二・二六事件で倒れる一九三六年に、彼の全半生を描いた『高橋是清自伝』を出版している。

さて、同年九月二五日の『聖州新報』では、「緊要なる救済資金」と題する巻頭記事でその必要性を訴えてい

るが、すぐには本国政府より良い知らせが届かなかった。[注9][注10]

星名、上塚らの請願を受けて、翌一九二六年一月二一日に田付大使、赤松総領事一行がバウルー領事館にやってきた。そこで上塚と星名に会う予定だったが星名は遅れ、[注11]一行はそのままノロエステ線を視察のため出発した。星名は二八日ソロカバナ線からバウルーに到着し、大使一行を追って二九日朝ノロエステ線に向かった。[注12]大使一行は一月二三日から三一日までの九日間、日本人殖民の中堅地帯であるノロエステ線を巡視した。田付大使は二回目で、赤松新任総領事は着任早々で初めての巡視であった。『聖州新報』の記事では、この巡視が救済貸与の資金がまだ出ない段階ではあるが、窮迫する殖民者の荒んだ心を慰安する効果、そして赤松総領事が本省に向けて如何に報告するかを期待している。[注13]これに対して『日伯新聞』の三浦は、低利資金にはもちろん反対の立場であった。三浦も一九二五年これらの地方を旅行し、「何故にノロエステ地方の打撃が大きいか」[注14]や「ソロカバナの奥はどうか」[注15]といった社説で実情を報告しているが、例えば星名のような山勘的事業者が主導する低利資金は、動機が不良不純で実行上ほとんど不可能と論じている。[注16]

しかし、四月上旬に「八十五万円出た」というニュースがブラジルに届いた。四月九日の『日伯新聞』と『伯剌西爾時報』では、これが議会を通過したことと大使館でその運用具体案を作成中という簡単な記事であったが、[注17]四月一六日の『聖州新報』ではもう少し詳しく次のように報じている。

低利資金が八十五万円出た　大使総領事のお骨折り
日伯新聞では屹度（きっと）オジャンになろうとケナシ、本紙では屹度出来るだろう噂した在伯邦人植民への低利資金が、田付大使及び赤松総領事、古関書記生の骨折で三月末日衆議院議会を通過し、八十五万円、愈々出る事になった由、記者はバウル領事館に出頭し多羅間領事に問合せた所「未だ本省からは何等の通知に接しませんが議会を通過した事は確かです。本省からと大使からの命令があってから、植民関係者の重なる人々と協議もしたい件が出て来るだろうと思って居ります。今の所どんな筋を通って融通する様になるか一切不明です。一日も早く皆に融通してあげたいは山々ですが右の事情なんです」と、語られた。[注18]

その後、低利資金の運用などをめぐって、日本語新聞各紙はいろいろ意見を述べている。まず『聖州新報』の「低利資金の請願成就と植民の覚悟」[注19]や『伯剌西爾時報』の「同名異質の低利資金(上)・(中)・(下)」[注20]では、四年前の一九二二年に成就しなかった低利資金と今回とを比較し、今回の資金を有効に利用すべきことを論じている。『聖州新報』の「低利資金に就て」では、今回の低利資金は在ブラジル殖民全体に亘っているものと見做し、在伯殖民全体が仲良く使って何年か後仲良く皆がまとめて返済すべき金であって、ノロエステ線とソロカバナ線の一部殖民が専有すべきでない、と理想を述べている。[注21]

一方、『日伯新聞』の三浦による反対論はしばらく鳴りを潜めていたが、六月二五日になって、星名のお膝元ブレジョン殖民地にいる山下定八が、「幽霊団体を葬れ」と題し星名を批判する文章を掲載した。それによると、三月六日ブレジョンにソロカバナ線中央日本人会なるものが組織された。会長は有名な星名謙一郎である。この会は二月頃、会が出来上がったら低利資金が直ぐにも手に入る様に言いふらされた結果組織されたもので、つまり低利資金借款目当てに出来た会に他ならない。そして成立後、土地代の未払状況を調査したのが唯一の仕事で、それ以後に理事はあるが理事会が招集された例は一度もなく、同時に低利資金の借款などという問題が議されたことが全くないと述べ、この会は星名と他の二、三人の会であってソロカバナ線を代表する会ではなく、星名は代表ではないと言明している。[注22] 続いて同じソロカバナ線のプレジデンテ市の川口生による「低資並にソロカバナ線中央日本人会と会長」ではさらに詳しくこの会について述べ、星名が大使館へこの会の代表者として会のために低資借入を申し出たはずで、彼が「低資問題は以前より自分他三四の人が請願致し居り会には何等の関係なし」と言明したことは我々会員を無視する由々しき大問題で、会長星名を社会的に葬れと主張している。[注23] 三浦はこのような（とくに星名の）反対派の意見を掲載することにより、低利資金問題に批判を続けた。ブレジョン殖民地の山下定八は、それまで『伯剌西爾時報』の支部主任であった長尾喜樹が帰国することとなったのでその後任を引き受けたが、[注24] その『伯剌西爾時報』において「低利資金の貸付は一般的なものにせよ（上）・（下）」と題する文章で、やはりソロカバナ線中央日本人会を批判し、[注25]「低資とブレジョン殖民地　何故に公開せざるか」においては「星名又代表たらんとせば宜しく所信を殖民者に公開し、其の同意を得て後に代表顔すべきだ。大使歓迎と領事歓迎のみが彼の仕事でもあるまい」[注26]

星名対山下
牛凹嚢『まんが 移民五十年史』（1956 年）

といい、星名を相手に喧嘩を仕掛けている。

そのような反対意見があったなか、星名のその後の動向であるが、「八五低資」のニュースが届いた四月に行方不明になる騒ぎがあった。やはり『聖州新報』の次の記事である。「鰐が山に迷ふ・自己の所有地内で　先日自己の所有地内の山に、一のピカーダ（細道）隊を入れ、自ら隊長として指揮して居た星名鰐魚翁は一隊の為め谷間へ水探しに降りたが最后其日は夕方になっても戻って来ず、夜に入っても姿を見せんので、さあ鰐が山に迷ったと皆が騒ぎ出し、知人隣人、はては殖民総出の姿で十キロ四方からの山を鳴物入りで探し出した処、翌日鰐魚翁はオンサ（ひょう――筆者注）にも喰はれず、お隣の伊太利人の山家近くに迷ひ出て居たを発見、皆々やれやれ運のいゝ人」。そして同月二二日夜、ソロカバナ線より彼は来芭（バウルー）に滞在[注27]し、二四日朝に帰殖とある。[注28]目的は記されてないが、八五低資に関して多羅間領事に会うためと推察される。六月三日にも来芭滞在中とあり、[注29]頻繁にバウルーに来ていることが分かる。また、七月には首府のリオまで田付大使に会いに行っていることが次の記事で知れる。「星名翁の出府　去る廿七日夜、ソロカバナ線より来芭、廿八日朝、パウリスタ線にて出聖、今度はサントス港より海路リオ市へ向はるゝ由、田付大使へ救済資金の御礼旁々何かと協議の為めの出府」。[注30]田付大使は、八五低資を置き土産に七月二九日のラプラタ丸で帰国することを決定し、低利資金の問題は代理大使兼総領事赤松祐之一等書記官へ委任して立つことになった。[注31]星名の出府は、やはりこの問題についての相談のためだろう。そして田付大使は、予定より二日遅れて、七月三一日リオ港を出発して帰国した。星名も上塚らと見送りに出かけている。「田付大使の乗船　卅一日リオ港発のラプラタ丸に乗船田付大使は愈々帰朝の途につかれた、お見送りには、リオ外交界の人々や婦人連埠頭堵（かきね）をなし邦人側では赤松大使代理、多羅間領事、大使館諸員、平民側ではリオの邦人と聖市側から星名、上塚二翁を初め同志会顧問阪井田、ドットル笹田、時報社長黒石諸氏で非常に賑かであった由　リオ港を静かに動き出すラプラタ丸の檣（しょう）（船のマスト——筆者注）頭には高く日の丸の旗が夕陽になびいて居た、見送る岸の人々、見かへる船上の人、孰れも離別の哀愁がたゞよって居た由」[注32]。この際、星名に関するエピソードが添えられている。「齢六十の星名鰐魚翁先日サントスよりリオへ乗船の際の種痘がついた、鰐魚翁安心して曰く「俺も人間だワイ」って」[注33]。また『日伯新聞』では、見送り人について次のように皮肉っている。「サンパウロから態々（わざわざ）田付七太を見送りに往った者に上塚、星名、黒石、笹田、阪井田の徒がある。この中には、空涙をこぼしに行ったのと逆餞別を貰ひに行ったのとの区別がある」[注34]

さて、救済資金八五万円貸付の具体的な方法について『聖州新報』の記事によれば、バウルー領事館において、九月二三日にノロエステ線およびソロカバナ線一部の各駅の重なる関係者へ通知を出して、各駅より一名又は数名の世話人を債務者側より互選し、来る一〇月一五日までにバウルー領事館に通知するよう手配した。そして多羅間領事の話によれば、世話人を通じてまとまった債務者数に応じ、領事館の方では救済資金借入申請書を配布する筈で、ソロカバナ線の方はブレジョン殖民地の星名氏を中心に貸出しが一纏めになっていて至極簡便だが、ノロエステ線の方はバウルーよりアラサツーバ（一九三頁地図参照）に到る全線二百八十キロメートルの延長に債務者が散らばっているので甚だ纏りが悪い[注35]、と報じている。ここで既に、ソロカバナ線への貸付は星名が中心になって行われることが分かっている。『日伯新聞』ではこれを皮肉る次のような記事を書いている。「低資其後ノロエステ方面はそれぞれ世話人を拵へ着々下調べに掛かっておるが、ソロカバナ方面は多羅間領事の指図で星名謙一郎氏一人に万事を委託してあるところから借り度くても借れぬ者やら星名の世話なら借らぬと云ふ者などが大分沢山にあり一モメも二モメも起るだらうとのこと」[注36]。そして一〇月一五日に世話人の顔ぶれが決まった。ノロエステ線各駅には多くの名前が連なっているが、「ソロカバナ線奥地貸附殖民地よりは左の諸氏である　星

名謙一郎　伊藤庄吉　阪東喜内　片岡香市　生方松四郎　上園傳藏　渋谷駒平」[注37]、やはり星名を中心とした彼の仲間だと思われる。伊藤と阪東はブレジョン殖民地、片岡と生方はプレジデント・プルデンテ殖民地、上園と渋谷は梅弁殖民地の代表である。同月サンパウロ市総領事館で低資についての大評定が行われたが、星名もこれに参加している。「低資大評定・大汗で丸四日間　二十一日ノロエステから多羅間領事間崎三三一坂本留四郎ソロカバナから星名謙一郎などが聖市に着いたかと思ふと翌二十二日には余り繁々来てはキマリの悪い筈の赤松代理大使差添へとして市毛二等書記官などが物々しく乗込んで来た、（中略）丸四日間ヤッサモッサの討論会をやり二十六日夕大体の眼鼻が付いて閉会した」[注38]。その結果、「救済資金貸付方法」について略々（ほぼ）決定した事項は次のようであった。

一．貸主は横浜正金銀行。借主は一九二五年一〇月までに申請した、救済金貸付請願書にある地方である。ノロエステ全線とソロカバナ線プ・プルデンテ以西ブレジョン、梅弁殖民地に至る農業者に限る。商人は除外する。

二．困窮者は前記二地方だけではないが、政府は請願書を基準に貸付金額を決めたのであるから、貸付の範囲は右の区域外に及ぶことはできない。

三．貸付の目的は、農業者が現に所有し、又は買受けの契約をした土地を失うことを救済するにある。

四．貸付金額は八十五万円、そのうち七十六万円をノロエステ地方、九万円をソロカバナ線に割当てる。

五．借手はその所有地を抵当とする。貸付けは担保及び信用の確実な者を優先する。利子は年八分、元金は大正一六年（一九二七年）中は据置き同一七年（一九二八年）から毎年十二月末日までに四分の一宛を支払い、大正二十年（一九三一年）十二月末日までに皆済すること。

六．貸付及び元利の返済は、正金銀行リオ支店の相場により日本金（円）を以てし、為替相場の変動による損得は凡て債務者の負担とする。

七．債務者は各地方別に、債務団を作り、団員は連帯責任を負うものとする。[注39]（傍線筆者）

その後も星名は救済資金のことで、たびたびバウルーに来ていた。一一月「星名氏の帰殖　ソロカバナ線奥地殖民の救済資金借入申請書を齎（もた）らし去七日来芭（バウルー）の星名謙一郎翁は八日領事館の所要済後ノロエステ線プロミッソン駅へ出遊、十三日バウルにもどり翌朝ソロカバナ線にて帰殖。[注40]」、そして一二月「星名氏の来芭　ブレジョン殖民地の星名謙一郎氏は、昨九日低資問題にて来芭。[注41]」

3　星名の死

これまで幾度か危ない目に遭ってきた星名は、一九二六年一二月一三日、ついにブレジョン殖民地のあるアルバレス・マッシャード駅で暗殺された。これについて当時の様々な日本語新聞がこれを報じているが、やはり『聖州新報』の記事が一番詳しいので次に掲載する。

悲惨な最後を遂げた星名謙一郎翁　些細な事から一外人に……

本月十日低金利資金の問題にて来芭〔バウルー〕し、多羅間領事と打合せを終わり十二日帰殖したブレジョン殖民地の雄、星名謙一郎翁は翌十三日午前六時半頃ア、マッシャード駅頭にて一外人のエスビンガルダ〔銃〕に斃れ、六十一を一期として悲惨な最期を遂げた。

加害者はジュゼ、プレシテス、デオリベイラ（三十五六）と云ひ、約一ヶ月程前同氏の耕地に四年契約をなし登記も済んで居た。が契約後の彼は殆ど請負畑の手入を怠り他にカマラダ〔日雇い〕に行くので、星名氏が「こんなに荒しちゃ困る、バガ〔空(から)に〕する事は出来ん」と再三注意をしたが其の都度彼は「バガせねば他に働くより外ないから畑は美しくならん、先にバガして呉れ」双方は何時も水掛論に終わって居た。

同じマッシャード駅にデンチスタ〔歯医者〕をして居るオリベイラのソグロ〔しゅうと〕がある、平素の行為が余りに良くない為め同地の人々からは忌み嫌はれて居た。斯うした輩が裏面にあって彼を煽動した為めだらう、今から二三ヶ月前星名氏に訴訟を起し、結局星名氏が二コントス程支払ひ四年契約を破棄して彼との関係は美しく解決して居たとの事である。

その後ソグロはオリベイラに対し色々と過激な罵倒を浴びせるので寧ろ彼はソグロに反感を持つやうになった。

遭難の当日星名氏は低利資金の問題でプ、プルデンテに同志十余名と同行することになって居たが、何かと手配があるから一足先に行くとて只一人一同より約一時間程前、六時四十五分発の汽車に乗るべく木村商店から出た。デンチスタの家が丁度木村商店の向側になっている為め、その時只一人で行く星名氏を見たんだらうとは人々の噂だ。

すぐ後ろからつけて来たものらしい、氏の斃れていた場所はプラットホームで、着いて間もない時であったさうだ。無惨にもエスピンガルダは右耳部に命中し、半句の遺言すらなし能はず絶息してしまった。急報に接してバウル領事館より古関氏現状調査に出張。

因みに星名氏には二人の愛子が母国に残しあり、一人は京大工科に、嬢は京都の同志社女学部を卒業し英語専修科に何れも在学中、茲一二年の内には是非帰国し其の温みに浸り度いとは翁が常にもらす言葉だった。誰知らう此の一寸先の遭難を……奇しき運命の皮肉と云はうか愛妾お玉さん散って一年四十九日とは……

翁の遺言書は氏の金庫内に蔵されて居ると知人間に噂されている

多羅間領事が母国の遺族に打電した訃音に対し、御報志を感謝する万事宜しく頼む、との返電があった。[注42]

（［　］内筆者）

そして死亡広告が翌一四日付で下図のように掲載された。[注43]

彼はアルバレス・マッシャードの墓地に眠っている。

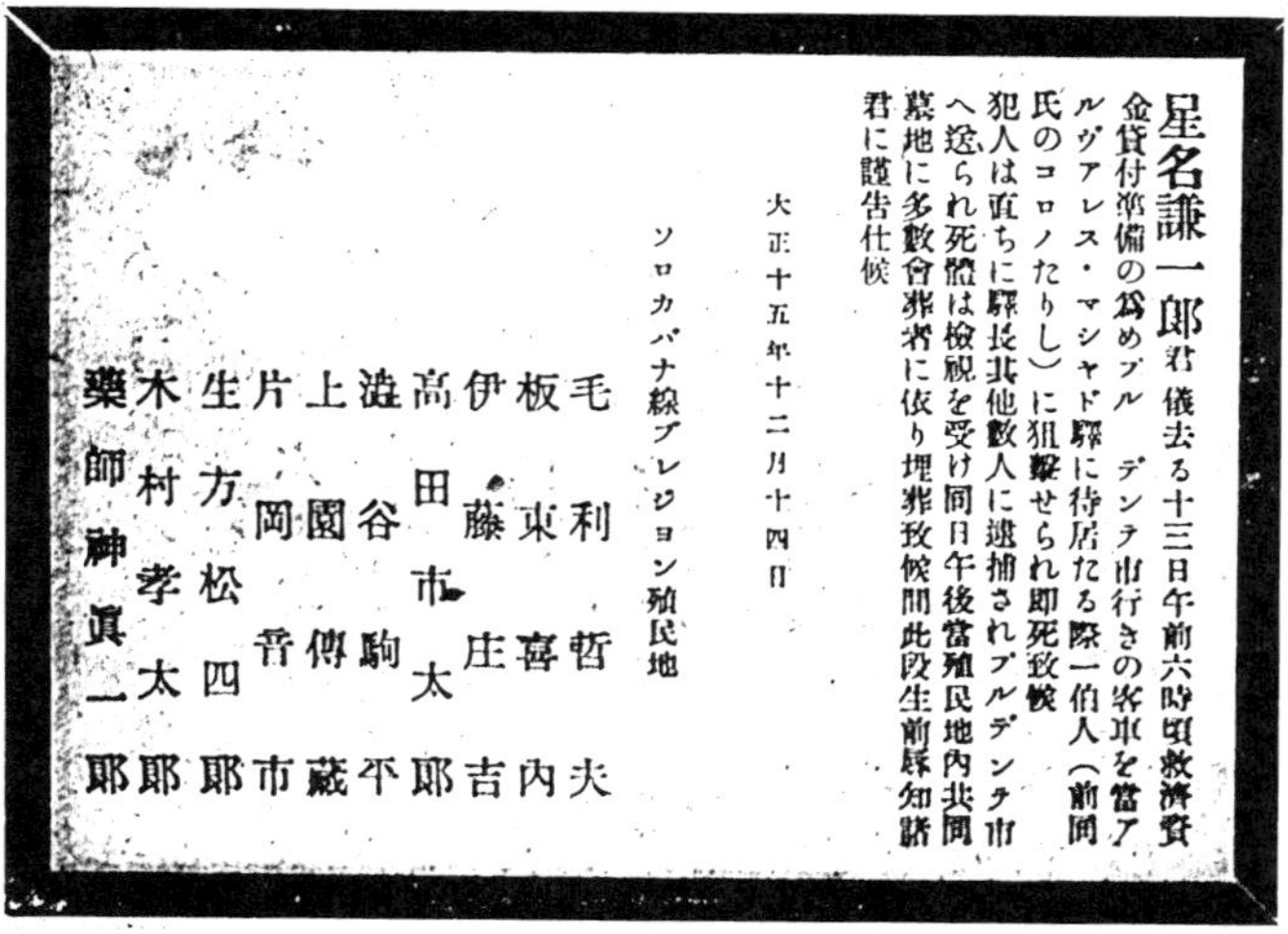

星名謙一郎君儀去る十三日午前六時頃救済貸金貸付準備の為めプルデンテ市行きの客車を當アルヴアレス・マシャド驛に待居たる際一伯人（前同氏のコロノたりし）に狙撃せられ即死致候犯人は直ちに驛長其他數人に逮捕されプルデンテ市へ送られ死體は檢視を受け同日午後當殖民地内共同墓地に多數會葬者に依り埋葬致候間此段生前辱知諸君に謹告仕候

大正十五年十二月十四日

ソロカバナ線ブレジョン殖民地

毛利哲夫
板東喜内
伊藤庄吉
高田市太郎
澁谷駒平
上園傳藏
片岡晋市
生方松四郎
木村孝太郎
藥師神眞一郎

死亡広告写真
『伯剌西爾時報』（大正 15 年 12 月 14 日付）

正宗の名刀と遺髪が日本に送り届られ、遺髪は京都の等持院の墓地に納められている。財産表も送られてきたが、彼の所有する農場の広さは四国ぐらいの広さだったという。それは多羅間領事が一時引き取ったあと、誰かが引き継いだそうである。注44

4　星名の死後

星名が亡くなって三カ月経った一九二七年二月二八日付の『大阪毎日新聞』に、小笠原一族のことと星名の死を報ずる「九十一で渡航した小笠原翁のあと」と題する記事がでた。直接関係ある箇所を次に紹介する。

人も知る故小笠原吉次翁が九十一歳の老躯をひっさげ、六十余名の家族を引つれ奮然立ってブラジルに移住したのは大正七年九月のことであった。当時この老翁の軒昂たる意気に誰も等しく驚嘆の眼を見張ったが何としても九一歳の老齢、翁はすでにその時天寿を失ひかけていて上陸後間もなくその地に安らけく眠ってしまった。

その後の小笠原一族はどうなったか、聞くところでは翁の次男小笠原尚衛氏は信用して共同事業を目論んだブラジルで鰐（ジャカレー）と異名をとった星名謙一郎氏のためにことごとくしてやられ、買った土地も持ち物全部もまき上げられて悲境のドン底に沈み、一族は喧々囂々（けんけんごうごう）「星名を葬れ」と叫ぶ者、責任者たる尚衛氏を罵る者、殆ど収拾すべからざる状態となったが、尚衛氏はその責任を一身にかぶって一語も発せずただ星名氏に危害を加へんといきりたつ一族中の若者をなだめることにつとめ、身にあびせられる悪罵には何等の弁解も試みなかった。その態度は人を見るの明なく「ジャカレー」星名のために、ことごとくしてやられたとはいへ、同情にあたいするものがあったといわれている。

一方星名謙一郎氏も遂に大正十五年十二月十三日、その取引関係にうらみを含んだ、ブラジル人ジョゼ・プレステス・オリベイラのためにソロカバナ線アルバレスマッシャード駅頭でピストル射殺されたそうだ。

「死人に口なし」というが、亡くなった星名を一方的に悪者扱いした記事で、これを書いたのは前年の一一月にサンパウロにやってきた大阪毎日新聞記者ブラジル特派員の桑原忠夫[注45]である。『大阪毎日新聞』は、一九二四年に皇太子殿下（後の昭和天皇）御成婚記念事業の一つとして、全国から六〇家族を選抜しブラジルへの船賃を全額支給し、海外発展を奨励する事業を行った。そしてこの移民団一行の「かなだ丸」に同船して大阪毎日の上田正二郎がブラジルにおける日本人の活躍ぶりを視察し、一九二五年四月に『見たまゝのブラジル』という書物を著しており、この頃ブラジルへの移住に対し大いに関心を寄せていたと考えられる。また前掲のように、小笠原吉次をはじめとする一族がブラジルに渡航するに際してこれを大々的に報道したので、その後どうなったかについてこの記事を掲載したのだろう。しかし桑原は、星名と会わずに小笠原一族の関係者から話を聞いただけでこれを書いたのではないだろうか。

一方、生前に星名に会った人たちの印象は全く違っている。一九二〇年に日本力行会に入会し、同年ブラジルに渡り、後年サンパウロ日本文化協会理事、サンパウロ歴史地理学会名誉会員となった佐藤常蔵[注46]は、一九二四年七月、革命戦争が勃発した時に星名に会っている。一九八四年、『日伯毎日新聞』の記事に「根は心優しき人か

――〝ジャカレー〟星名謙一郎の回想」と題する文章を掲載しているが、その中でソロカバナ本線バウルー支線の分岐点にあるカボン・ボニートのホテルでのことを次のように述べている。

ホテルにはノロエステ行きの人がつめかけたので室が足りないとのこと。ホテルの主人が私を日本人と見て、『一人別のジャポネーズがいるが、その人と同じ室に入ってくれないか』と。私はもちろん異議はなく、その室に導かれた。中に入るとなるほどずんぐりした六十年輩の日本人がいた。それは眼光は鋭いが温和な感じの人であった。私は同じ室に入れて貰うことと、年若い点からも礼儀として自分の名を述べて丁寧に頭を下げた。その人は大きな顔に笑みを浮かべて『わしはブレジョン植民地の星名謙一郎です』といわれた。私はこの人がジャカレー（鰐）の綽名で知られる有名な星名さんかと、おどろきと畏怖交々の気持ちであった。星名氏と私は同じ卓で夕食をし、どこも散歩するところもないまま、早くから二つ並んだ寝台に横になって語り合った。星名氏は私をいたわるような話し方をされたがそれは孫にでも接する気持ちだったかも知れない。その時、私は十八歳であった。当時は綿景気の絶頂だったので、ブレジョン植民地に入った独身青年には一年にして大儲けする者があるなど、威勢のよい話をしながらくつくつ笑うのがおかしかった。それは大きな体格に似合わない小さい笑い声だった。次いで星名氏はブレジョン植民地の開拓に先立って、邦字新聞の『南米週報』（ママ）を発刊されたことを話された。やがて話が止んだと思ったら、星名氏は雷のようなイビキをかき出した。それは豪傑の高イビキという感じであった。私は眠られぬまま幾度か反転した。翌朝には星名氏と私は共にカフエを喫し、星名氏はアルヴァレス・マッシャードに向かい、私はバウルー行きの汽車に乗った。これが星名氏に私が会った最初にして最後となった[注47]（後略）。

また一九二六年の頃、雑誌『植民』に東南アジアやブラジルの資源調査報告を掲載していた木村文麿による「ブラジル遊記——サンパウロの田舎に遊びて」という題の旅行記があり、この中に「星名謙一郎老と語る」なる項目で彼は次のような印象を述べている。時は一九二五年二月と考えられる。

ソロカバナ線の奥、サンパウロ市から汽車で二十八時間程の処にアルバーレス・マッシャードといふ一寒村駅がある。此処から約八キロを隔て、ブレジョン植民地の本部がある。本部とは名ばかり、実は星名謙一郎老の住宅といった方がよからふ。

忘れもしない二月二十七日のことである。私は老を訪ねて会談尽くる処を知らず、奨めらる、儘に一夜を氏の宅に明かしたのであるが、此の一日に誠に印象が深い。

氏がブレジョン植民地に拠って今日の位置に立つ迄には世の批難攻撃には手酷(ひど)いもので会(ママ)った。今でも一部の人からは酷く嫌悪されて居る。そしてこの植民地も殺人植民地と叩かれ或は奪略植民地と謂はれて居る。又氏を称してサンパウロ市辺りではジャカレー（鰐の意）と呼んで居るといふ有様である。之は人と相容れぬ氏の性格と行動から見て或は止むを得ないことであらふ。

が、併し私は、そんな世評を全然外に、全くの白紙として氏は臨み、意見を交換したのであるが果して得る処は甚だ多かった。而も、人からは猛獣の如く、毒蛇の如く思はれて居る氏も、私の前では真に一介の好々爺であった。郷国を去って二十年。当時弱歳の子女が今や大学に通ひ、高女を終へる年頃となって、只管父の帰国を待ち詫(ママ)びて居るといっては涙を湛(ママ)えられたこと、娘さんの手紙を持出して来て、読んで聞かされたことも忘れ得ぬ印象として私の胸底に残って居る。世上の毀誉褒貶を毛頭眼中に置かず気なる此の一面に、斯かる美しい人間的の情愛を見ることが出来たのが、私には嬉しいと思ふ。

老人は私の為めに自ら肉を焼き湯を湧かして夕飯を作って呉れられた。翌朝は又、出発の早い私のために、五時頃から起き出でて珈琲を立て、下さった。サンパウロの内地を廻って居て、印象の深い人として将に老の名を上げて、謝意を表し度い。[注48]

この文章は、まさに星名の本質を表しているものと思われる。外面は厳しいが内面は優しく家族思いで、そろそろ日本に帰りたかったに違いない。この一九二五年、息子の秦は二一歳で京都帝国大学在学中、娘の幸子は一七歳で同志社女学校普通学部在学中、たぶん父の顔は覚えていないだろう。

さきの『大阪毎日新聞』の記事と同じ一九二七年二月、雑誌『農業のブラジル』に【故星名謙一郎氏追悼付録】が掲載された。同誌はサンパウロで発行されたもので、石橋恒四郎による『農業の友』が一九二五年に揮旗深志によって買収され、一九二六年四月に『農業のブラジル』と改題されて活字印刷の月刊雑誌となっていた。そして一九三二年には佐藤常蔵が同誌を継承している。[注49]

参考資料（巻末資料参照）

『農業のブラジル』一九二七年二月号【故星名謙一郎氏追悼附録】

「星名君の死」多羅間鐵輔氏談、

「噫々星名謙一郎氏」大野基尚、

「故星名氏の事ども」蜂鳥、
「星名さんの思ひ出」白雲生、
「雑感」田村康吉、
「故星名謙一郎氏を憶ふ」上野生、
「星名謙一郎氏の客死を悼む」薬師神真一郎

また同誌の五月号には、信濃海外協会の設立に尽くし邦人海外発展の調査を行なっていた宮下琢磨が「故星名謙一郎翁を懐ふ」と題する追悼文を朝鮮半島から送って掲載。さらに彼は雑誌『植民』のやや後に発刊された雑誌『海外』の主幹となって、一九三二年に「忘れ得ぬ人々・星名謙一郎老（一）・（二）」を書いている。これらを読むと、彼はブラジルに一年余り滞在し、最初サンパウロの常盤旅館で星名に会った後、同郷の親友であった『農業のブラジル』社長の揮旗深志と一九二六年二月頃にブレジョン殖民地を訪れて、星名の家に五、六日滞在したことが分かる。

参考資料（巻末資料参照）
宮下琢磨「故星名謙一郎翁を懐ふ」、『農業のブラジル』一九二七年五月号
宮下琢磨「忘れ得ぬ人々・星名謙一郎老（一）・（二）」、『海外』五九・六〇号（一九三二年一月・二月）

さらに、星名と同郷で吉田町長から衆議院議員となった清家吉次郎が、一九二八年に『欧米独断』（一九二八

年二月二〇日）という書物を著したが、その一節に「星名謙一郎伝」（一五六〜一六三頁）というのがある。彼はブラジルを訪れているが、実際に星名に会ったどうかは不明である。しかし、星名の生涯についてかなり詳細に記述し、例えばハワイ時代のアヘン事件について、星名が一人でその罪を負った等、筆者と同じような説を述べるなど星名についてよく調べており、興味深い文章である。なお、『欧米独断』は、「国立国会図書館デジタルコレクション」で閲覧することができる。

そして星名のことが忘れ去られようとした一九三三年、『聖州新報』に次のような記事が出た。以下、その全文を掲げる。「丘の人」は香山六郎か彼に近しい人物と思われる。

「忘れられたる星名翁」　丘の人

△星名謙一郎翁が一コロノの兇器に仆れてから間もなくサンパウロの或る友人から、仝翁の死を弔った手紙が来て、その文句の中に「自分達の逢った人の中で最も輪郭の大きかった人」と云ふ言葉を見出したが、それには私も同感であった

△今、日本に帰って居られるはずの西原清東翁（古き同志社社長、高知県選出有数代議士）はかつて「星名君は在留同胞中嶄（ざん）然頭角を抜いた人物であります」と翁独特の荘重なる態度を以て私に星名翁の人物を評された事があるが、無論これは星名翁の才幹を指した事は違いない

△私の友人の言ふ「尤（もっと）も大きな輪郭」と西原翁の言はれた「嶄然頭角を抜いた人物」と言ふ二つの句は優に星名翁の全幅を写し得たものであると思ふ

△しかし私の茲に説かんとするのは、翁の人物ではない、翁の才識ではない、勿論翁の私行の若干を批判し弁護しようとするものでもない、又その必要を認めぬからである、蓋し人を論ずるにはその私的行為と公的行為を混同することは許さる可き筈のものではないからである

△これだけの事を書いて本文に入るが、私はいつぞや聖報紙上で来るべき廿五年紀念祭に表彰さるべき移殖民に関係深き故人若干、現存の人若干の人々の名前を知ったが、不幸その故人の中に星名翁の名前を見出さなかった時いささか驚きの眼をみはった事である、がこれは果して私丈けのおどろきであったろうか、しかも表彰さる現存の人の中には単に古くからブラジルへ来ているからとか、移殖民とはあまり縁の深くない人物のあるのを見た時、私の驚きは更に是を加へた、無論私はその後あの事についての新聞記事についてはしることがないから表彰さるべき人物は単にあれ丈だと思ふ

△凡そ紀念祭で表彰さるべき人々や故人が移殖民に対する功労が基本的標準とせられるべき事は問ふまでもないことであろう、しからば今私の言ふ星名翁はその人物の中に這入らぬと云ふのであるか

△翁は生前官辺とは頗る縁がなかった、また進んで近寄ると云ふ事はしなかった、それは翁が徒にたかみにペコペコ頭を下げるのが嫌であったのと、翁の事業の性質と官辺と接する必要が比較的少なかったからと言ひ得る、従って翁を変った思想の持主である如く思ふ人があったとせばそれは誤りである、翁はどこまでも立派なナショナリスタであった

△それについて面白い話がある今から彼是三十何年も昔の事だと思ふが、当時翁は先住地のハワイから米大陸へ移って居たものと見えるが、その時の友人に今ロシアにある片山潜氏があった、ある時片山氏は翁に勧むるに社会主義者になれと云ふ事を以てした、そして云ふには「君は社会主義者には持って来いの人物だ、社会主

義者なら確に出世する」と云ふのだ、この事実を氏が私に物語ったのはラルゴ・ダ・セー（セー広場——筆者注）に事務所を構へた当時で、南北両米の共産党総司令に任命された等といふ話のあった時であったが、氏はこの話をした後でもさも感慨に堪へぬ面持ちで「だが俺はその話には乗らなんだ」と話されてカラカラと大笑いされた事があるが、片山氏が翁を以て社会主義者には持って来いの人物と見たのは翁特有の傲腹さ、稀に見る明敏なるその頭脳、その魁偉なる面貌等にすっかりほれ込んだからと思ふが、若し氏がその時片山氏の勧めに従って主義者にでもなっていたら今頃はその方面の大立者になっていたかも知れなかった、しかし氏の思想は主義者たるべくあまりにも頑固でありあまりにもナショナリスタであったのだろう

△だから軍人や政治家になっていたら大成功していたかも知れぬと云ふ事は、星名翁を知れる限りの人の感じた事であらうと思ふ

△前に言った如く星名翁は進んで官辺には近づかなかった、しかし官辺の人で進んで翁に接近した痛快な人があった、それが故田付七太公使であった事はしる人の知る有名な事実である、田付公使はしばしば翁をソロカバナの奥地に訪ひ両者胸襟を開いて語ったと云ふが、これが一時ながら星名翁の官辺に接近した動機であったらしい、これを見ても星名翁が変った思想の人でなかったといふ事が分る

△しかし星名翁の反対したのは恐らくはその当時の移民会社であったと譜が思ふが、それは主として立場の相違から来たものでその程度の大小こそあれ同邦発展につくす処は同じ事である、従って如何に移民会社の御威光が大であるとしてもこれを以て星名氏を誹議する事は出来ない

△無論移民会社等とは何等関係がなかったから移民の世話もせねば珈琲園に行った事は少なかったらう、従って星名氏が移民史上の功労者でなかった事丈は明確な事実である、だからその方面から星名翁を表彰せよ等と

言ふ勇気は私には持合せない
△私の氏を表彰せよと云ふのは氏の同胞殖民史との功績によるのである、同胞殖民界の先達としての氏を表彰せよと云ふのである
△誠に思へ、十七八年昔当時同胞社会には殖民の気運未だ動かず、同胞の前途が何者であるか暗たんとして分からぬ時氏が敢然あの「ソロカバナのセルトン」囚人の棄て場所として有名であった汽車も通はぬソロカバナの山奥にあった広大なブレージョン殖民地を拓いたのだ、これが達眼にあらずして何であろうか
△即ち星名翁は同胞の殖民熱に最初の刺戟を与えたもので、個人経営の殖民地の封切をやったのである
△言ふまでもなく星名翁の事業が小笠原氏の財力によった事は否定する事は出来ぬが、小笠原氏の財力も星名翁あってはじめて動いたのである
△星名翁の評判を悪くしたのは恐らくは後にいたってこの両者が仲間割れし、その複雑せる私的関係が色々と世間に取沙汰されたからとは思ふが、その事については当時在バウル領事多羅間氏のよく星名氏を了解する処ではあるしこれ以上その間の事情の詮索をやることは事業そのものを説く事となり、論旨にもとると思ふから之を止める
△しかもこの複雑せる両者の私的関係が如何なるものであったにせよ、星名翁が同胞殖民界の先駆者であったといふ事丈けは拭ひ去る事は出来ないはずである、しかりこれ丈で星名翁を表彰する丈の価値は確かにある
△同胞殖民界の先達となった翁の晩年を飾る今一つの大なる功績がある、それは八五資金の成功でこれは上塚氏と共にその功の幾分を担ひ得るものだとおもふ、しかも八五資金成功しその資金配布についての相談会に赴く途中不幸区々たる賃金問題が原因で氏自身の所有耕地の伯人コロノの兇器のためアルバレス・マッシャード

の駅頭の露と消えたのである、即星名氏はその晩年に於いて公共のために仆れたといひ得る

▲かくて氏はその波瀾万丈であった六十年の公的生涯の最後を血を以て彩ったのであって、この事実は三十幾年も昔「共和政府の罪悪」なる論文を氏創刊のハワイ最初の邦字新聞に発表して米国官憲を罵り、ハワイ王朝のため万丈の気焔を吐いた時と共に【氏はそのため投獄の憂目にあった】彼の公的生活を最もよく活した尤も劇的ならしめた二大事実であったのだ【私が翁の為めに贈った奇人正人伝の中に彼のハワイ時代の事を詳しく書いてあるがこの事については多羅間氏がかつて『農業の友』誌上で書かれた事がある、但しこの事実はその書物には描かれてない】

▲星名氏逝いて既に六年、いつかブレージョン殖民地に氏の碑を建つる企てがあったと聞いたがそれすらその後何の音沙汰も聞かぬ止めたのか、はたまた成功したのか、土地遠隔にして杳として其の便を聞かぬのは遺憾だ、由来全殖民地には具眼の士が雲集しているはずである、仮りに一時中止しているとしても必ずまた企てを新たにする事は疑はない、思ふに先輩を活かすといふ事はその殖民地自体を興隆に導く所以であり其の名誉でもある

▲たまたま廿五年紀念祭に際し氏の表彰が行はれぬとしり拙文草して江湖に訴ふる事とした、もし文中に先輩に非礼な言でもあったとせば之を謝る事を辞せぬが、星名氏を同胞殖民界の先達と認める事丈はこれを取消すことができない

▲私は早晩局に立つ人の間に具眼の士が現れ星名氏の事蹟に対する「レコンシデラッソン（再認識――筆者注）」を行ふことあるを今から信じて居る

△区々たる世評を信じたり党派的偏見に囚はれて大局よりその人の事蹟を評価し得ぬのは蓋し局に立つ者の恥

辱とすべきものだからである　　　　　　　　　　　　　　　　　　　　　　　　をはり[注50]

星名が亡くなって何年かして、数人の者が名を連ねて日本語新聞に星名の墓碑建立のための寄付金募集の広告を出したことがあった。これに対しかつて星名の敵対者であり当時のアルバレス・マッシャード日本人会会長であった山下定八は、星名は殖民地開拓の功労者なので、数人の発起で立てるべきでないとの意見を出し、墓碑建立は結局、日本人会の事業となった。一九三五年に日本人会が発起となって寄付を募り五コントスを集め、サンパウロ市の専門家に石碑を注文し、一二月頃に墓碑が建立された。星名の死後九年目のことであった。[注51]

❖注

1　『日伯新聞』第四五九号（一九二六年二月一九日）。
2　『聖州新報』第二二一号（一九二六年三月一九日）。
3　『聖州新報』第二二二号（一九二六年三月二六日）。
4　『日伯新聞』第四六四号（一九二六年三月二六日）。
5　『日伯新聞』第四六五号（一九二六年四月二日）。
6　『コロニア五十年の歩み』（パウリスタ新聞社、一九五八年）、六二頁。
7　香山六郎『香山六郎回想録――ブラジル第一回移民の記録』（サンパウロ人文科学研究所、一九七六年）、三四九頁。
8　同前、三五〇頁。
9　『聖州新報』第一九七号（一九二五年九月二五日）。
10　『聖州新報』第二〇八号（一九二五年一二月一一日）の次の記事による。「救済資金調達はお流れか　去る六月の頃よりノロエステ及びソロカバナ線の邦人植民金融緊迫救済策として、田付大使に救済資金調達方を請願し居たる所、十二月も中旬たる今日に至るも祖国政府より何等の音信に接せないと伝えられる。（以下略）」。

11 『聖州新報』第二一三号（一九二六年一月二二日）「大使総領事一行のバウル着」および「またる、人」。

12 『聖州新報』第二一四号（一九二六年一月二九日）「ジャカレー翁北西線入り」。

13 『聖州新報』第二一五号（一九二六年二月五日）「巡視の効果」。

14 『日伯新聞』第四四二～四四四号（一九二五年一〇月二一～一六日）。

15 『日伯新聞』第四四六・四四七号（一九二五年一〇月三一日・一一月六日）。

16 『日伯新聞』第四六六号（一九二六年四月九日）「低資問題の経緯（二）理想上可　実行上不可」。

17 『日伯新聞』第四六六号「八十五万円出た」、『伯剌西爾時報』第四四三号「八十五万円の低利資金」（一九二六年四月九日）。

18 『聖州新報』第二二五号（一九二六年四月一六日）。

19 同前。

20 『伯剌西爾時報』第四四四号（一九二六年四月一六日）、第四四五号（同年四月二三日）、第四四六号（同年四月三〇日）。

21 『聖州新報』第二二六号（一九二六年四月二三日）。

22 『日伯新聞』第四七七号（一九二六年六月二五日）。

23 『日伯新聞』第四七九号（一九二六年七月一六日）。

24 『伯剌西爾時報』第四三九号（一九二六年三月一二日）。

25 『伯剌西爾時報』第四五四号（一九二六年六月二五日）、第四五五号（同年七月二日）。

26 『伯剌西爾時報』第四五七号（一九二六年七月一六日）。

27 『聖州新報』第二二六号（一九二六年四月二三日）。

28 『聖州新報』第二二七号（一九二六年四月三〇日）。
29 『聖州新報』第二三二号（一九二六年六月四日）。
30 『聖州新報』第二三六号（一九二六年七月二日）。
31 『日伯新聞』第四七七号（一九二六年六月二五日）。
32 『聖州新報』第二四一号（一九二六年八月六日）。
33 同前。
34 『日伯新聞』第四八四号（一九二六年八月一三日）。
35 『聖州新報』第二四八号（一九二六年九月二四日）。
36 『日伯新聞』第四九三号（一九二六年一〇月一五日）。
37 『聖州新報』第二五一号（一九二六年一〇月一五日）。
38 『日伯新聞』第四九五号（一九二六年一〇月三一日）。
39 『聖州新報』第二五三号（一九二六年一〇月二九日）、『日伯新聞』第四九五号（同年一〇月三一日）、前掲注6、『コロニア五十年の歩み』五三～五四頁。
40 『聖州新報』第二五五号（一九二六年一一月一九日）。
41 『聖州新報』第二五八号（一九二六年一二月一〇日）。
42 『聖州新報』第二五九号（一九二六年一二月一七日）。
43 『日伯新聞』第五〇二号（一九二六年一二月一七日）、『伯剌西爾時報』第四八〇号（一九二六年一二月二四日）。
44 江上幸子氏による。
45 『伯剌西爾時報』四七六号（一九二六年一一月二六日）。
46 永田稠編『力行会七十年物語』（財団法人日本力行会、一九六六年）、五一九～五二〇頁。
47 『日伯毎日新聞』一九八四年八月一四日。

48 『植民』第五巻第一号（一九二六年一月）。
49 青柳郁太郎『ブラジルに於ける日本人発展史　下巻』（同刊行委員会、一九四二年）、五六三～五六五頁。
50 『聖州新報』第七六八号（一九三三年六月一八日）。
51 宮下良太朗編『拓魂――アルバレス・マッシャード開拓五十周年記念誌』（アルバレス・マッシャード連合日本人会、一九六八年）、四七～四八頁。

❖参考文献

［ブラジルの新聞・雑誌］

『伯剌西爾時報』一九二六年。
『聖州新報』一九二六年および一九三三年。
『日伯新聞』一九二六年。
『農業のブラジル』一九二七年二月号、同年五月号。
『日伯毎日新聞』一九八四年八月一四日。

［日本の雑誌・新聞］

『植民』第五巻第一号（一九二六年一月）。
『大阪毎日新聞』一九二七年二月二八日。
『海外』五九・六〇号（一九三二年一月・二月）。

［書籍］

清家吉次郎『欧米独断』（一九二八年）。

青柳郁太郎『ブラジルに於ける日本人発展史　下巻』（同刊行委員会、一九四二年）。

『コロニア五十年の歩み』（パウリスタ新聞社、一九五八年）。

永田稠編『力行会七十年物語』（財団法人日本力行会、一九六六年）。

宮下良太朗編『拓魂――アルバレス・マッシャード開拓五十周年記念誌』（アルバレス・マッシャード連合日本人会、一九六八年）。

香山六郎『香山六郎回想録――ブラジル第一回移民の記録』（サンパウロ人文科学研究所、一九七六年）。

おわりに

筆者は一九九九年九月、星名謙一郎の終焉の地であったサンパウロ州アルバレス・マッシャード市に訪れる機会があった。それは筆者の二回目のブラジル訪問時で、この時たまたま、親戚の若者が日本力行会が開いたアリアンサ移住地（一九三頁地図参照）の近くで、日本人学校の教師をしていた。彼を訪ねてミランドポリスまで行き、そこで彼のホスト・ファミリーである小田氏に、日帰りの長距離運転で連れて行ってもらったのである。アルバレス・マッシャード市には中南米諸国で唯一の日本人墓地が郊外にあり、七八四人の日本人が眠っている。その一画に、星名の名を刻んだ石碑が高く聳えていた。その墓前で合掌し、入植当初の苦労を偲ぶことができ、また星名が撃たれたアルバレス・マッシャード駅頭に立つことができた。

そして初の日系人市長である勝谷ルイス孝氏や、星名

墓の前で合掌。（1999 年 9 月 14 日撮影）

アルバレス・マッシャード駅プラットホーム。
星名はここで射殺される。（1999 年 9 月 14 日撮影）

前列中央が 黒岩（旧姓毛利）ゆたかさん（74 歳）、後列右端が市長の勝谷ルイス孝さん、中央がその母親勝谷多喜さん（78 歳）。テーブルの上は星名とお玉さんが使っていたベッドカバー。（1999 年 9 月 14 日撮影）

と同棲していたお玉さんの姪に当たる黒岩（旧姓毛利）ゆたかさん（当時七四歳）など、星名を知る人達がわざわざ集まってくれた。彼等からいろいろ話を聞き、別れ際に、星名とお玉さんが使っていた花と鳥のデザインの刺繍を施した本絹のベッドカバーを黒岩さんから土産に贈られた。市長からいただいたパンフレットによると、アルバレス・マッシャード市はサンパウロ州の西部にあり、サンパウロ市からの距離五七六キロにある。市の人口は約二万一四〇〇人、人口の一五％が日系人とのこと。日本人は当初コーヒーを栽培したが、その後、綿、落花生、ハッカなどを栽培した。現在日系人は商工業、野菜・果物（ぶどう）栽培、養鶏、酪農など、特に牧草の種販売、トラクターの部品製作で大きな役割を果たしている。星名が種をまいた殖民地がこのように大きく成長した姿をみることができたのである。

筆者が最初にブラジルに行ったのは、その前年の一九九八年六月である。この時、日本人移民九〇周年の式典がサンパウロで開催された。それまでにも日本人移民に関する史料のことで世話になっていた日本力行会がこの式典に使節団を出すというので、その代表として参加した。その際、宿泊していた東洋人街にある「ニッケイ・パレス」ホテルに同志社大学出身の根川幸男を伴って、清水尚久（ひさし）が会いに来てくれた。清水は星名の甥にあたり、その前に京都で星名の娘である江上幸子と一緒にお会いしたことがあるが、彼のライフヒストリー、とくにブラジルに来てからのことは、この時はじめて聞くことになった。朝から夕方まで昼食をはさんで話をして別れたが、その年の一一月に彼が八七歳で亡くなったことを知らされ驚いた。

清水尚久は、一九一一年に星名の妻であるヒサと同じ愛媛県宇和町に生まれた。父は清水伴三郎であり、第一章で述べたように同志社英学校で学んだ「宇和バンド」のメンバーである。母のシン（真）は星名ヒサの妹にあたり（一〇頁末光家家系図参照）、やはり同志社女学校に学んでいる。二人は一八九六年に結婚したが、このとき伴三郎は二七歳、シンは二〇歳であった。[注1] 二人は新島襄の精神を受けつぎ、郷里の卯之町でキリスト教の布教に力を注いだ。長男の千波が誕生したのは一九〇八年であるが、たまたま星名謙一郎がテキサスから帰国している時で、彼が名付け親になったという。[注2] 伴三郎は一九一五年に宇和町の町長となり、町に尋常小学校の立派な校舎を作ったり、養蚕業を興したり、産業・教育の発展に尽くした。[注3] 次男の尚久が同志社中学を卒業すると同時にブラジル移住を決意した際、六〇歳になった父の伴三郎も同行することになった。一九二九年のことで、星名が亡くなってしばらく経っていたが、身内に星名がいたことが刺激になったのは相違ない。清水父子が神戸港を出発したのはその年の一〇月で、星名ヒサも京都から見送りに来ている。[注4] 同年一二月にブラジル到着後、父子はサンパウロから北西六〇〇キロにあるソロカバナ線バストスに入った。バストスは、ブラジル拓殖組合（通称ブラ拓）が広大な土地を購入し、日本人移住者に売るようにしていた。伴三郎はそこの四五アルケール（一〇八ヘクタール）を購入し、広大な原始林の開拓から始めた。[注5] 二年後の三一年には尚久の母シン、三年後には弟の峰雄もやって来て、家族一丸となって働いた。しかし尚久はカウボーイになりたい旨を両親に告げて認められ、両親は一九三七年に帰国した。[注6] バストスに住む奥田民蔵が尚久にカウボーイになるきっかけを与え、彼のパトロンとなった。奥田は牧場を経営し、耕作用馬、肉牛、乳牛の売買、そして市街地で肉屋を営業した。[注7] 尚久はこれらの牛馬を買いに行ったり各農家に届けたりするのが仕事であった。サンパウロ州で一番大きな取引所があったピラジュウの馬商の親分カピタン・リオ・リンドから一三〇頭の馬を買い、バストスまで約一五〇キロの街道を一〇名程のカウボーイを指揮して踏破したこともあった。しかし肺をおかされた彼は、七年間結核療養所に入る事になる。一九四四年にサンパウロに出た彼は、日系の診療所でレントゲン技師をしながら独学で音響技術の勉強をして、数年後に音響機器を扱う工務店を開いた。音響機器は高価で金持ちしか手が出せなかったので、当時の富豪と知り合いになれた。一九六七年に皇太子殿下夫妻（現天皇皇后両陛下）がサンパウロに来られ、マタゾーラ財閥の屋敷でお茶会が開かれたが、この時の音響機器のセッティングをしたのが彼である。その仕事も七〇歳過ぎでやめてしまった。日本にも何度か来たこともあった。注8 日本に来た時、京都で筆者と会ったのが下の写真である。

松山で生まれた星名の娘、幸子は兄の秦と同じ京都師範付属尋常小学校から同志社女学校、同志社女専（現在の同志社女子大学）英文科を一九二九年に卒業し、アメリカ経由でイギリスに留学した。二年後に帰国し、考古学者で東大教授の江上波夫と結婚。江上がモンゴルで発掘調査の途次、満洲にいた星名秦の家にたびたび寄っている。幸子は戦後、日本YWCA（キリスト教女子青年会）の仕事に就いた。一九八〇年代、彼女は孫を伴いブラジルに渡った。サンパウロで従弟の清水尚久の家族と数日を過ごした後、彼の案内で空路アルバレス・マッシャードへ

左から宮澤正典・同志社女子大学教授、江上幸子、清水尚久、筆者。
（1990年頃、京都の料亭にて撮影）

父の墓参りに行った。日本で父との再会を願いながら果たせなかったが、墓前で初めて父と話が出来たという。[注9]彼女は晩年、刺繍の仕事に携わり、二〇一〇年一月一一日に一〇一歳の長寿を全うした。

最後に星名についてである。彼はブラジルでかなりの産をなしながら、茅屋に住み、愛犬とアンタ（貘）を飼い、移民の孤児を養いながら生活していた。『ブラジルにおける日本人発展史　上巻』では、彼のことを「非常に意志の強い人であって、時には無慈悲にさえ見えたが、決して私利私欲の徒ではなく、一面高き識見と熱き涙とを有していた」[注10]と評している。彼はその風貌や性格からジャカレー（鰐）と呼ばれ、誤解されやすかった面もあったと思われる。彼は当時の一流の人物と付き合い、彼の識見と信念と行動力は、当時の日本人移民の水準をかけ離れ、多くの人々は彼の真意を洞察できなかったのではないだろうかと思われる。また文章にも優れており、筆者の個人的な感想では、文章全体としては読みやすいが、ときおり現代の我々が到底知り得ない難解な単語や熟語、諺などが出てくることがある。これは幼い頃にそういった素養を自然と積んできた証であろう。またハワイやテキサスに住み、英語も堪能で、ポルトガル語も当然使っていただろうし、語学的才能は相当なものであったと思われる。

彼が残した遺産はとてつもなく大きい。星名に倣って日本から来た者、彼の新聞を読んで世の中の情勢を知り得た者、文芸欄などに投稿する者、ブラジルで野球を志す者など、数限りなくいたに違いない。さらに彼が拓いた殖民地には、当時の貧しいコロノ移民に「自分たちにも土地が買える」という希望をもたせ、年賦払いで入植した。日本人入植者の窮状を救うために、上塚周平らと図り、世に言う八五低資の獲得のために奔走した。その日本人入植者が数々の困難を経て、今日のアルバレス・マッシャード市を築き上げた。彼がいなければこの地方の発展はなかったかも知れない。

彼に関する記録をこれまで見てきて、毀誉褒貶さまざまな記事があったが、結局、人間というのは善悪のみで測れるものではなく、むしろ行動力もしくは行動の大きさが人間を測る重要な目安ではないかと筆者は感じるようになった。彼は日本人移民の草創期にハワイ、テキサス、ブラジルという三つの地域をまたいで先駆的な役割を果たした。彼ほど行動範囲の広い日本人は恐らくこれまでになく、これからも出てこないのではなかろうか。しかしそのスケールが大きすぎたが故に、彼の全貌を捉えにくくし、これまでほとんど知られざる人物にしてしまったのかもしれない。まさに移民の魁傑といえよう。

注

1 上甲滸編『清水伴三郎翁並に真夫人追憶集・愛と義と』（御夫妻遺徳顕彰会、一九七五年）、一四頁。
2 平木國夫『清水伴三郎』（三月書房、一九八九年）、三七頁。
3 門田正志他編『宇和の人物伝』（宇和町教育委員会宇和郷土文化保存会、一九九三年）、七四～七八頁。
4 前掲注2、『清水伴三郎』、一〇六頁。
5 前掲注2、『清水伴三郎』、一四一～一四五頁。
6 前掲注2、『清水伴三郎』、一五八～一六四頁。
7 『在伯日本人先駆者伝』（パウリスタ新聞社、一九五五年）、二一九頁。
8 根川幸男「清水尚久・カウボーイになった日本人」（『海外移住』六〇〇号、二〇〇一年七月）。『ブラジルの愛媛県人一〇〇年の歩み　一九〇八―二〇〇八』（在伯愛媛県人会、二〇〇八年）、一四二～一四五頁。および筆者の聞き取りによる。
9 江上幸子『無心のときを求めて』（青山社、二〇〇五年）、一〇四～一〇五頁。
10 青柳郁太郎『ブラジルに於ける日本人発展史　上巻』（同刊行委員会、一九四一年）、三八五頁。

❖ 参考文献

【書籍】

青柳郁太郎『ブラジルに於ける日本人発展史　上巻』(同刊行委員会、一九四一年)。

『在伯日本人先駆者伝』(パウリスタ新聞社、一九五五年)。

上甲滯編『清水伴三郎翁並に真夫人追憶集・愛と義と』(御夫妻遺徳顕彰会、一九七五年)。

平木國夫『清水伴三郎』(三月書房、一九八九年)。

門田正志他編『宇和の人物伝』(宇和町教育委員会宇和郷土文化保存会、一九九三年)。

江上幸子『無心のときを求めて』(青山社、二〇〇五年)。

『ブラジルの愛媛県人一〇〇年の歩み　一九〇八―二〇〇八』(在伯愛媛県人会、二〇〇八年)。

【定期刊行物】

根川幸男「清水尚久・カウボーイになった日本人」(『海外移住』六〇〇号、二〇〇一年七月)。

資料

『農業のブラジル』一九二七年二月号(農事通信社)……298
『農業のブラジル』一九二七年五月号(農事通信社)……309
『海外』第五九号(一九三二年一月、海外社)……313
『海外』第六〇号(一九三二年二月、海外社)……316

※いずれも学校法人日本力行会所蔵

農業のブラジル二月號目次

故星名謙一郎氏追悼附錄

大島老（星名老）は北米から來て、其頃謄寫版ずりの何とかいふ名前の壯大な新聞を作つて居た。新聞が活版であつた頃に謄寫版でやつて居た譯でなく、全く新聞なんと云ふものが在留邦人間になかつた頃のことであつた。

大島は此の時既に五十に手の届く頃であつた。其の財政より云ふも、さう餘裕のある譯ではない。其の風體より言へば田舍の村長様の樣なヒゲを鼻下にゾンザイに延ばして居る。時として其の鼻毛は行儀惡く鼻の孔の外まではみ出して居る。風流ショヤ酒なんて云ふ處はミヂンも無い。其の容貌は一言にして云へば魁偉で、上マブタがやゝ突き出でたる下にケイ〳〵として輝く眼は、ジヤカレーの豚でもチヲさいふ風に虎視眈々でなくてジヤ視眈々であるので俗にいへば一癖も二癖もありさうな面構へである。而して其の顔全體が、强い意志と鋭い智力の持主であるかの如く緊張し切つて居るが、よく〳〵見ると何處か間のびのした、しまりのない處があつて、大口あいて笑ふ時は如何にも男性的な無邪氣さがある。

そして其の身體は、昔北米で百姓もやり、此方へ來てから鍛冶屋の手助けもやつたといふだけあつて筋肉は引きしまつて、隆々たる筋骨はどこからいふても風流才子でなく、無骨漢である。

無骨漢ではあるが、全くの沒分曉漢では無い。酒三行に至れば腹の底から出る樣な音聲で、冗談も言ひ自個流の節で歌もうたふ。キヤツ〳〵騷いで花でもひいたりトランプでも鬪はして歸る。初めはこわい人である。嶮惡のやうな感じがあるが、段段そうでもなくなる。山賊の親分であるかのやうに見ゐて、妙に理に落ちた話にもなる。酒もよく飮むがグウタラにはならぬ金も使ふやうに見ゐるが中中しまり屋である。――本誌所載「椰子の實」より――吳樫

星名君の死

パウルー領事　多羅間鐵輔氏談

一昔以上も前に出た、何かの本に星名君を評して、彼に貴ぶところは長脇差流の向見ずの勇氣、押が強くて一旦決すれば水火も辭せぬ點である。それで又た意氣相ひ投ずれば首を與ふるも吝まない、況んや衣食金錢をやだ。といふ意味に書かれてゐるのを記憶するが旣に志境に入ての彼に於ても、依然さういふ風が見られた。

彼は或る記念帳に「戰」の一字を大書してゐるが、實際鬪志滿々の男だつた。彼の齡で、そしてしやうとさえ思へば樂の出來る身でゐながら、十年一日の如く殺風景極まる田舍生活を續けて些も意に介せず、最後の瞬間まで活動で押通したのは全く此の性分から來たもので、彼自身では其處に無上の滿足や慰悦を見出してゐたに相違ない。

彼は稀に見る奮鬪家であつた。しかし蓄財を唯一目的に働く底の人ではなかつた。何か一仕事やるといふことそのものに多大の興味を持てゐたやうだ。從て彼の爲す處は普通人には一寸躊躇なしにはやれなものであつた。

明治二十四年青山學院の前身を卒へて直ぐに一移民として布哇に渡航したのを振り出しに、十年後北米テキサスに轉じて米作を試み、四十二年三度轉じて當國に渡來し、最初米作に手を出し、後に彼の終焉の地となつた「プレジォン」「バイベン」兩植民地を開拓して今日あらしめた。

其の經路に見るも尋常一般の仕事屋とは毛色を異にしてゐたことが解かる。彼は先天的に好個のパイオニヤだつた。そして自らよく自己を識り飽くまで其の天賦の特質を利用して曲げず屈せず、最後に「ソロカバナ」奧地に其の大なる足跡を留たまで、直往邁進一貫しぬいたことは何といつても偉とすべきである。

彼は世俗の一部から兎角毛嫌ひせられてゐた。惡聲を放たれた事も稀ではなかつた。しかしそれは多くは本當によく彼を知らぬための誤解から來たものではあるまいか。勿論死人を相手に尙ほ鞭をふるふが如き輩の雜言は別として。

事實彼は總ゆる點に於て、誤解を受くるやうに出來てゐた。彼は他人に快感を與ふる風采の持ち主ではなかつた。彼は餘りに我が强かつた。迎合が出來なかつた。妥協性に缺けてゐた。それは彼の性分を知りぬいてゐた友達仲間をすら時に斯爺頑迷遂に度すべからずと匙を投げさせた程だ。しかも彼は世の毀譽褒貶には全く無頓着だつた。だから世間の一部が彼を誤解するのは寧ろ當然である。

僕の知る範圍に於ける彼れは關東長脇差の親分氣分ともいふべき點が見られた。彼は極めて義理堅い然諾を重んずる、そして至て情に厚い男子で、いつも弱者の身方であつた。しかし彼に反抗して來るものに對してまで寬容であり得る程に練らされてゐなかつた。又たそれを努める人でもなかつた。餘りに理性の强い男だつた。牙を鳴らしてつゝかゝつて來るものには牙を鳴らして飛びかゝつていつた。そして苟くも一度搏たんとせば全力をあげて搏ち、敵次第で加減するなどいふ事はなかつたやうだ。これはよい點でもあつただらうが同時に缺點でもあつた。とかく結果のみを見て是非を即斷したがる世間から、彼の性格に全く反對の推斷を下され勝ちだつたのは、多くこの缺點が災ひしたもので、蓋し己むを得ないところと見る外はない。

しかし流石剛性漢も齡の勢といふものか近頃は著しく鬪志が減つてゐた。漸次に山男から家庭の人に變りつゝあつた。彼の話題は會ふ度に京都の家族の上に落ちてゐた。其の愛兒達について語る折の如きは全くの一好々爺で、見てゐて眼が熱くなるやうの場合さえもあつた。

大正終末の歲、十二月十三日、彼は彼か地方總代表として年餘に亘つて奔走努力の結果漸くにしてし遂得た抵齊借入の最後の準備を終るべく、午前六時「アルバレス・マシヤド」驛頭に「プルデンテ」行の列車を待ちつゝ悲慘の最後を遂げた。斃れた場所は十餘年前彼によつて日本人の第一歩を印せられ、そして彼によつて拓かれた最後の奮鬪舞臺の玄關口である。斃れた瞬間は年來の目的を達し得た悦び以外何ものも念頭に無かつたその瞬間であつた。

此の世の最後として、これ以上よりよい場所と機會をつかむといふことが出來やうとは到底想へない。このこと奮鬪又奮鬪に一貫したパイオニーヤの最後としてこれ以上の相應はし終りは到底得られない。彼を斃した一彈は六十年の永生涯を活したところの上晴である唯だ一つ亡友の爲め最も遺憾におもふのは次第に死境に入らんとしてゐた彼は最後の打留めとして彼の私有財產を意義ある社會的の事業に捧たい考を持ち兩三年來友人間へも內々相談してゐたのに、餘りに突然の最後で遂に何等具體化し得なかつたことである。これは友人として是非やらせたい考へで一二氣付を持出し熟議した程であつた、如何にも殘念である。

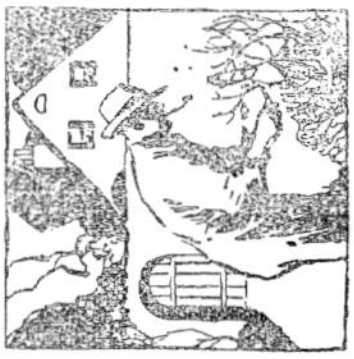

噫々星名謙一郎氏

大野基尙

私が星名氏を識つたのは一九一〇年の末であつた。氏が、リオから三時間行程のサンタ・クルスといふ所でヅーリツヒ會社の經營する米作農場にカマラーダとなつて勞働に從事してゐたことがある。

私は或る日、之も已に故人となつてしまつたが豐島昌といつて、日本貿易株式會社のリオ支店長を勤めてゐた人と一緒に、ヅーリツヒの米作農場を觀に行つたのであつた。豐島氏は最も古いブラジル開拓者の一人であつて、見識も高く、事情にも精通してゐたブラジル通として敬畏すべき權威であつたのだが、ヅーリツヒ會社があれ丈けに整頓してゐる農場を、もて餘して缺損ばかり繰り返へして行くのを見て取り、事によつたら、あれを買收して日本人の手で、水田式の經營をやつて見てはといふよふな腹案を立てて視察に行つたのである。

其の時、該農場には三人程日本人のカマラーダがゐた、星名氏は其の內の一人で、今の日貿の岩淵君も星名氏の相棒となつて働いてゐた。私が豐島氏と一緒にカマラーダ部屋を覗いた時、星名氏は、マレタで熱を出し病臥して居られたが、我々の色々な質問に、重い頭を上げて、叮嚀に說明して吳れたりしたのが、ゆかりとなり、其の後、しばしば往復して、米作農場經營に關する意見の交換を遂げ、其の當時、之れも、故人となつたが、日貿とは深い關係のあつた、大平三次といふ人が、星名氏の意見を參考として、具體案を作製し、ヅーリツヒ會社に農場讓り受けの相談を開始するに至つたのであつた。

農場を讓り受けることになれば、勿論星名氏は、其の經營の任に當るのであつた。此の農場は三百ヘクタル程あつて大農式水田の經營には新式の機械を使用してゐたのだが、上手な操縦者が無かつた爲め、機械の能率を充分發揮することが出來ないのを嘆き、若し氏自身で農場經營の衝に當るならば、一二倍の成績を舉げ得るとの確信があつたので、ヅーリツヒ會社と交涉を開いて見ると、存外話が早く片付いて、愈々農場讓受の契約條件を審議する段となつた時、大平氏は一寸歸國の必要起き、此の話は暫く中止となり、而して大平氏は歸朝後間もなく死なれたので、一件もとう／＼其の儘になつてしまつたよふの譯で、殘念に耐えなかつたものは唯に星名氏一人のみでは無かつたのである。

星名氏はブラジルに來たのは其の前の年で、先づ、山縣農場に足を停めたが、こゝは大望を有つて渡伯した氏の爲めには物足りない所であつた、石橋恒四郎氏等と共に駈け落ちをして具さに辛慘を嘗め、リオの町に漂着して糊口に窮するに至り、或る日鍛冶屋の戸を叩き向ふ打ちとなつて毎日鐵槌を振る身となつて見た力の強い氏は、向ふ打となつても人一倍能率を擧げ、七ミルの日給を克ち得た、かうして二三月やつて小使には不自由が無くなり、何れにか雄飛を畫策してゐる內サンタ・クルスの米作農場を嗅ぎ付けて、北米で經驗ある米作に從事したのである。

此の農場には愚鈍の支配人がゐて星名氏等の意見など當底容れられるのでは無かつた。大中氏が歸國し農場讓受けが曖昧となつては、長くカマラーダ位をして留まる所では無かつた。其の頃は、サンパウロに續々日本移民の流れ込む機會が到來してゐたので、星名氏も旗を卷いてサンパウロに乘り込んで來た。

サンパウロに來ても、何をやるといふ的があつたのでは無かつた、ゴロ／＼してゐる內、在留民の數も段々殖えて行き、奧地に散らばつて、人間の世界から隔離されたような狀態の下に、刻苦して居る多くの人達が各方面のニュースを渇望する情勢の漂ふてゐるのを見て取り、南米といふ、謄寫版摺の月刊雜誌を發刊しサンパウロに於ける日本新聞の開祖をなした。大局に着眼して事物に正鴻の批判を加へ、論說犀利で心膽を寒からしめるに足るものがあつた。氏は雜誌を出して單に讀書界に資するといふことよりは、此の雜誌を活用して日本人の土地所有慾を挑發した。いつまでも奴隷の如くコーヒー園で驅使されるよりは、土地を買つて、自作農たるの賢明なるを主張し、又それが眞の移植民の意義にも叶つて民族發展の基礎ともなるのだと誨えた。そして其の土地の撰擇をソロカバナ沿線に覓め、ソロカバナ線を中心に日本民族の發展はパラナ州に向つて擴大せねばならぬとした。

ノロエステに平野運平氏が植民地を拓いた其の翌年星名氏も亦ソロカバナ線の今のブレイヂョン植民地を小笠原氏と共に計畫したノロエステ線では平野運平が

遠くマトグロッソの富沃を望んで西北進出の氣勢を擧げたのに對し、南ソロカバナ線に星名謙一郎が、北パラナの富源を扼し南方躍進の先導を爲した事は、兩雄相對峙するの慨があり、植民地生活に一新紀元を畫して生氣を與え一大偉觀たるを失はなかつた。自作農に憬がれ、土地購買慾も、可なり熱して來てゐた頃なので、星名氏の計畫は頗る順調に發展した。

其の頃は、インヂアノ驛までしか汽車が出來て無かつたから、それから先き四十基程をブレイヂョンまで徒歩で二十數回往復して、具さに困苦を嘗め盡し彼の地方開發の先驅者たる實績を擧ぐる爲め心血を傾倒した。鐵道も開通し、氏の事業は異彩を放つた。

氏が所信に向つて猛進する時、余りに獨裁的であつた爲め應々周圍から誤解を受けた。人を見たなら泥棒と思へなぞと、詐欺瀰着を前程として人に接する習慣を有つ憐むべき日本民族は、星名氏の如き頑堅な事業家を過するに亦、持前の根性を出して、氏の事業には不利益な措置を執つた役人もあつた。或る者は、揑造の罪狀を書立てゝ、警察に告發した爲め、氏は警察に拉致され一晩拘束されてお撿べを受けたなどの滑稽もあつた。併し乍らそれ等の凡ての迫害は鋼鐵の如く剛強な意思の持主たる氏を覆すには何程の効目も無かつた。氏は目的を貫徹するまでは側目もふらず驀進主義を執つた。虛禮や虛飾は顧みることをさへしなかつた。

日が差し込み、雨の洩れる粗末な家に起臥し、傘を差して飯を焚き、豚や犬と一緒にそれを食ふことを樂しんだ。奇妙な聲で豚を呼ぶと、應々と返辭をして、豚群が山から戾つて來て、氏の周圍を取り卷くのである。其の內の名を呼ぶと、呼ばれた一匹が、ゴロリ氏の側に寢る、氏はその腹を撫で、股を廣げて、虱やダニをつぶしてやると豚は昏々と睡りにつく、氏は、虱やダニの血の滲んだ其の手で、芋の皮をむいて食べた。奧山で多年仙境に親み禽獸とさへも、斯の如く融合した生活を味ふて居つた。

友人で、眞から氏の生活の余りに味氣無きを嘆いて注意するものがあると、氏は支那人の例を曳いてそれに答へた。それは或る日一人の支那人が、北米の田舍町で立派なホテルに宿を請ふた、宿の支配人は支那人の風彩が惡かつたので、斷つた。支那人はその足で、宿屋の持主の所に行き莫大な金を擲げ出して宿屋を買ひ取つた。そして前の斷はつた支配人の所に行つて、唯今からお前は用が無いから出て行つて呉れと追ひ出してしまつたとの話である。物が欲しいといふ所謂所有慾なるものは、力の及ばない時に一層熾烈であるが力が充實して來ると、所有慾も薄らいで來る、それは獲たい時にはいつでも獲られる餘裕が存するからであるとの説明を加へるのであつた。

最近の氏は異状に變つた人となつてゐたよふである之れから先き假りに十年生きるとして、一年に一萬圓づゝ小使に使ふても十萬圓あれば事が足りる。別に妻子の爲めに遺さねばならぬ必要も無いのだから、餘計の財產は單に有つてゐて見た所で何の意味も爲さぬ、だから、其の餘計な分は社會の爲めに提供するつもりだが、よき方法は無からうかと、まじめに相談を持ち出された事がある。それで、私達が熟考を重ねて、案を得たから、氏に諮かつて見ると、異存なく賛意を表明されたので、今は其れを實現するによき機會を待つ內計らずも今回の兇變に遇ひ斃れたのは返すぐも遺憾の至りとせねばならぬ。

既往に於て氏は隨分世間から色々な、氏に執つては不利益な評判を立てられて來たのは事實である。氏が目的を達する爲めには例の驀直に突き進む主義で、情義を顧みず極めて冷靜な人事を取り扱ふたよふであつた。恐懼される事はあつても敬服せしむるには足りなかつた。精力絶倫の活動家ではあつたが、協調を缺く獨斷專行が、疑惑の釀素となつて殘つたよふである。

併し乍ら空拳遠征の途にある鬪士として、大望を抱いて戰線に立ち、目的遂貫の爲めには身命を賭けて餘事を顧みる暇のなかつた大丈夫の行爲に對しては、寬宏の批判こそ望ましきものである。

常識に秀で、世事に通じてゐた氏は、世の中の自分に對する批評や、又自分が爲さなければならない事などは、言はれるまでもなくすつかり辨へ切つてゐた。どうして人に好かれよふとする道位いを知らないような人であり得よう、併し氏は姑息な手段や平凡な細工を弄んで一時を韜晦しよふとする世に所謂「お悧口者」では無かつたのである。一切は目的を達した上で帳消をしよふとして、其の機會の到來を待つてゐた。氏の意志を斟酌して、私達が拵えた氏の財產處分案を序に發表して、氏がブレイジョン地方在住同胞の便益に資し、且つ一般社會の奉仕の實を擧げることを志した其の眞相を告白することゝする。

星名氏財產は、ブレイジョン日本人會に提供する。

日本人會は「財團法人星名何々會」と稱するものを設けて、之を管理せしめ、植民地の事業經營の任に當らしむる。

サンパウロ市に完全な設備を有する言論機關を設け專ら在留民の利益擁護を理想とする。

同時に職業紹介や調査研究の一課を置いて一般の便宜を圖る。

適當の人數を限り、有爲の青年を養成し學費を支給して、最高の學業を修めしめ、後日國家の用に立たしめる。

適當の人物を本國に派遣し、之に選擧費用を給して議會に送り、國家現在の情勢に鑑み移植民事業改善の計を樹てしめる。

大略、財團法人の事業として、右の如き項目が擧げられた。尤も之を實現するに先立つて、ブレイジョン日本人會に同意を求めるのは勿論のことである。而して星名氏の財產なるものは果して幾千なるか之も序でに公表し、僅々十年の奮鬪で克ち得た偉大な成功の績を表彰したい、巨萬の富といふ程でもないが、空拳で渡伯し、鍛冶屋の向ふ打ちから身を興し、十年足らずに之れ丈けに築き上げた努力は偉大であらねばならぬ。

而して之からといふ時に、兇暴な、無理解な、野蠻人の不意の狙擊に身を斃し、萬事茲に終りを告げたのは反すぐも惜しい事である。

星名謙一郎氏財產表

一、土地　一千三百十アルケーレス（三千二百七十五町步）時價六百五十コントス、（一アルケイル最低價五百ミルに見積りたるも實際には八百ミルより一コントの地價を存す）

一、珈琲樹　六萬本。
附屬地四十二アルケイレス
コロノ家屋八棟
時價四百二十コントス

一、市街地接續地　二十五アルケイレス
時價六十二コントス五百ミル

一、市街宅地　十五ダータ建家二棟
時價六十コントス

一、土地賣掛金及び現金
七十七コントス

總計一千二百七十四コントス五百ミルレイス

負　債

一、十コントス　千九百二十五年十月三十日支拂手形

一、二十コントス　千九百二十六年十月卅日支拂手形
一、三コントス　千九百二十五年十一月十日お玉氏手術料

（右の內、最近賣掛代金は四十餘コントスに減じ、負債の方にて十コントスは支拂濟となり居る、其の他には異變更らに無し）

故星名氏の事ども　　峰　鳥

遠くてきく星名氏と近く觸れる氏とは大變違ひがあつた。遠くに響くその聲は罵言だつた、近くてのそれは親しみだつたが冷い人であつた事は事實だ。敵として恐ろしい强い敵で味方としても或時は無二のいゝ味方だつた。

一二年以前梅辨植民地の氏と同鄕人の孤兒三人が居つて氏が引取つて世話をする事になつた、その時長兄と末弟がプレジョンへ引取られて殘る仲の子は梅辨に居る事に決つてゐたが、さて星名氏が二人の兄弟を連れて歸る時、その長兄が「おぢさん私等三人全部連れて行つて吳れるのなら行きますが一人弟を殘して置くにはしのびないから」と云つたのを聽て氏は兩眼に淚を浮かべてその兄の云ふ通り三人とも引取ることにした。この刹那の氏には溫い血が人間味があつた。

この三人兄弟がよく嘘を云ふと氏は常になげいてゐた。どうして直せばよからふかと考へてゐた事をいつも話しておられた。

その仲の子が氏が事務所の方からコッシニャに入ろふとしたときその子が驚いてかけだした。いつでも嬈いて居たのだろう、で氏はその子を呼びとめて「何故わしの顏を見てかけだしたか？」子はしかられると恐ろしいからと答へた。そして氏は「お前は走ることがすきか」と尋ねた子供はおそるおそる「シン」と答えたで「よろしいそれでは走れ――子供はやむなく走り出した――なんだもつと早く走れ――子供はひた走りに走つた。へと〳〵になる迄で走つた――ふう〳〵と息をつぎながら爺の足もとに來た子供に「どうかまだ走り度いか、お前は走る事がすきだと云つたじやないか」と嘘つきのわるい事をたしなめた。面白い氏の半面ではないかと思ふ。

「銃鑑」と云ふ人物評論に北米移民の雄星名謙一郎と云ふ題で氏の事が書いてある。向ふいきと押しが强いのが氏の財產だと書いてる。よく書いたものだ。向ふいきは眞實に强い人であの顏で怒號でもすれば誰れでも一目をおく。押しの强いのも有名なものだつた。私が曾て氏經營の南米新聞にいたとき、謄寫紙をにらんで居た氏が「オイ君此字は違つてゐるよ、書きかへ給え」と云ひ出したが私は違つてゐないと云ふ自信があつたのでイヤ違ちやいませんと自說を主張した。翁は何に小癪なと云ふ表情をして「君違つてゐるから違ふと云つてゐるのだ」とおしかけて云ひ通した。私もまけては居ずに「それじや字引を見ませう字引は總てを解決して吳れるから――字典を氏の前につき出した。眼鏡越しにその字を字典から見出していた氏はピタリと字典をとじて知らぬ顏する。ハテおかしいと私はそれを手にとつてその問題の字を引いて見た。うれしかつた。果して私の云ふ方があつてゐた。で星名さんどうです私の主張した通りでしたエヘンと一咳して、こう云ひ出したら徹頭徹尾うしろに引かぬ敗じ魂の氏の顏をチラリと見た私に。「君、その字典が間違つてゐるのだ」。

その事があつて二日餘り私には物言はなかつた。自分の說が間違つてゐる事をよく知りつゝ最後まで押し通す氏の性質はそこに氏の短所があり又一部の長所があつた。

氏を知る事十年、氏は一日の如くこの押しで押して來た。

星名さんの思ひ出　　白　雲　生

星名さんが逝つて、在伯同胞の間が何となく淋しくなつた感さへする。別に星名さんがカケ廻つたり騷いだりした譯ではないが、どうもそう感ぜられる。それ程氏の存在は力强いものであつた。

全く星名さんは珍らしく輪廓の太い人であつた。其の體力、膽力、見識共に在伯同胞中只だ一人飛び拔けて居た人物と思ふ。それ等を善用したか惡用したか、それは別問題として。

星名さんのやつた功績は勿論バイベン、プレジョン

兩植民地の建設に在る。土地を買つた以外何があるかと云へばそれ迄だが、兎に角出來上つた兩植民地共我が同胞植民地中での最も堂々たるものゝ一つである。ソロカバナ線奥地帶の開發は日本人に負ふ所甚大で、其元締めをしたのが星名さんであるとも見られる。

今から十年前の彼の地方の狀況は全く星名さんの如き剛膽な、意志の强さ然も智略の勝れた人にしてはじめて爲し得られた事であつたらう。

個人の仕事としても裸一貫で來て、僅か十年程の間に兎に角　千五百アルケールの土地、（然かも停車場から十キロ位のところ）市街地、若干の珈琲園等を殘した事は、今頃何何協會などゝ鳴物入りで大騷ぎをして居る連中に比べて、大したものと云はなければならない。勿論ブラジル邦人の大地主の筆頭であり、金の上での一番の成功者でもあつた。

星名さんはあまりに性格が强かつた。意志が强固で才智に長け、體力が頗る頑健であつた。其の風貌は何處となく傀偉粗大で、然かも緊きしまつて居て、寡默の方であつた。其の態度や、話上手で人心を捉へるに妙な點などから見れば申分の無い親分型であつたが、其の性格から云へば決して親分型で無く、膽力に滿ちた一個の闘士であつた樣に思ふ。氏は弱からうが强からうが相手を擇ばずに闘つた。在留同胞の間ではむしろ相手になれる丈けの人が居なかつたから、闘つたと云ふよりも、むしろ慘酷に踏みにじつたと云つた形であつた。斯うした性格の爲めに人々からひどく恨まれ一般から大惡黨の樣に攻撃された。

最後に一外人コロノの爲めに敢なき最後を遂げたのも斯うした性格が禍したものと思ふ。

田舍に引つ込んで老齡になつても元氣は壯者を凌ぐ有樣であつた。殊に頭がシッカリして見識が高かつたそれもその筈、ロンドン、タイムスの週刊や北米、ブラジルの新刊雜誌などよく注意して眼を通して居た。

昔北米や、ブラジルで新聞をやつた丈けに、中々の能文家で時々論文や隨筆などを書いた。書も中々の達筆で風貌に似合はぬ雅致のあるやさしい文字を書いた几帳面で必ず淨書して六ヶしい字には自ら振り假名迄してあるのが常であつた。

ジャカレーと云ふドェラィ、一寸ブラジルの植民地ででもなければ通用しさうもない尊稱？は全く云ひ得て妙だ。飽く迄凝乎として動かぬ態度、一見鈍重な風貌の奥底に、人を射るやうな眼光と氣魄は人をして底氣味惡く感ぜしめた。自分ではジャカレーの如く、死に至る日も凝乎として動かぬ態度が好きだ、と云つて居たが、あの尊稱は實は色消あたりで作られたものだ後にジャカレーに譯字を當てゝ鰐魚翁としたのは御愛嬌であつた。

氏の度胸の好いのには、流石幾多の豪傑連も舌を卷いた逸話が澤山ある。

氏は身邊に危險を感じて、護身用に上等のピストルを所持して、常に身から離さなかつた。然し彈は只だ一發しか入れて置かない。曰く「萬一俺が危險に逢へば、命を取るか取られるかだ。俺は一發丈けで勝負を決めるヨ。」「俺がもう少し應揚に構へ、皆の面倒でも見てやれば、ソンナ危險は無くなり、皆から隨喜渇仰、忽ち名聲を博するだらう事は、俺も知つて居るヨ。然しソンナ妥協生活は嫌やだ。それをせずに眞直ぐ進むところに俺の價値があるんだヨ」とも述懷して居られた事があつた。

氏の實力は全く大したものであつたと思ふ。隱然ソロカバナ奥地帶に於ける政治的頭目（シェーフェ・ポリチコ）の位置に迄進んで居た觀さえある。勿論自分では毛頭ソンナ考は無かつたらしいが、兎に角あれ丈けの地盤とあの手腕を以てしては、流石のマルコンデスも一目置かざるを得なかつたであらう。ドトール・ペンテアードとかスペンサーとか云ふ大立物と取組んだのが氏の事業を今日あらしめた理由であらうが、氏が無ければ取組み得なかつたであらう。

狹いコセツイた日本人の間での仕事や評判で無く、廣い斯うした舞臺面での意味で、全く星名さんの仕事や人物は、在留日本人間で群を拔いて居た。自分の實際の自力で默々として惡戰苦闘してやり遂げたのだ。ソンヂョソコラの體裁のよい利權屋などとは雲泥の相違である。

私が星名さんの今後に期待して居たものは全く前に述べた、伯人に對する廣い舞臺面での活動であつたと云つて、どうかけ廻らなくつてもよい、只だ今迄通りヂッとして居て出來る仕事だ。此の意味に於て全く惜しい事をしたと思ふ。それから星名さんに對する世評のあまりに沒理解である事だ。ウスツペラな植民地としては止むを得ない事だ。

雜感

在プレジョン植民地　田村康吉

星名氏は植民地に有ては無用の長物の位置にゐた。と云ふのは直接植民者の爲めにならうとはせず、何事にも手を引いて殖民地内の事には無關心であつた。又萬事に獨斷の人であつたから、自ら社會に、殖民地に入る事を好まなかつたかも知れん。一歩踏み出して中央日本人會の創立者となり會長とまでなつてゐたが、理事會を　度も開かなかつた。それ位い獨斷主義の人であつた。

それでも誰から一言も口出しする人もなし、氏がなすがまゝに引きずられて何事も行くのであるから氏は所謂現代的大人物であつた事は疑はれない事實である。

氏の金慾は其の極度に達して居た。金錢問題にかけたら義理も人情もかへり見なく、氷の樣な心になるのが常であつて、非常識な事も平氣でやる人であつた。そして一般の人からは未知數の人とされてゐた。それだけ了解の出來ん人物であつた。

氏は又横暴な人であつただけ、それだけ一般の人から賞讃されてゐなかつた。氏と利害關係の有つた者で誰一人として氣持好く別れた者や、喜んで居る者が無い所を見れば或は横暴な人物であつたかも知れない。而しあゝいふ人物であつて始めて殖民地開拓が出來たのであらう。個人より見て横暴であり罪惡を敢てやる人であつたかも知れぬが、一般社會からより大きく見れば決して横暴でも罪惡でもない樣に思はれる。なぜなれば殖民事業でも大事業家新事業家となれば澤山の犧牲を出さずにはすまんものであるから、世人よりよく言はれんのはあたりまへである。

氏が利害關係なき者に向て話す時は實に驚く可き大人格者である。そして大膽であり强固な意志の持主であるだけ物事に落着があつて向て話す時は人を壓する威力を有して居た。これが氏の特點であつた。依てあれだけの事をこれまで仕て來たのである。

氏の史實が物語て居る如く惡い事も隨分して來たらう。世人より氏は惡い人であるの一言でつきて居る。併し塵埃の多き世の中には、よけいに塵埃を冠て居る人をさしてやりてだとか偉い人物だとか稱へるのであるから、氏は現代的偉い人であり、そうゆう氏が有たればこそ現在のプレイジョン殖民地が現存して居るのである。悲しむ可きは氏去て氏に次ぐ者のなき事である。

私共が今迄に嫌と言ふ程氏の批評や惡口を聞かされたものであるが、それは皆個人的利害關係のあつた者の噂であつたが、どちらかと云へば融通のきかん頑固な人であつたから敵を多く作つたのであらう。

個人關係よりさんざん惡口を書き立てる人が有るかも知れんが去つた氏にはもう罪はない惡口言ふ者こそ罪深しと言はんければならぬ。個人的には惡い人で有たかも知れぬが、やはりソロカバナに又伯剌西爾に有てはしい人物で有た。無論他の人が見た氏と私が見た氏とには其處には大なる相違が有るであらうが私は其の見た儘を書いたのである。氏と何等關係もなき故第三者の立場よりの愚評に過ぎないのである。へたの批評は自己の恥さらしであるから恥大ならざる内に擱筆する。

故星名謙一郎氏を憶ふ

プレジョン植民地　上野生

生者必滅は世の習ひとは言ひ乍ら死は人生の最も悲哀である。例へ其れが壽命であるにせよ天命として悲しまざる人は無いのである。いわんや其れが或る災難の爲め不時の最後を遂げる如きに於てをやである。不治の病の爲め又は老衰の結果得たる死は天命として諦め易いのであるが若し其れが或る災難であつたなれば諦め難いのは人情の常である。

此の度の星名謙一郎氏の最後の如きは實にあわれと言ふも愚かなる最後であつた。氏は十數年前ブラジルの前途有望なるに着目し日本人植民の先覺者として今日に至る迄十年一日の如く努力せるものである。

氏は單獨十數年間其の事業を手傳ふ妻子近親なく其の勞を慰する家庭なく然かも吾々大和民族發展の爲め日夜奮鬪されたのである。氏はハワイに北米に於て十二分なる經驗を持てるだけ爲すことは總て實現された日本人の衆に秀でたる手腕家であつた。氏の名を成せるはソロカバーナ奥地に於ける植民事業である。氏はブラジルに於ける日本語新聞の最初の發行者である。

氏は植民事業の有望なるに着眼するや新聞業を止め氏自身千古人跡を留めぬソロカバーナ奥地に入り込み時には飢に苦しみ、或る日は渇に泣き、猛獸の聲を聞きつゝ山野に一夜を明かすことは一切ならずであった。

氏には確に他人の追從を許さぬ所があった。此くして氏の事業は日一日と築かれたのである。今日を致せるは當然である。斯る不斷の努力の賜物である。氏の植民事業の上には多くの障害があった。然し其の都度有利なる結果を得た。其れは例へ正義であったにせよ感情の上に於て反感を持たれたるは事實である。隨って敵も多くあった。

氏の事業は或る程度迄精神的に於て將た又物質的に於て成功の域に達せりと言へる。萬人の認むる所である。

然し大望を有せる氏に言わしむれば未だ成功の域に達せりとは言えぬ。此れからであるとは氏の言ふ所であり理ある言である。吾々は氏の大望の何邊にあるを知ることだに出來なかった。氏は不言實行の人であった。氏に言わしむれば此れからが春を迎える櫻花の蕾なものだと。嚴寒に忍び春の暖い空氣に接せんとするのである。春を迎えるに先きだち折り取られたる蕾である。

或人に言わしむれば氏の事業は決して大和民族發展とか植民者の爲めと言ふ意味はない、只一個の營利事業である。故に左迄恩を受けたのではないと。或は左樣かも知れぬ。然し例へ其れが營利事業であったにせよ氏自身の名利のみならず吾々大和民族發展上に如何に貢献せるかは論を待たぬのである。只一個の植民地を建設せるのみで既に一大事業である。國家的事業である。

氏は植民地内に於ては別に此れと言ふ仕事に手を出して居らぬ。然し植民地經營は必ずしも創設者一人の義務ではない。此の植民地發達如何は吾々植民者の努力一つである。勿論指導は受けねばならぬが決して總てを一任することは出來ない。なぜなれば吾々の植民地であって創設者の植民地ではないのである。其の罪を創設者に負わしむるは當を得ない。而して氏の言の如く事業に花の咲くのが此れからであるとするなれば成功の曉に於ては植民地の爲め成すべくあったであら

う。其の時期の到らざるに不信をいだくは少々早計である。凡そ人はシャカ、キリストの如き聖人でない限り長所もあり、短所もある。隨って其の短所は人の非難の原因となるのである。此處に十人の人ありとし十人より尊敬され得る人は聖人の如き人であり五人より尊敬さるゝも五人より非難を受ける人は普通人であり十人より非難を受ける人は惡人である。

氏は植民地内に於て多くの非難を受けた。然し反面慈母の如く尊敬され慕れた事も事實である。大にしては日本全體から考へても氏は大立物であった。氏の一言は如何に植民者に影響するか。私上の小問題にしても團體的にしても氏の仲介に依り其の解決を早め又對外人であったなれば有利に解決はついたのである。氏は自稱ドトールにせよ、一般外人よりドトールとして尊敬されたのである。隨ってドトールの尊稱の爲め、氏あるが爲めに外人より一般的個人的に受ける有利の點も少くなかった。實に氏の死は吾々植民者に取り大打擊である。吾々の精神的に受ける影響は大なるものである。余は過去に於ける氏の事業上に於ける適當なる批評眼を持たぬのである。であるから最も氏の眞意に近い批評を下すことが出來ぬ。能を持たぬのである

此れは或は余輩獨りの臆測であるかも知れぬ。

只最後に一言したきは大和民族發展の爲め小にしては吾々植民者の爲めに如何にも殘念なる次第である。一言拙文を以って氏の靈を慰めたいのである。

（一九二七年一月二日）

星名謙一郎氏の客死を悼む

陸軍大尉　藥師神眞一郎

予が星名さんと初對面をしたのは忘れもせぬ昨年の五月廿八日の夕方であった。予は丁度其の當時はノロエステ線ジャンヂンプレー耕地に居った。入耕後直ちに山根寛一さんからソロカバナ線で星名さんが殖民地を經營して居る。星名さんは君と同國の伊豫の產であると云ふ事を聞かされた。そこで予は挨拶の手紙を出して置いた。

すると五月廿八日予が珈琲園にて珈琲採取をやって居ると使が來た。急いでコロニヤに歸って見るとコロ

ニャの狹き一室に二人の紳士が物侍顔して座して居た。夫れは星名さんと聖州新報社長香山さんとであつた。香山さんとは一度面會した事があつたから、直感的に同氏たる事を悟つたが、星名さんは初めてであつた。挨拶の後初めて星名さんを知つたのであつた。時は五月廿八日の午後五時頃であつた。夫れから翌日の午前二時頃迄ピンガを飲みながら一夜を話し明かした。

午前一時頃香山さんも就寢他の五六人の客も各々歸宅して殘る者は星名さんと予とのみとなつた。夫れから二人は約一時間程話を續けた後星名さんが突然予に質問を發した。夫れは他でもない、予が渡伯した動機及理由であつた。酒の後稍々重大な質問を受けたが予は正直に陸軍省に呈出して置いた事を話した。星名さんは非常に喜んで共鳴して吳れた。そして伯國は日本人が發展するには世界中で一番容易な所である。非常に面白味がある所であるとの結論的の話をして一夜の會話を終つた。そして一度ソロカバナ線の星名さんの植民地に到るべきを約束して就寢した。翌日は早朝香山氏と共にベンナ驛さして出發せられ後日を約して別れたのであつた。

予は初對面の星名さんが多量のピンガを飲み訳を歌つて酔狂の態をした後深更予に對する質問及同氏の現在に於けるブラジル觀を予に與へたる點に就ては星名さんは所謂酒に飲まれざる人なる事を立證するものと深く信じたのである。

其の後七月初旬予は星名氏經營のプレジョン殖民地に到つた。滯在四日其の間殖民地の概況は勿論同氏の氣焔も聞かされた。其の中の一つはこうであつた。夫れは南米奧地の探險の話である。飛行機を有する探險隊を組織して人跡未踏の地の資源調査の話があるが都合に依れば夫れをやつて見たいと思ふと云ふのである。事實は兎に角其の意氣の旺盛なる事は六十年の人間として實に稀有であると思ふ。

星名さんのニックネームがジャカレーであつた。其の名は多分在伯邦人間には悉く知られて居たと思ふ。其の名は誰れが如何なる理由でつけたかは知る處ではないが、向行の强い事及年齢に比して體力氣力の旺盛なる點に就ては夫れも亦適當な綽名かも知れまい。話は横道に入つたが予がプレジョン視察の際兎に角星名さんの直營の試作場の整理をする約束をして歸耕した。

十月予は耕地の仕事を卒へて星名さんの所へ來た。續いて六ヶ族共遂々ソロカバナ線迄來た。夫れから予

は六ヶ族分のコロニャの新築に從事し星名氏は問題の救濟資金の爲めに寸暇なく或はサンパウロに或はバウルーにと飛びまわつた。コロニャの建築も大半は完成し星名さんも大に喜んで居つた。月は去り日は過ぎ月は師走の十二日になつた。此の日氏は常ならず早く馬を飛ばしてアルバレス・マッシャード驛に急いだので あつた。神ならぬ身の知る由もなく一外人の爲めに驛頭に斃れてしまつた。急報に依り予等が驛にかけつけた時は已に遲し、星名さんは冷たく何の答もなかつた。嗚呼人生は朝露の如しとは古人の敎への如くである。昨日迄は衆人の爲めに東奔西走せしも今日は朝の露と消えてしまつた。

星名さんは常に云つて居つた。ブラジルが僕の戰場である。事業をするのは戰である。僕は常に戰ひつゝある。故に何時僕は斃るゝか知れぬと。誠に立派なる度胸の所有者であるが果して氏が六十を一期として終りを遂げる事を思つたであらうか？、惜むらくば氏を して今一年あらしめば氏以て瞑すべきであつたであらう。然れ共人生の價値は生の長短に非ず、生前に爲したる事業の價値如何にあり。氏の業は大ならずと雖も亦小ならず。凡人の企及し得ざる點多々あり殊に氏は海外に在る事實に卅有二年、在伯する事十有八年、國に親愛なる妻子あり、親子の情の切なるもの多々あるも在伯邦人の先覺者の一人として事業に熱心なる爲め歸國せず、遂に今日に到る。誠に情に於て愁傷に堪へず然れ共英雄豪傑の末路は常に此の如し。氏も亦豪放にして大膽殖民地の開祖として其の名を成し遂に逝けり以つて瞑す可きなり。

千九百廿七年一月三日

プレジョン殖民地星名試作場に於て

故星名謙一郎翁を懐ふ

朝鮮京城にて　宮下琢磨

予は新羅の故都慶州を訪ひ、佛國寺に詣で、東萊の温泉に浴し、一月半を以て東京に歸つた。懐かしきブラジルからの書信のうちに、揮旗君の書簡の一節に星名翁が停車場で一兇漢にやられたことが書いてあつた。

意外と云へば眞に意外である。平生「タマなんかおれの身體にあたるものか」と、豪語して居つた翁が、一小作人のブラジル人に、しかも白晝やられるなど如何にしてもアッケない。然し意外でないと云へば意外でない。トウ〳〵行くべき道に行つたなとも思ふた。只一快男子を喪つたことについては、限りなき寂しさを感じ哀悼痛惜の情を禁じ難い。

予は東京に止まること三日で、復た朝鮮に來た。即ち旅中筆をとりて此の一文を草す。

翁と始めて會ふたのは予が上陸後一週間位の時と思ふ。常盤旅館の社交室であつた。一隅にヒゲを生やした

予が在伯一年有餘の間に、忘れ得ぬ人々を數へて見て、故星名翁の如く深刻に予が腦裏に印刻せられて居るものはない。

予は十二月廿四日コレア丸で日本に歸つた。それで諒闇中の寂しき型ばかりの新年を迎へて、直ぐに朝鮮に向つた。平壤まで行くと野も山も市街も大同江も一面の雪である、氷である。「雪や氷にとざゝれて」の歌がシミ〳〵身にしみる。こゝで思ひ出さるゝのは星名翁の鴨緑江の歌である。星名翁を想へば鴨緑江節を思ひ、鴨緑江節をきけば星名翁を想ふ。予は拙生の繪葉書に鴨緑江の歌をかいて送つたのである。

然るに此の繪葉書を書いた頃は一萬二千五百哩の彼方、地球の裏ピラに相變らず、晩酌に鴨緑江節を唱ふて居ると思ふた翁が、既に幽冥を異にして居るとは眞に思ひ設けぬことであつた。

容貌魁偉なしかも無骨な頑丈な體格を持つた、田舍の村長のやうな野師のやうな、哲學者めかしたやうな一老人が默りこんで椅子に腰かけて居た。宿の主人が「此の方が星名さんです」と紹介して呉れた。予は名刺を出した、翁は御辭儀したきり又默り込んで居た、無愛相な變な人だと思ふた。其の夜晩く何處からか來て予と同室にある今一ツの寢臺に寢て居たらしい、朝四時頃何かガタ〳〵するので眼をあいた、星名翁が旅行の支度をして出懸ける處であつた。其の時予は半睡半覺で

「何處かへ御出かけですか」

と聞いた、翁は

「これから村へ歸ります、私の處はソロカバナ線のアルバレス・マッシャード驛です、御視察の時は是非御出かけ下さい」

と懇切に言ふのであつた。言葉を交はしたのはこれが始めであらう。予は其の後間もなくミナス統領に會見すべく大使と色々打ち合せの爲めリオに逗留して居つた。此時それは一九二五年の十月十日の夜であつたと思ふ。星名翁は何者にか襲はれ、亂鬪の結果愛人お玉さんは兇彈に斃れたと云ふ報知があつた、翁が口喧しく世評に上つたのを記臆して居る。

予は十二月の末にアリアンサ植民地を訪ひ、サンパウロに歸つて來て、オテル・ド・エステに宿つて居た、此の時大野君が來訪され―大野君とはリオで會ふて居る―星名翁が世人より誤解されて居ること、平生狷介孤立自信が强すぎるので交遊少なきこと、老後身を處するに於て心配してやらねばならぬこと、予にも共々勸告を試みて呉れなどゝ話があつた、眞に翁のことを考へ出したのは此の時からである。

昨年の三月末と思ふ。一昨年九月予を乘せて來た懷かしきマニラ丸は一週航を了りて復た半歲振りでサントスの港を訪れた、此の船には多羅間領事夫妻が乘つて來られた。予はマニラ丸を訪ひ多羅馬領事を迎ふべくサントスに行つて、潮旅館に投宿した。此時アリアンサの輪湖君と食堂のテーブルの上で、大元氣大揚氣でスト・ン節を口ずさみつゝ碁を戰はせて居る一怪漢が誰れあらう、是れ他にあらず、其の前年の十月に愛人を非命の最後を遂げしめ、憂々悶々天涯孤獨に深夜人しれぬ悲淚をしぼつて居ると傳へらるゝ星名翁其人である。故意か本心か、痩我慢かつけ燒乃か天馬空に馳すると云はんか、一杯元氣鼻歌で、一石を下して敵の奇手を一蹴し去り天を仰いで哄笑する處、何等の屈託なき豪快さであつた。

此夜多羅間氏と星名翁、輪湖君其の他二、三の諸氏と海濱の一旗亭の廣庭に月明を浴び涼しき風をうけて歡談した。其時多羅間氏は、口を極めて翁の歸國をすゝめた。そして帝大に在る兄、女子大學に在る妹、二人の兄妹が他所の見る眼も羨しき迄に仲のよきこと、兄の妹をいたはる樣、妹の兄に親しむ情一目見せてやり度いと思ふこと、妹は物心覺えぬ頃父親と別れ、音信を絕つこと十幾年、年と共に父上戀しの情は增さり幾つかの寫眞を持ちて來ては、おヒゲはどうのお顏は長いの、眼は口は……此のうちの誰に似て御出でかと領事に聞くので斷腸の思ひがあつたと暗淚を浮かべて語る。最後には早く國へ歸り給へと勸說するのであつた。そして京都の盃や手細工物など兄妹の心づくしの土產物を渡したのであつた。

あゝ翁や、意地が張りか、野心の爲めか果た功名か故國には手紙も出さず、恩愛の絆を切りて十幾星霜、新刈萱の話には聽くもの思はずホロリとさせられた。

翁と常盤旅館にシミ〴〵話したのも此の歸りである

それから揮旗君と打ち連れて、星名翁の植民地を訪問した。

五、六日星名翁の家に御厄介になつた。お玉さんの弟夫妻が來ていろ〳〵炊炊の心配をして呉れた。此の間に予は學校に於ける村の人の會合に臨み、養蠶の話をしたり、縣人諸君や伊藤醫師、木村君などの家に御厄介になつたりしたが、翁はいつも案內をし、斡旋をして呉れた。此の時深く感じたのは、翁の日常生活である。質素簡朴、厭で仕方がないが我慢すると云ふのでなくて、いかにもそれが樂しんで居るやうに見える屋根も大使が來られるとき村人が餘りヒドイからと、皆なで來て葺いて呉れてので、瓦葺きにしたと云ふのである。それとても雨の日には瓦の間から吹き込むシブキは濛々として立ち罩める。御勝手の土間には數ケ所雨が細ビキのやうに落ちて來る。それでも從前は寢臺の上に傘を立てかけたが、餘程良くなつたと平然として居る。

六十歲と云へば少なくも壯年ではない。安居を樂しむ年である。個人で千五百アルケールの地主は、日本人では地主の親玉である。それが平生は三人の孤兒何れも學校の子供位を相手に孤獨簡素の生活に晏如として居る。一寸昔しの哲人ダイオヂエネスを想はしむる

が牧人樵夫で全部がそれだけであるならば、何も不思議はないが、予が知れる旅先きの翁としては客と對しては碁を圍み、酒樓に上りて妓を相手に喑嚥縱橫よく飲みよく談じよく鬪ひ、而して時々腹をゆすぶりて哄笑し、金も奇麗につかひ、豪快ぶりを發揮する翁として妙な感じをする。況んや往年南米とか云ふ新聞の主筆と聞いては益々對照が面白い。翁の簡素は更に徹底し、木村君の處に伺ふた時は深更迄よく飲み、予は御免蒙むりて早く寢臺を措りてモグリ込みたるに、翌朝眼サメて見れば腰かけを二ツ向ひ合せしたものゝ中にくの字なりに黑いものが蟠つて居る、星名翁であつた植民地開拓の始め森林で雨の夜にテントもなくて明した話も聞いたが、新天地の開拓者として今猶は强い處のあるのを嬉しく感じた。

今一ツ予が强い印象を與へられたのが、裏庭にアンタ（貘）と云ふ獸が飼ふてある。始め豚かと思ふたが豚ではなかつた。口の處が象の鼻のやうになつて居て、食物を與へれば、其の長い上唇だか鼻だか知らんが、夫れで甘まく取り扱ふて口の中に入れる。

星名氏は云ふ「此の獸は實に徹底したる無抵抗主義で食物を喰ふて居て犬がくれば逃げる、鷄が來ても同じ鉢の食物をつゝいても敢てそれを逐ふでもない。又アヒルなど慾をかいて鉢を占領すれば、自分は餘所に避けて居るトルストイズムも此處まで來れば實に徹底して居る」と毎朝餌を持ちて行つてやる。嬉しさうに口を出す、翁は其の口を頰にスリつけて、殘飯など頰にクツツクのも厭はず、可愛くて堪らぬと云ふ風に

「お前はえらい、ホントウにえらい、キリンは仁獸で行くに生草をふまずと云ふが、お前には叶はない、世界にトルストイ宗をホントウに行ふて居るのはお前一人だ」

と眼をふさいで幾度も幾度も頰をすりつける

「ケレども おれには出來ぬ」

と、かすかに言ふときには眼底萬石の悲涙あるかを思はしめた。

滯逗數日葡萄酒を酌み、鷄の肉をつゝき、フェジョンアロースに舌つゝみうつ談笑の間に、星名翁の述懷談も希望談もあつた。それは

「國に歸れ國に歸れと云ふが、僕には國がないんだ、家がないんだ、若し僕の安住の人を求むるならば、風光明眉な瀨戸內海の無人島を一ツ買ふて、其處で世を終り度ひと思ふ」

と云ふやうなことも言ふた。

又若し片倉で極めて問題の多い地所でも買ふならば鐵砲で其の土地を確實に守つて見せるとも言ふた。

又小笠原氏との問題について大分世評もあるやうであるが、其のいきさつはかやうかやうで、其の結果は精算をして、現金で何某持たせてやり、自分の借りがいくらで、此の通り領事館に登記までして證書をとり替せてあると云ふて、其の書類なども出して見せた。其の時植民地を持ちて居ても仕方がないから、予の關係して居る會社に一部を提供して、そして此の植民地の發展を圖る事業に使用して貰らひ度との希望もあつた。併し是れは歸朝後相談して見る、それ迄保留して置くことにした。

星名翁は四國の某藩の重役の家に生れ、親戚にも名門がある。翁は頭腦もシッカリして居た、相當の敎育もあり、身體は强健で意志が强固寧ろ頑固で、我執で自我に强いと見られて居る。始め靑山學院に學んだ頃も、神の敎を聞きキリストの救世の大義に血を湧かせたよりも、其の志す處はむしろ功名慾の滿足であつたであらう。少壯ハワイに飛び出して行つて、邦字新聞を起し英語教授に力を盡しても、結局は鬱勃たる功名が其の本能であつた。耕主の暴戾を彈劾すべく數百名の徒黨を集め其の陣頭に立つて煽動ケウサの罪に問はれたり、其の他官憲の忌む處となつたのも之れが爲めである。

志徒らに大にして事容易に成らず、失敗と蹉跌とは漸次性をため情を殺し、忍克冷情のものと化せしめた無情に逆行し抵抗して進まざる可からざる境地は益々此の傾向を大にし心友故岡部次郎氏などゝ別れてよりは、益々勃々たる覇心をやるによしなく、一層頑固に意地張りが强くなつて行く。

夫人は良家の出、婦人としての敎養も饒であつた、夫が唯功名へ功名へと走りて大行は細瑾を顧みざる底の傾向が烈しくなるに連れ、如何ばかり嘆いたであらう。如何ばかり悲んだであらう。食を絕つて神に祈り愛兒を抱き泣て諫めた。けれど性格の差は如何ともすることが出來ぬ。夫は飽く迄功名にあせり征服慾にあせる。兩人同牀に眠れども夢は千里の遠きに飛ぶ、夫は功名の覇心に走り妻は神の懷に入る。賢明にして理想に富む夫人は、子供等の前途を考へ、こゝに夫にも親戚にもたよらず、けなげにも獨力で子女を育てることの決心をした。十幾星霜は夢の如くに過ぎ身はキリ

スト教塾の學監として衆望を負ひ子女は母の手一ッで育て上げ立派な學生として、衆人の模範とたゝへられて居る。然るに吾身は北米にブラジルに放浪の旅をつゞけ、今頃は金冠玉衣の王侯を夢みて居たに、地所はあれど直ぐ金になるでなし、時に野武士の眞似もし、時に白馬銀鞍の姿態も眞似て見たれど、畢竟衣は足らず食は足らず、友は去り知己は離れ、悠々たる天地茫々たる人生眞に天涯の孤獨である。志す處一ッも成らず、愛人は兇手に斃れ、再び孤獨の境遇となり、今更オメ／＼何の顏あつて團欒の妻子に見えんや。例令夫人は容認するも其の生活は千里の溝渠がある。瀨戸内海の無人島を購ひて、徐ろに餘生を終らんと謂ふ是れ一片の冗談にあらず、翁の苦しき叫びである。翁の衷情を懐へば豈一滴同情の涙なきを得んや。

翁の經過は一片の小說である。多苦多難の境涯を經て來て居る。しかも餘り人に頭を下げたくない。隨て金には大なる執着を持ちて居る。獨立自恃である、金を借りる事は既に十分の弱味がある。一度も金を借りた事はないと云ふて居る。飢ゆる迄も頭を下げたくない。だから他の人が事情を述べて金を借りに行つてもにべなく斷る。恰酷だと言はれるのも此の點である。持つた金は放したら容易に返らない、隨て出ししぶる否當然すべき金も何とか文句を言ふ。衆の憤りを買ひ怨を求むるのも畢竟こゝにある。喧嘩も畢竟こんなつまらぬ處に基因する。

一意專心功名心へと急いだ。其の結果は何をもたらしたか。

翁は神にも賴らず、佛にもすがらず、自力宗であるが、强いて言へば翁の人生觀哲學觀は一種の因果論の信者であるやうに思ふ。人間萬事因果の外はないと云ふ、一面剛岸で自信が强く神も佛も眼中になく、只力と權のみが此の世を支配して居るかに考へらるゝ翁も因果律には不思議な信念を持ちて居る。佛敎の十二因緣や支那哲學の易の原理のやうな大根底であるか否かは疑問であるが、因果律には大なる信仰を持つて居た話の時はよく因果の話が出る、昨年のイツ頃であつたかサンパウロの宿屋に居た時に他所から歸つて來て室に這入つた、予は共に茶を喫せんとして誘ひに行つた時寢臺の上に横になつてボーイを呼んで吳れと云ふ、ボーイが行くと醫者を呼んで吳れ腹が痛くて仕方がないと云ふ、醫者も來た。それは服藥か何かで直つたらしいが此の日は大分弱つて居た。後で聞いて見ると此

の日はお玉さんの御墓參りに行つたとの事。スルト腹が痛み出した。丁度お玉さんが彈丸で打ちぬかれた其のあたりが痛み出し段々痛くなつて、殆ど動けなくなつて來た。玉の汗を流して漸く辿りついて、後は一切夢中でどうして醫者が來たかわからぬと云ふことであつた。お玉さんの傷と自己の腹痛とどう云ふ因果律になるか知らぬが、當人は大分氣にして談した。

予は人形師が奇麗な同一模型の奇麗な人形を仕上げるやうに、凡べての人を同じ道義的の型に入れてしまい度くない、星名翁としては星名翁の本領があり、生命がある。

星名翁には男らしい處があつた。世人が何と云はうが毀譽褒貶など眼中になく、やらうと思ふことをやつて行くと云ふ處があつた。又一度考へてやつた事は愚痴ポイ事は言はぬ、後悔もせぬ、男性的の諦めがある又世評に對して辯解もせぬ。餘り心事も語らぬので、一般から陰險の如く老獪の如く、非常な惡黨の如くにも見られて居た。併し接して語りて見れば存外直率な處があり、胆略もあり、理想もあり、無邪氣な處がある。今少し惡黨ならコンナツマラヌ事で喧嘩したり怨を買つたりしない筈である。

星名翁には精神的に現境遇を蟬脫して君子彪變の藝當を演ずるか、又は今少し風雲を捲き起して亂軍のうちに戰死するか、是れが往く可き處であると思ひ、手紙の度毎にも書いて、無用の葛藤に超然たるを勸說したのであるが、遂に多年の繫縛を脫する能はず、ツマラヌ終りを遂げたのは返す返すも遺憾である。

鴨綠江節に曰ふ「觀ずれば實に世の中は空蟬の、水に畫きし文字なれや、臂を枕にうたゝねの盧生の夢の五十年」と觀じ來れば諸行無常、戀無常、寂しさがヒシ／＼胸にせまる。

併し翁が力を注ぎしバイペンとプレジョンの二邦人植民地はとこしへに殘り榮えると共に、翁もまた植民史上不滅の人である。冀くは瞑せよ。

（一九二七・二・二五）

忘れ得ぬ人々

星名謙一郎老(一)

宮下琢磨

初對面の印象

私が星名老に會つたのは、サンパウロの常盤旅館であつた。

サロンの一隅の椅子に依つて默然として新聞かなんか見て居る人があつた。宿の主人がこの方が星名さんですと紹介して呉れた。私は名刺を出した。先方は丁寧に御辭儀したゞけで、また默り込んで居る。妙な人だと思つた。其時星名老といふ人の風體をよく／＼見る。星名といへばブラジルでは惑星を以て見られて居る人であつた。嘗てサンパウロで全盛を誇つた一流の名花お玉さんを完全に自己の手に收めた艶福者で、一介の浮浪人に似た生活から一躍五千アルケールスの大地主になつた凄腕の怪傑であるとは薄々聞いて居た。今眼のあたり其の風貌を見ると、年齢六十位で、體格はガツシリして居、顎も大きい。田舎の昔の村長様のやうな八字髭をゾンザイに延ばして居る。その鼻毛は行儀悪く鼻孔の外にはみ出して居る。見た所風流瀟洒なんといふ氣のきいたところは微塵もない。顔色は赭黒で、容貌は魁偉、上瞼がやゝ突き出た下に炯々として輝く眼は一癖ありさうに見える。その顔全體が強い意志と鋭い智力の持主であるかの如く緊張し切つて居るが、よく／＼見ると何處か間のびのした緊りのない處がある。こゝが緊張の場面にユーモア式の春風を配合して無邪氣さの一面を現はして居る。

その夜は同室の寢臺に寢たらしい。寢る時までは知らなかつたが、夜明け頃に何かガタ／＼音がするので眼をさますと星名老が出發の用意をして居つた。お立ちですかと聞くと、

「これから村に歸ります。私の處はソロカバナ線のアルバレス・マツシヤード驛です、是非御出で下さい。」

といつて、しばし寢臺に腰かけて談した。默りこんで居る時は獰猛のやうにも見えるが、哄然として呵々大笑する時は無邪氣な好々爺である。

私の初印象はかうであつた。

後で聞くところによると、無骨漢ではあるが全くの沒分曉漢ではない。學問もある。英語はよく出來る。文章も新聞記者をやつただけあつて甘い。酒三行に至れば腹の底から出る樣な音聲で、冗談も言ひ自個流の歌もうたふ。子供のやうにキヤツキヤツ騒いで花をひきトランプを鬪はす。花をひいて何度勝ち目がなくても冷然として戰爭をつゞける。結局最後の勝利は取られてしまふ。この一事が彼れ老の萬艱に處して、冷然として益々鐵のやうな意志を以て斷々乎として進むところで、泣言も言はぬ同情も求めぬ。如何に世人から惡く言はれやうと一言辯解がましき事は言はぬ。過去の事は多く語らない、强て聞けば一寸言ふ位であるので、人は過去に非常な暗い處でもあるやうに言ふ。彼れ老が森の中を通つて家に歸る途中で、お玉さんの嬪夫に鐵砲でねらはれた。この時は何かの都合で違つた他の道を通つて歸つたので無事であつたが、老は口癖のやうに「おれの身體には鐵砲はあたらぬよ」とナポレオンの言ひさうなことを言つて居た。老が夜中にうなされるといふ噂を聞いたが、これなどが崇つて何人も人殺しをやつたやうなことを言はれて居たが、老はさやうな嶮惡凶忍の人ではなかつた。つよい强情張りと燃ゆるやうな功名心が、萬斛の非涙をおさへて居たのだと思はれる節がある。

數奇な老の經歷

星名老は、四國の生れ某藩の重い役を勤める家柄に生れた。上京して青山學院に學んだ。青山學院の變り種であつて、聖書を讀む代りにスタンレーのアフリカ探險記に陶醉した。どこか一國を征服して酋長にでもならうかなど、空想した。卒業後はハワイに行つて邦字新聞を經營したり、日本人の間を馬でまわつて英語を敎へてあるいたりした。年少氣鋭で活氣滿々、未來の星名王國を描いて居る時に、平和に新聞記者と英語敎師で納まつて居れるものでなかつた。

耕主と勞働者たる日本人の間に何かゴ

タ〳〵が起つた。この時陣頭に立つて演舌し、一團の陳情團をつくつて監督官廳に押し出した。その時の少壯指揮官が星名氏であつた。これは途中で官憲に抑留されたり解散させられたりしたが、代表者は長官にあつて充分陳情はしたが、星名氏は暴徒嘯集とか煽動教唆とかいふ罪に問はれて官憲に睨まれることになつた

　北米に渡つて米作りをやつた。是も結局不成功に了つてブラジルに飄然とやつて來た。秋風、徒に梟雄を老しめて南米に來たときはもう五十の聲を聞く頃であつた。リオで何か勞働口を探して鍛冶屋に働いて蹄鐵をうつ仕事の手傳をしたといふから奇拔だ。身體もハイカラ青年の企及し得ざるものがあつたに相違ない。幾分汽車賃くらい出來たのでサンパウロにやつて來た。サンパウロに來てから「南米」とかなんとかいふスバラシイ大きな名前の、しかも謄寫版ずりの極めて貧弱な新聞を出した。ブラジルでの邦字新聞の元祖である。

三浦日伯との因縁

　日伯新聞と言へば、ブラジルに於ては何かしら問題の中心になる三浦氏の新聞であることは申すまでもない。三浦氏は一流の觀察と一流の筆鋒で、日本人會か領事か大使かを向ふに廻しいつも風雲をまきおこして居るが、その頃は何處からか浪漂して來てサントス港附近の邦人漁家に寄食して太公望を氣どつて毎日濱遊に出てさかなを釣つて居た。流石の三浦氏も餘程困厄の境地に居つたらしい。帽子も靴もなかつたやうな始末であつた。この窮餘落魄の文士を拾ひ出したのが星名氏で、太公望はやがて「南米」の記者となり「日伯新聞」となつて、猛虎一聲山月高の慨を示すに至つたのである。

相見得たり名花一輪

　その頃サンパウロの暗に咲く一輪の名花があつた。それがお玉さんといふのであつた。ペルーからアルゼンチンを通つてサンパウロに流れて來た彼の女は、日本人には珍らしい程色が白く、涼しい眼と恰好の良い鼻の持主で、背は高いといふ程ではないが肉附のよいスラリとした體に洋服は似合つて居た。それで勝氣でテキパキとして義俠心めいたところがあり、困つて居る人に金など融通したりして居ながら、確かりしたところもあつて金を貯へることも忘れなかつた。邦人の間では人氣者で、隨つてこの社會では姐御とたてられて、數名の同じやうな女を置いて頭領株として全盛を誇つて居た。凡そ其の頃の外交官の若手、會社商店の若い者から支配人、バカブンドの手合まで、お玉さんの嫣然たる愛嬌、ついでくれる美酒に陶然として萬里異郷の孤愁を慰めたのであつた。お玉さんは孔雀の裝ひ美々しく押しまわし、堂々たる男子を飜弄して羽振りをきかせて居たのであつた。

　それが忽然として姿を消した。

　更に一世を驚倒さしたのは、それが星名老の植民地に現はれ、更に浚風流漢の星名老の懷に完全に飛び込んだことであつた。

五千アルケールスの植民地

　親友農業のブラジル社長の揮旗君と星名老の案内で、プレヂョン植民地を訪れたのは、それから數ケ月の後でつた。

　ソロカバナ線のアルバレス・マツシヤード驛、こゝを基點として植民地は奥につゞいて居る。驛は町がゝつて居り、こゝには邦人も店をもつて居る。創設以來七八年にはなつて居た。植民地には數百人の同胞が住んで居り、コーヒーをつくり綿をつくり、牛を飼ひ豚を飼ひ、小學校もあり醫師もあり着々として發展しつゝある。

　星名老は語る。

　この植民地を開いた頃は、ソロカバナ線もまだ八〇キロの先方にまでしか來て居らなんだ。その汽車の終點にしたところで市街をなして居た譯でなく、漸くそこまで工事用の貨物列車が來て居るといふに過ぎなかつた。たゞ工事用に必要な器具や、工夫達の食糧や日用品など賣る店が二三あつた位である。

　始めに這入つた何十家族の人達は、貨物列車で終點迄來て、こゝで必要な食糧や器具などを讓り受けて、密林の中の草に被はれた細道を辿り何十キロかを進むのであつた。

　それは實に異形の行列で、男は背には大きな米や豆の袋を背負ひ、手には農具の柄の長い鍬とか鋤などを持ち、腰には小袋を下げたものもあれば、中にはピストルをブラ下げたものも居る。女はと見れば頭に手拭か風呂敷を被り、背に子供を負ふたものもあり、去なくば行李を背負ふて居る。片手には鍋を下げ片手には風呂敷包を持つて居る。これで野宿をして八〇キロを進まうといふのである。ヂプシイの一族か、山窩の類か、流石にブラジルの工夫までが、この異形の行列には眼を丸くした。彼等は驚いたネ、「ジヤポネーズは恐ろしい人種だ、女子供までがこの難行軍を決行する」と、兎に角日本人の不拔の精神と壯烈の意氣には驚嘆したですネと、この時の話をする老の

痛快得意の顏は壯者を淩ぐ意氣が見えるそれから、森の中でテントを張つて生活した話などもあつた。地券の爭ひから女の仇討ちの話もあつた。それはからである。

今でもブラジルには土地は鐵砲で守れといふことがある。精確な地圖もなく、地券もアヤフヤなものである。先きに山に這入つたものが樹を削つて入地年月日と氏名を書くとか札を立てゝ置くとかすると、他のものが自分の所有地だのに怪しからんといふて、立札を撤去し、文字を抹殺する。相方爭ひとなると今度は鐵砲をかついだものを連れて行つておどかす。結局逃げ出したものが負けで、ガン張つたものが占有權があるといふ——今では少くなつたが從前は可成り大規模な爭鬪があつたらしい——この植民地にも事件があつた。

それはこゝに入植した日本人が耕作して居るところへ、伊太利人の測量師のドトール・シャンボリニーといふ男が一人の兵士あがりの男を連れて來て、これはおれの土地だ立ちのけといふ、日本人は早や氣である、直ぐ取つ組み合ひとなつたすると先方はヅドンと一發放した、それは急所でそのまゝ參つてしまつた。

遠くに見て居た人が急を家に知らせた妻なる人は直ぐさま鐵砲をとつて飛び出した。その途中で樹蔭に息をついて居る二人を見つけたので、委細かまわずネライをつけて一發放した。これが命中して一人は斃れ一人は逃げた。斃れたのがシャンボリニーであつた。この事件はバウルの裁判所で一週間の拘留で釋放された。ブラジルならでは餘り聞けない話である。（つゞく）

鈴木貞次郎氏 歸朝歡迎會

二十六年振りで、母國に歸つた鈴木貞次郎氏のために、十一月二十六日夜、丸ノ内海上ビル中央亭に於て、氏の歸朝歡迎會が催された。出席者は海興の龍江氏青柳氏、拓務省の大野基尙氏、神谷忠男氏、植民の內藤氏、外務省の齋藤氏、本社から入江氏等その他都合十一名、これに主人鈴木氏の加はつたことは勿論である。一同和氣靄々半生をブラジル開拓に捧げ、餘生未だ安らかならざる詩人パイオニアの歡迎會として、いかにも應はしいものであつた。たゞ席上、諸者に報告しなければならぬやうな話は、全然なかつた。鈴木氏は多くを語らず、みんな談笑に和する程度であつた。梅谷光貞氏は時刻に遲れて會場に來られたのであるが、既に散會後であつて殘念だつたと、あとで記者に語つた。

忘れ得ぬ人々

星名謙一郎老（二）

宮下琢磨

老の生活

四千二百五十町歩の大地主で、身は相當の門地に生れ、高等の教育を受け、母國には二十年孤閨を守る夫人がキリスト教の學校に學監として衆生の信望をあつめ、子供は長じて兄妹共に大學に學んで秀才の譽を得て居る。といふことを考へて、老の生活を觀る。

家は木造の堀立小屋の少し氣のきいたところ、部屋は應接間兼事務室が一つ、寢室兼物置が一つ、他に小さなのが一つ位あつたか、屋根は草葺であつたのを、田付大使が、初巡視に來るといふのにこれではヒドイと村の人が寄つて瓦葺にして呉れたと言ふて居た。

「あなたの御住居にしては簡單ですネ」

といふと、

「前には寢臺の上に蝙蝠傘をさしかけて雨漏りを防いだものだが、今はその心配がない」

と、頗る得意だつた。しかし、御厄介になつて應接間の窓近く寢せて貰つたが、朝起きて見たら雨の飛沫が霧のやうに、毛布の上がベツトリと濡れて居た。便所は、ブラジル農村の習はしで、井戸のやうに深く二丈位ある。この上に板をわたし、落ちぬやうに狹くしてある。そこには蔓草がはい廻して奇麗な花が咲いて優に艶なる姿で、上は青天井で東西南北の風が吹き通すので何とも言へん痛快なものであつた。老は何處からか、孤兒を二三人拾つて來て育てゝ居た。此子供が竹の弓に竹の矢、矢じりには釘をはめてある。頻りに何かねらつて居る。子供の遊戯であらうと見て居ると、矢は飛んで鷄にあたつた。鷄は不意を喰つてコヽと鳴いて逃げ出す、と犬が何處からか飛んで來て鷄を追ひまわす、鷄は大恐慌で右往左往に悲鳴と叫喚との合奏で逃げ廻る。羽の強いのは物干竿の上や物置の屋根に飛び上る。矢を受けたのは草の中に首をつッこむ、犬は早速それをくわへて誇り顔に子供の處に來る。實に見て居ると原始的でどうしてもロビンソン・クルーソーの世界だ。前の谷間原場には牛が二三十匹も寢そべつたり草を喰つたりして居る。

後の小屋にはアンタといふ豚位の大さで、鼻がズッと延びた獸をかつてある。鼻は象のやうに長くはないが、物を喰ふ時に鼻でとり込むのは象に似て居る。日本で夢を食ふといふ傳說のある獏といふものださうな。これが無抵抗主義で獏に餌をやると、鳶が來て皿をつゝく、獏は怒りもせぬ、權益擁護もやらぬ、靜かに避けて居る。老は汚らしく食物のクツツイた獏の口を自分の頰に摺りつけて

「お前はエライ、トルストイズムだ。おれには出來ん、おれには出來ん」

と、呻るのか、嘆くのか、自ら責むるのか、老の平生と對照しきたりて、無限の意味を考へさせられる。

妖艶なるお玉さんはどうしたのか。

慘たり美玉遂に碎く

ブレヂョンのブの字は武士の武の字切りとり强盜は武士の常

誰に遠慮がいるものか

と何節だか知らないが、酒三行興到れば老は妙な聲を出して歌ふ。毛並の良い馬に、北米から持つて來たといふカーボーイの用ふるやうな鞍、それは前の方に五六寸の棒がたつて居るのを愛用して居たこれに强い芋綱を束にしてかけて置く、これにユラリと跨りて、腰には大形の六連發のピストルをサックに入れて結ひ付け、暖國の柔かい小草を踏ませて、悠々山野の中を驅けまわつて居る時が最も得意の時であつたらう。

一日歩きまわりて、疲れて家に歸り、愛人お玉さんに迎へられて葡萄の美酒に陶然として居つたならば實に滿天滿地の春で、吹く風枝も鳴らさぬ泰平なものであつたが、こゝに大事件が突發した。

それは吾々がこゝに來る三四ケ月前、眞夜中に戸外に闇をつんざく銃聲が起つた、星名老は枕をけつて起ちピストルで應戰した。暗闇の室内に悲鳴が起つた。お玉さんが腹部貫通でブツ倒れたのであつた。

村の醫者をよんで應急手當をし、サンパウロに運んで入院させ、充分治療をし

たが、重傷で快復はしなかつた。美玉遂に碎けてアラサの墓地に一片の煙となつた。

この事件は色々の噂があつたが、更に見當のつかぬものであつた。

銃丸のうちぬいた板壁の穴もまだそのまゝにしてあつた。老の性質で一言もこれについて語らなかつた。吾々も一言もこれに觸れなかつた。滯在中は、お玉さんの弟夫婦が來て色々世話をして呉れた。平生は二人の孤兒を相手にダイオヂエネスのやうな忍苦の質素簡朴な生活をつゞけて居た。

彼れ老は、浮世を達觀して半僧半俗の脫俗的考へでもして居るといふにさにあらず、曰ふ。

「君の會社でムツかしい土地でも手に入れるなら、必ず鐵砲で守つて見せるがナー」

その意氣や凛然、然らば子孫の爲めに死を賭して土地を守つて居るかといふにさうでもない。

不可解なる心境

妻なる人は教養のある理性に富んだ婦人に相違ない夫人は夫に何か合はざる處があり、ハワイか北米か知らぬが愛兒を抱いて母國に歸り、夫の助けを藉らず、獨立して子女の教育をすることにした。女の子が未だ二三歲の頃であつた。爾來星霜數十年、子供は寫眞を送り手紙をよこすが、老は一向に便りをせぬ、返事を出さぬ、僅か一週間前の話である。多羅間領事が賜暇歸朝して居つて、再びパウル領事としてブラジルに歸つて來た、その時サントスの港に吾々と共に等しく領事を迎へた。

この時なんとかいふ大きなレストランの庭の白い砂の上でテーブルを圍んで話した、それは月の良い晩であつた。領事は兄の方はスポーツの花形であること、妹は評判の才女で、兄妹の仲のよいことは格別だ、可愛さうなのは妹の方で訪問するといくつかの寫眞を出して

「おとうさんは、このうちどの方に似てゐらつしやる？　エ、これ？　おひげはあるの、お顏は長いはう？

と、熱心にきくではないか、こんどは手紙を出してやりなよ、どんなに喜ぶかしれん、可愛さうだよ」

領事は子供衆の心づくしの土産物京都燒の杯や、手細工ものなど出して涙を浮べて便りをすることから、果ては歸國することを勸めるのであつた。老はこれについては一言も言はなかつた。

その時の今刈萱のやうな話は側に居る人もホロリとさせられたが、當の本人は

木佛か金佛か、只默つてビールを飲んで居る。世の中には情の剛い人もあるものだと感じたが、サントスからサンパウロそれからこのプレヂョンの根據地へ一所に參つて、始めての晩餐の席であつた。老はカバンの中から子供衆の手土產を出した。杯を前に置いて默つてその杯を手にしていつまでも、いつまでも眺めて居る。千万無量の思ひとはこの時のことだらう。

しかし、この時も一言も言はなかつた

パイオニヤとしての志

ブラジルに於ける開拓者として星名老は忘られない人である。ソロカバナ線に於ける開拓の第一線に立つた人だ。

頑健鐵の如き體軀、剛膽不屈毅然物ともせざる處、開拓者として好適の資格を具備して居た、元來植民地をつくるといふことは植林事業などゝ違ふて容易な仕事でない。政府の後援ある植民地といふか、移住地といふか、これでさへ年中ゴタゴタがある、資金難に苦しんで居る。それをほとんど徒手空拳から始まつたのであるから、ある一部からは怨みも買つて居る、惡くも言はれて居る。兎に角それを押し通してやつて來た。ある方面からは大惡人の如く見られて居、鐵砲でねらはれて居ても、平氣で歌をうたつて居られる。確かに豪快な處があつた「おれのやる事は今にわかる」といつて居たが、私が歸朝して間もなく押旗君から、彼れ老が、日本政府の低利資金の分配方で奔走して居る時、朝早く停車場で鐵砲でやられて一言の遺言もなく星名老らしい最後を遂げたとの便りがあつた。狙擊者はブラジル人の勞働者であつたといふことである。

滿蒙時代が來るぞ

諸君、ボヤボヤして居てはいけない。今に我等の滿蒙時代が來るぞ。南米も、南洋もモツトみつちりやらなければならない。だが同時に、また新滿蒙の投げる魅力、この新鮮な魅力を、落付いて正視しなければならない。やがて誕生するであらう新國家が、いかなる政體を選ぶであらうかなんてことは、どうでもいゝ。たゞいま迄この偉大なる寶庫の開發を、支那人と朝鮮同胞とにばかり委して置き、別に心配するでもなかつた態度を改めて、今度は本當の日本人の血と汗で、この富源を拓かなければならない。我等はいまこそ立上つて、大陸の曙に、清新な叫びを上げなければならない。利に敏い資本家は、もうこの富源の調査を開始した。民衆は彼等に後れを取つてはならない。大陸の地下に埋る我等の父兄の骨を思へ。この骨に注ぐ涙を、資本家に期待してはならない。我等は行かなければならない。潮の如く、滿蒙の天地へ！

あとがき

最初に、星名謙一郎を調べるに至った経緯を述べてみたい。

神戸で生まれ育った筆者は、もともと海外への移住に関心があった。大学では人文地理学を専攻し、卒業論文では国内での戦後の開拓地を調べて「伯耆大山の開拓村」を書いた。大学院修士課程修了後は北海道や沖縄・八重山諸島の開拓地に興味がわき、大学時代の恩師である浮田典良先生と佐々木高明先生（後に国立民族学博物館館長）のお伴で沖縄の石垣島の調査に参加したこともある。さらに甲南大学にいた友人の久武哲也とフィリピンに二度、調査に行った。私はミンダナオ島のダバオに行き、戦前の日本人によるマニラ麻栽培について調べた。これについては研究会などで報告したこともあったが、結局ペーパーにはならなかった。

同志社女子中学・高等学校の教諭として就職した一九七四年の夏に、私の兄がいたカナダのオタワまでバンクーバーからバスで大陸横断旅行し、この頃からカナダやアメリカ合衆国へ行った日本人移民に興味が移った。アメリカ合衆国のカリフォルニア州などに渡った日本人移民のことなどについて自分なりに資料蒐集していたが、ほとんど何も成果を出さないまま一〇年ほどが経ち、大きな転機が訪れた。カリフォルニアへの移民の続きでテキサスにおける日本人の米作について調べていた時に、たまたま外務省通商局の『移民調査報告』という資料で、初期の米作者のなかに同志社社長であった西原清東や、日本の労働運動の創始者の一人である片山潜などと共に、星名謙一郎という名前を見つけた。その珍しい姓のために、同志社女学校の創始者の新島八重や有名なデントン先生の世話をした星名ヒサの夫であり、また元同志社大学の学長であった星名秦の父親であることが分かった。

同志社に関係があるということもあり、西原清東とともに彼について調べていくうちに、彼はテキサスのみならず、ハワイで伝道師や労働監督、ブラジルで新聞発行や移住地の創設など、各地で活躍していたことが分かった。私は大変興味深く思い、彼について調べることにした。最初に書いたのが初出一覧の㈠である。

一九八二年より同志社女子中高社会科の先輩である宮沢正典先生のお誘いで、勤務先の近くにあった同志社大学人文科学研究所の研究会に参加した。そこで星名の生涯のあらましについてまとめたのが㈡の論文である。そしてテキサスの日本人米作についての研究がそれまで無かったので、星名を含めた人物の入植の経緯について㈢の論文で紹介した。この頃から星名に連なる同志社出身でハワイに渡ったキリスト教の伝道者について調べ始め、またハワイへのキリスト教伝道のみでなくハワイの日系人社会の変遷に興味を持つようになった。さらに、ハワイの日系人について私の本来の専攻分野である人文地理学の立場から考察しようとして、いくつかの論文を書いた。

一九九五年に大阪商業大学に職を得てから五年目の二〇〇〇年に、大学の海外研究員制度を利用して一年間、家族と共にハワイ大学の日本研究センターに客員研究員として滞在した。そこでハワイ各地の資料を渉猟し、星名に関する新聞記事も、ハワイ大学図書館にあるマイクロフィルムで確認することができた。帰国後の二〇〇三年には、大学の出版助成金を利用して単著『ハワイ日系人の歴史地理』（ナカニシヤ出版）を刊行した。その後もハワイには毎年のように出かけ、大学の紀要にホノルルに関するいくつかのレポートを掲載した。それらを集めて二〇一三年に再び大学の出版助成金を得て『ホノルル日系人の歴史地理』（ナカニシヤ出版）を刊行した。ハワイ日系人の研究と並行して、これまで星名について蒐集した資料を使って、ハワイ時代のことをまとめたのが㈤～㈦の三つのレポートである。

ブラジルには、一九九八年のブラジル移民九〇周年の時に初めて行った。以前から資料調査のため、ゲスト・ルームに宿泊するなどたびたび利用させていただいた日本力行会が式典の使節団を出すというので、その代表者として参加した。この時にブラジル力行会会長の永田久氏と親しくなり、その後何度も世話になった。アリアンサ移住地や星名のいたアルバレス・マッシャードを訪問したのは翌一九九九年、二度目の時である。ブラジルにはこれまで八度訪れ、うち二回はアマゾンにも行くことができた。ブラジル時代の星名については、そのあらましを㊃のレポートでまとめたことがあった。しかしこれだけでは全く不充分だったため、大学を定年退職した後の約二年間、星名の行跡を詳しく知る手がかりとして、ブラジルにおける日本語新聞のマイクロフィルムのコピーを国会図書館から取り寄せて、星名に関する記事を丹念に見ることに専念した。こうしてハワイとブラジルについては現地に出かけ、現地の資料や新聞記事によって詳述することができたが、調べるきっかけとなったテキサスに関しては、これまで現地に行けていないのは心残りである。

以上のように、星名謙一郎のことを調べようと思い立ってもう四〇年になる。これまでの人生の半分以上が経過し、その間、絶えず彼のことが気になっていた。大げさに言うと研究を続ける中での支柱になっていた。それまで研究をしていく上でモヤモヤしていたものが、彼を調べることによって急に晴れたように周りのものがいろいろ見え始め、また調べているうちに研究仲間が増えていった。星名謙一郎という人物の生涯を描くことにより、ハワイ、テキサス、ブラジルにおける草創期の日本人移民社会を明らかにできないかと考えるようになった。さらに、彼のことを自分が書かねば恐らく未来永劫、誰も書く者はいないだろう。歴史は書かれることにより、そして読まれることにより生き続ける、そう思って紙碑（本）を残すことにした。しかし思うようには資料が集まらず、またハワイ日系人に関する本を出版するなど少し寄り道をしてしまい、そして何よりも小生の怠慢のために、なかなか世に出すことができなかった。彼の伝記ができるのを楽しみにしていた星名の娘の江上幸子氏も二〇一〇年に亡くなられてしまった。本当に反省しきりであるが、これで何とか肩の荷がおりたような気がする。

人文地理学出身の筆者にとって、歴史研究で一次資料を見ることの大切さを教えてくれたのは同志社大学人文科学研究所の教授であった故杉井六郎先生である。特に、移民史に関する資料や書籍は時代を経るにつれ、誤った記述が増えるのはよく知られたことである。したがって今回、資料を扱う際に重要視したのは、ある出来事が起こった直近の情報と考えられる新聞記事をできるだけ多く利用したことである。星名に関する記事を見ていくなかで、彼を取り巻く多士済々の人物が登場し、さまざまな人間関係が読み取れて非常に面白かった。

ここで資料の利用に際しお世話になった方々や機関の名前を記載して結びとしたい。まず星名謙一郎の孫にあたる星名倫氏および江上煌氏、ブラジル関係の資料についてはブラジル力行会元会長永田久氏、薬師寺茂雄氏、野口敬子氏、梶原清子氏、藤崎康夫氏、根川幸男氏、中村茂生氏、半澤典子氏、元ＰＭＣ出版の社長・今井和久氏、ハワイ関係ではハワイ大学元教授のジョン・ステファン先生、鈴木啓氏、平川亨氏、キリスト教関係では同志社大学の吉田亮氏および本井康博氏、同志社女子大学名誉教授の宮沢正典先生、出身地の愛媛県については愛媛県歴史文化博物館の安永純子氏、八幡浜市の清水真一氏、その他多くの人達の協力があった。また国立国会図書館、外務省外交史料館、和歌山市民図書館移民資料室、青山学院大学図書館資料センター、同志社大学図書館および人文科学研究所、大阪商業大学図書館、ハワイ大学ハミルトン図書館、Hawaiian Mission Children's Society Library、Hawaii State Archives、サンパウロのブラジル日本移民史料館および人文科学研究所、日本力行会、伊達博物館、簡野道明記念吉田町図書館などである。出版に際しては、これを快く引き受けてくださった不二出版株式会社の細田哲史前社長、そして前二冊の本と同様に写真の複製や地図などで友人の原寛氏に面倒をかけ、第三章の英字新聞記事の日本語訳については矢野喜夫氏の助力を得た。記して感謝申し上げる。

最後に私事であるが、この本を自分勝手な私を絶えず見守ってくれた家族、そして一九九五年に神戸の震災のため実家で亡くなった母とその一年前に亡くなった父に捧げます。

二〇一六年（星名謙一郎生誕一五〇年の節目の年）一二月一三日（九〇年目の命日）に

飯田耕二郎　記す

初出一覧

㈠「明治期・テキサスの日本人米作者——西原清東・片山潜・星名謙一郎をめぐって」『同志社時報』第五九号（一九七六年）
㈡「移民の先駆、星名謙一郎の生涯」『キリスト教社会問題研究』第三二号（一九八四年）
㈢「明治期・テキサスにおける日本人の米作者について」水津一朗先生退官記念事業会編『人文地理学の視圏』所収（大明堂・一九八六年）
㈣「移民の魁・星名謙一郎のブラジル時代」『大阪商業大学論集』第一五一・一五二号（二〇〇九年）
㈤「移民の魁・星名謙一郎のハワイ時代前期——キリスト教伝道師の頃」『大阪商業大学論集』第一六〇号（二〇一一年）
㈥「移民の魁・星名謙一郎のハワイ時代中期——新聞発行・税関吏員・コーヒー農場主の頃」『大阪商業大学論集』第一六四号（二〇一二年）
㈦「移民の魁・星名謙一郎のハワイ時代後期——ワイアルア耕地監督・新婚の頃」『大阪商業大学論集』第一七二号（二〇一四年）

『日布時事』……56, 60
日本移民合資会社……87, 96, 99, 103, 104, 121, 126
『日本週報』……30, 56, 79, 80
日本力行会……204, 273, 285, 287, 289, 291, 297, 321, 322
『農業の友』……221, 276, 282

は

ハイド博士……26, 31, 43
林　三郎……36, 37, 45, 81, 82, 85, 88, 89, 120, 125
ハワイアン・ボード……20, 21, 23, 24, 26, 27, 30, 34, 35, 39〜41
『布哇実業案内』……82, 88, 89, 96, 120, 125
『布哇新聞』……55〜57, 60, 86
『布哇新報』……3, 54, 57, 108, 111, 123, 125
坂東喜内……215, 231, 268, 271
ピーコック商会……30, 73, 85, 96, 98
『ひかり』……82, 88, 113, 122, 124
『日の出新聞』……54, 64, 66, 67, 106
平野運平……197, 199, 212, 302
廣地孫六……81, 96
深尾泰次……82, 102, 105
福留繁昌……199, 203, 207, 209
『伯剌西爾時報』……148, 149, 179, 180, 183, 186〜188, 199, 202, 204, 210〜213, 215, 230, 231, 235, 243〜248, 263〜265, 284〜286
伯剌西爾拓殖会社……148, 152
古谷駒平……30, 62, 65, 68, 70, 71, 73〜75, 86, 87, 98
古谷久綱……9, 10, 78
ベーカー……31, 32, 34, 44
星名　秦……ⅰ, ⅲ〜ⅴ, 4, 5, 12, 13, 133〜135, 276, 293, 319
星名甚九郎……4〜6
星名善右衛門……4〜6
星名善八幸旦……3, 5, 6
星名ヒサ（末光ヒサ）……ⅰ〜ⅲ, ⅵ, 5, 8, 9, 10, 100〜102, 104, 105, 114, 115, 118, 120, 133〜136, 199〜201, 291, 292, 319
『ほのるる報知』……19, 51〜53, 56, 57
本田朝生……198, 203, 230

ま

マクレー……9, 11
間崎三三一……223, 268
増田知次郎……96, 102〜105, 107, 108, 110, 121, 125
松村貞雄……179, 180, 197, 240, 260
三浦　鑿……ⅷ, 145, 149, 220, 221, 231, 253〜255, 258〜260, 263〜265, 314
水野波門……30, 85, 96〜98
三隅棄蔵……160, 201
峰岸繁太郎……12, 21, 25, 27, 28, 33〜36, 39, 41, 42, 79
美山貫一……20, 21, 38
目崎松右衛門……176, 198, 203
毛利伊賀……41, 77, 108, 113
森　辰蔵……52〜54, 85, 112
森岡商会……96〜99

や

山縣勇三郎……141, 159, 185
山下亀三郎……3, 105
山下定八……230, 264, 265, 283
『やまと』……54, 73〜75, 77, 86〜88, 98
『やまと新聞』……54, 56, 57, 60, 74, 77, 78, 81, 82, 86〜88, 93, 94, 96, 98, 100, 102〜105, 107, 117, 119〜124
山根寛一……145, 220〜222, 237, 261, 262, 307
山本アイ……30, 76, 80, 108
山本　晋……29, 30, 76, 79, 80

わ

輪湖俊午郎……143〜145, 148〜150, 186, 188, 310
渡邊　孝……145, 148, 210, 241, 260

『基督教新聞』……11～13, 21, 28, 40, 44～46
キンネー……42, 43, 113
黒石清作……149, 267
香山六郎……202, 223, 239, 258～261, 278, 283, 287, 308
『コナ反響』……37, 81, 85, 87, 88
小藪　修……i, iii
コロノ……141, 153, 197, 278, 281, 294, 305

さ

齋藤　幹……95, 102, 107, 112
西原清東……117～119, 129, 131, 132, 158, 161, 179, 215, 232, 260, 278, 319, 320, 325
坂井田南舟……220, 221, 261, 266, 267
笹田正数……222, 223, 261, 266, 267
佐藤（郡司）五郎……54, 64, 67, 102, 106
佐藤常蔵……273, 276
佐藤祐之……29, 30
塩田奥造……107, 108, 112, 113
鹿野久市郎……144～150, 186, 189, 210
渋谷駒平……197, 198, 203, 205, 268, 271
志保澤忠三郎……61, 102, 104, 109～113, 116
清水静十郎……8, 9
清水伴三郎……9, 10, 291, 292, 295, 296
清水尚久……10, 291～293, 295, 296
ジャカレー（ジャカレ、鰐）……141, 142, 146, 147, 206, 213, 221, 232, 234, 266, 267, 272～275, 284, 294, 305, 308
『週刊南米』……vii, 143～145, 149～151, 179～181, 183, 185, 188, 197, 210, 221, 241, 260, 314
『植民』……150, 186, 188, 275, 277, 286
『新布哇』……11, 13, 43, 44, 46, 55, 63, 67, 81, 85～87, 89, 93, 95, 103, 119～121, 124, 125
末光三郎……8～10, 100～102, 105, 134
末光千代太郎……10, 11, 201
末光平十郎……9, 11
末光類太郎……9～11, 101
鈴木貞次郎……142, 145, 149, 150, 186, 189, 222, 223, 237, 242, 243, 249, 315
煤孫龍之助……27, 59, 64, 107, 108, 112, 116
『聖州新報』……202, 213～215, 220, 221, 223～225, 228～232, 238, 244～248, 253, 258, 262～264, 266, 267, 269, 278, 283～286, 308
相賀安太郎……46, 47, 60, 73, 86, 89, 102, 105, 108, 109, 113, 121, 125

た

『第二十世紀』……30, 97, 98
高岡専太郎……184, 230, 236, 246, 249, 298
高田伊三……198, 203
高田市次郎……204, 209, 210, 229, 230
高森貞太郎……38～40, 45
田付七太……viii, 214, 223～226, 228, 253, 259, 261～263, 266, 267, 280, 284
多羅間鉄輔……202, 205, 226, 227, 239～242, 261, 264, 266～268, 270～272, 276, 281, 282, 298, 300, 310, 317
千屋正信……102, 105, 108, 109
坪田信雄……148, 208, 210, 215, 226
デントン……iii, 136, 319
ドイル……64, 66, 67, 69～71, 75, 87
東京英和学校（青山学院）……3, 9, 11～14, 27, 28, 181, 300, 311, 313, 322
同志社……i～iii, 9, 10, 30, 40, 42, 45～47, 78, 96, 101～103, 105, 117, 118, 124, 129, 136, 211, 259, 271, 276, 278, 291～293, 319, 320, 322, 325
常盤旅館……220, 261, 277, 309, 313

な

長尾喜樹……202, 204, 207, 209, 215, 265
中城多四郎……94～96
難波勝治……204, 207, 244, 248
新島　襄……9～13, 292
『日伯新聞』……143, 149, 179, 220, 224, 228～231, 236, 244～248, 253～255, 257～259, 261, 263, 264, 267, 283～286, 314

索　引

あ

青柳郁太郎……152, 215, 239, 240, 243, 247, 248, 286, 287, 295, 296, 315
赤松祐之……263, 266, 268
朝妻喜世志……208, 210, 215, 226
粟津金六……221～223
安藤太郎……20, 38
石川　淡……104, 107～109, 113
石橋恒四郎……141, 185, 220, 221, 276, 302
井（伊）関清太郎……198, 203, 204
市口順亮……ⅰ, ⅲ
市瀬義介……186, 196, 203, 234, 247
井手磯太郎……198, 204, 210, 229
伊藤庄吉……153, 164, 172, 174, 215, 226, 231, 240, 268, 271, 310
稲田留蔵……176, 197
今西兼二……102, 105, 108, 109, 113
岩田　修……62～64, 66, 67, 70~73, 75
上園伝蔵……198, 203, 268, 271
上塚周平……201, 202, 220～223, 232, 243, 248, 261～263, 266, 267, 281, 294
内田重吉……55, 57, 113, 114
江上源三……38～40
江上幸子……5, 104, 108, 110, 117, 120, 134～136, 200, 206, 207, 211, 276, 285, 291, 293, 295, 296, 322
エマーソン……23～26, 30, 31, 33, 34, 36～38, 41, 43
『大阪毎日新聞』……181, 182, 187, 188, 272, 273, 276, 286
大塚高太郎……8, 102, 105, 109
大槻幸之助……27, 37, 38, 45, 79, 87
大西理平……118, 119, 131
大野基尚……159, 237, 238, 248, 261, 276, 298, 301, 310, 315
岡　仁詩……ⅰ, ⅲ, ⅳ
小笠原尚衛……155, 160, 168, 171, 172, 174, 176, 179～181, 183～185, 198, 199, 203, 205, 206, 210, 212, 213, 260, 265, 272, 281, 302, 311
小笠原吉次……173, 181～185, 205, 272, 273
小笠原袈裟次……173, 185, 226, 227
岡部次郎……ⅵ, 20～31, 33, 34～42, 44, 55, 57, 86, 95, 311
奥亀太郎……30, 35～37, 39
奥村多喜衛……11, 13, 41, 45, 46, 55, 58～60, 86, 89, 104, 110
奥山甚太夫……4, 6, 12
小倉商会……30, 94～97, 99, 119, 125
尾崎三七……107, 108
小澤健三郎……102, 105, 108, 113
尾澤忠元……102, 104, 105
お玉さん……ⅷ, 230, 234～236, 271, 290, 291, 310, 312～314, 316, 317
小野目文一郎……29, 30, 56, 79, 80, 81

か

『海外』……86, 88, 150, 277, 286, 297
海外興業株式会社……146, 147, 163, 168, 169, 230, 242
片山　潜……129, 132, 279, 280, 319, 325
勝沼富造……102, 105, 109
金子保三郎……143～145, 149
神田重英……42, 45, 47, 96
官約移民……19, 20, 22, 38, 54, 55, 58, 81, 85, 109, 114, 123
菊池恵次郎……200～202, 243
木村孝太郎……150, 208, 210, 215, 226, 270, 271, 310, 311
木村齊治（次）……54, 55, 63, 85, 98, 112

飯田耕二郎（いいだ・こうじろう）
1944年神戸市生まれ。1969年、京都大学文学部卒業。1972年、京都大学大学院文学研究科地理学専攻修士課程修了。1974～1995年、同志社女子中学・高等学校教諭。1995～2015年、大阪商業大学教員。2000～2001年、ハワイ大学日本研究センター客員研究員。専攻＝人文地理学、日本人移民史。
著書に、『ハワイ日系人の歴史地理』（単著、ナカニシヤ出版、2003年）。『ホノルル日系人の歴史地理』（単著、ナカニシヤ出版、2013年）、『北米日本人キリスト教運動史』（共著、ＰＭＣ出版、1991年）、『在米日本人社会の黎明期』（共著、現代史料出版、1997年）、ほか多数。

移民の魁傑・星名謙一郎の生涯
ハワイ・テキサス・ブラジル

2017年11月15日　初版第一刷発行
定価（本体3,800円＋税）

著　者　飯田耕二郎
発行者　小林淳子
発行所　不二出版株式会社
〒113-0023　東京都文京区向丘1-2-12
電話 03-3812-4433　振替 00160・2・94084
印刷・製本所　藤原印刷

Printed in Japan　ISBN978-4-8350-8061-1